오피니언 리더들의 삶과 고뇌

길에서 길을 묻다

오피니언 리더들의 삶과 고뇌

길에서 길을 묻다

나주임씨 중앙화수회 편

시정신문

머·리·말

우리는 모두 인생이라는 길 위를 걸어가는 존재이다. 우리가 걸어가는 길에 때로는 내리막도 있고 때로는 오르막도 있을 것이다. 또한, 때로는 부드럽게 발을 감싸는 풀밭 길을 걸어갈 수도 있고 때로는 발을 아프게 하는 돌밭 길을 만나게 될 수도 있을 것이다.

그만큼 인생이라는 길이 만만치 않다는 것을 예의 소설이나 영화들이 잘 보여주고 있다. 그 길이 결코 수월한 것이 아니기에 불교에서는 이 세상을 아수라장이라고 했을까.

그리고 기독교에서는 우리를 원죄를 짊어지고 낙원에서 추방된 존재라고 했을까. 게다가 반드시 죽을 수밖에 없는 존재로 만들었을까.

비록 우리가 걸어가는 여정의 끝이 죽음일지라도 그 끝에 다다르기 전까지는 이 여정을 멈출 수 없다. 그리고 시간이 오랠수록 무거워지는 발걸음일지라도 여정을 멈추어서도 안 될 것이다. 끝날에 이르기 전까지 여정을 멈추지 않는 것, 바로 그것이 삶의 의미이며 가치일 것이기 때문이다.

'길에게 길을 묻다'. 참 좋은 말이다. 이 말과 같이 인생이란 길을 가면서 인생에 대한 물음을 우리 자신에게 묻기를 게을리하지 말아야 한다.

인간은 관계 속에서 삶이 지속된다. 손잡지 않고 살아가는 생명은 없다. 어쨌든 곧 사라질 것으로 기대했던 코로나19가 발목을 잡아 우리는 제자리에서 맴돌고 있는 것 같아 안타깝기만 하다.

이 와중에서도 우리 나주임씨 종친들이 공저로『꽃은 혼자 피지 않는다, 2020』,『명사에게 길을 묻다, 2021』이미 발행했으며, 이어 제3집으로『길에게 길을 묻다, 2022』를 발간하게 되었다.

사랑은 곧 본향 사랑이다. 누구나 나이가 들면 들수록 나 혼자가 아니라는 생각이 들기 마련이다. 바람 부는 대로 흔들려 어찌해야 할지 모를 때, 세상에 온통 나 혼자인 것 같아 외롭고 두려울 때, 혼자가 아님을 알게 되고, 그래서 다시 기운을 내 시작해 볼 수 있도록 붙잡아 주고 등을 토닥거려 준 종친들이 뒤에 있었기 때문이다.

세상에 혼자 자라는 나무는 없다. 혼자 피는 꽃도 없다. 그리고 흔들리지 않고 피는 꽃도 없다. 이런 걸 간파한 어떤 시인은 이렇게 말했다. '흔들리지 않고 피는 꽃이 어디 있으랴.' 어려운 시기를 살아온 우리 모두에게 한 시인이 보내는 한 구절의 위로가 힘을 솟게 한다.

아마도 한 성(姓)씨 종친들로 필진이 구성된 경우는 국내에서는 처음 있는 일이라며 언론에서 극찬했다. 어쨌든 우리는 세월의 무상함 속에서 잃어버린 그 무엇이 있다고 할지라도 한국 사회의 발전에 기여한 당사자임을 자임하면서 발전 가능한 사회의 재도약을 위해 각자 맡은 분야에서 열정적으로 살아온 '삶과 고뇌'의 이야기들을 모아 발간하게 된 것이다.

　끝으로 바쁜 일상 속에서도 짬을 내 옥고를 집필해 주신 종친들에게 이 지면을 통해 진심으로 감사드리며, 흔쾌히 출판의 기회를 마련해 주신 (주)시정신문 주동담 사장을 비롯한 임직원들께도 머리 숙여 감사를 표한다.

2022년 11월 15일

羅州林氏 中央花樹會 會長 　林　春　植

머리말 • 3

 아름다운 삶을 위하여

임은정 　나의 길은 아직 끝나지 않았다 • 13
임채국 　성공의 뒤편, 실패의 뒤편 이야기 • 20
임지은 　'베스트'는 한 명이지만 '유니크'는 모두가 될 수 있다 • 27
임동훈 　아름다움은 덧없다 • 34
임만규 　유종의 미 • 39
임양성 　근면과 성실 그리고 희망 • 45
임재근 　한유에서 깨달음을 얻다 • 54
임정희 　장애의 경계를 허무는 것은 용기다 • 61
임용택 　가장 쉬운 출세의 길은 발명이다 • 69

참된 즐거움과 영원한 기쁨

임무성	증말 여사에게 • 75
임봉규	복사꽃 연가 • 80
임용담	군것질거리를 찾아 헤맸던 어린 시절 • 87
임채권	고향길 콧노래 • 92
임종식	착한 식당, 좋은 밥상 • 100
임춘임	시골살이에 몰두하다 • 106
임경렬	음식문화와 감성 • 111
임갑섭	고향 맛 • 120
임종은	문화 단절을 막아야 한다 • 124
임종성	공인중개사 눈에 보인 것 • 129
임영희	시간강사 가능하세요 • 134

길에게 길을 묻다

임문영	산티아고 순례길을 걷다 • 145
임동준	인간의 길, 사람의 길 • 151
임현기	방랑시인 김삿갓의 삶 • 156
임호성	임종국, 친일파 연구의 길 • 162
임동규	한 시대의 영웅, 정도전 • 167
임지룡	소전 손재형에게 길을 묻다 • 172
임덕규	카터 대통령은 왜 주한미군 철수를 취소했나 • 183
임은정	포스트 아베 시대, 한일관계에 현실적 접근 필요 • 187
임종니	우크라이나 사태와 한반도 정세 • 194
임진택	위악자 김지하를 위한 변명 • 203
임정기	세계에서 가장 훌륭한 한글 • 210
임채중	심상은 국민 스스로가 결정한다 • 214
임성수	홍익인간은 사랑정신이다 • 218
임 형	설악산을 종주하다 • 223
임창진	통일희망열차가 달린다 • 232
임동현	5분 자유 발언 • 237
임종대	고사성어의 진미 • 242

제4부 나이 듦의 산책

임동준 노년은 또 하나의 삶 • 251
임춘식 준비 없이 죽으면 당황스럽잖아 • 260
임수홍 인생 후반을 어떻게 살 것인가 • 265
임재택 하늘의 왕 독수리 • 269
임지택 네 탓 아닌 내 탓 • 273
임채규 농촌마저 전통이 사라져 가다 • 277
임정택 인연의 끈 • 283
임종선 황혼 부부의 뒷모습 • 287

제1부

아름다운 삶을 위하여

임은정	나의 길은 아직 끝나지 않았다
임채국	성공의 뒤편, 실패의 뒤편 이야기
임지은	'베스트'는 한 명이지만 '유니크'는 모두가 될 수 있다
임동훈	아름다움은 덧없다
임만규	유종의 미
임양성	근면과 성실 그리고 희망
임재근	한유에서 깨달음을 얻다
임정희	장애의 경계를 허무는 것은 용기다
임용택	가장 쉬운 출세의 길은 발명이다

나의 길은 아직 끝나지 않았다

임은정 | 대구지방검찰청 부장검사

나는 이 순간 국가와 국민의 부름을 받고 영광스러운 대한민국 검사의 직에 나섭니다. 공익의 대표자로서 정의와 인권을 바로 세우고 범죄로부터 내 이웃과 공동체를 지키라는 막중한 사명을 부여받은 것입니다. 나는 불의의 어둠을 걷어내는 용기 있는 검사, 힘없고 소외된 사람들을 돌보는 따뜻한 검사, 오로지 진실만을 따라가는 공평한 검사, 스스로에게 더 엄격한 바른 검사로서, 처음부터 끝까지 혼신의 힘을 다해 국민을 섬기고 국가에 봉사할 것을 나의 명예를 걸고 굳게 다짐합니다.

이명박 정부 시절인 2008년 10월 만들어진 <검사 선서>이다. 2008년 10월 검찰은 그해 4월 29일 방송된 <PD수첩: 긴

급 취재, 미국산 쇠고기, 과연 광우병에서 안전한가?> 문제로 수뇌부와 수사팀이 한창 대치 중이었다.

미국산 쇠고기 광우병 파동으로 이명박 정부가 궁지에 몰리자, 농림수산식품부는 명예훼손 혐의로 <PD수첩> 관계자들에 대한 수사를 검찰에 의뢰했다. 강제수사와 기소를 요구하는 검찰 수뇌부와 무혐의 의견인 임수빈 서울중앙지검 형사2부장이 대치하는 상황.

결국, 수사팀 교체 후인 2009년 6월 <PD수첩> 작가와 PD는 기소되었지만, 무죄가 확정되었다. 2008년 "무죄판결이 나도 좋으니 <PD수첩> 제작진을 기소하라."라고 지시하던 검찰 수뇌부가 <검사 선서> 문구를 확정했다. 그 검찰 수뇌부에게 <검사 선서>의 다짐은 어떤 의미였을까.

1986년 부천경찰서 문귀동 경장이 대학생 권인숙을 성고문한 사건을 수사한 인천지검 특수부 팀원이었던 분이 필자 초임 검사 시절, 직속 부장이었다. 당시 인천지검 특수부는 문귀동을 구속해야 한다는 의견이었으나, 대검 지시로 결국 기소 유예 결정을 했다고 한다.

부장은 울분에 차 1986년의 비사(祕史)를 종종 이야기해주었다. 부장의 회고에는 대검의 압력을 막아주지 못한 김경회 인천지검장에 대한 울분이 생생히 묻어났다. 15년이란 세월에도 삭혀지지 않는 울분이었다.

무죄 구형 강행으로 정직 4개월을 받고 쉬고 있을 때, 우연히 김경회 전 검사장의 회고록 『나 이제 자유인 되어』를 구해 읽게 되었다. 김경회 전 검사장은 스스로를 '그러면 안 된다.'라고 검찰총장에게 직언한 강직한 검사라고 자평하며, 기소 유예 책임을 장관과 검찰총장 탓으로 돌렸다.

문귀동의 성고문 사건을 수사한 인천지검 특수부 검사는 수사팀을 피해자로 회고하고, 인천지검장은 피해자의 범주를 인천지검장까지로 넓혀 비분강개했다. 성고문 경찰관을 불기소해 버린 검사들이 '나도 피해자', '나까지 피해자'라고 주장하는 상황.

피해자 권인숙을 비롯해 많은 국민이 과연 '그 시절, 강직하고 양심적인 검사들이 있었다.'라고 회고할까. 김대중 정부 시절, 신승남 전 검찰총장은 울산지검 특수부의 울산시장 관련 뇌물 수사를 무마시켰다가 직권남용권리행사 방해로 유죄판결을 받았다.

2021년 윤석열 전 검찰총장과 조남관 전 대검 차장검사를 국민권익위원회에 공익 신고하기 위해 신고서에 인용할 판결문이어서 꼼꼼하게 다시 읽어보았다. 워낙 유명한 판례라 잘 안다고 생각했는데 내부 고발자가 되어 읽어보니 새삼 보이는 게 다르다.

2004년 8월 서울고등법원은 신승남의 범행 부인에도 불구하고 직권남용권리 행사방해에 대해 유죄를 선고했다. 판결문의 일부 내용은 다음과 같다.

1심인 서울중앙지법은 증인 김원윤(전 울산지검 특수부장)의 일부 법정 증언 및 검찰 진술 조서의 일부 진술을 신빙성이 없다는 이유로 배척했는데 이는 아래와 같은 이유로 수긍하기 어렵다.

먼저, 김원윤의 진술은 자신이 몸담았던 검찰 조직의 수장으로 재직했던 피고인 신승남에게 형사책임을 물을 수 있는 결정적으로 불리한 진술로서, 검찰 조직 전체는 물론 자신과 함께 근무했고 지금도 검사로 재직하고 있는 정 모(전 울산지검 검사장), 김 모(전 울산지검 차장검사), 최 모(울산지검 검사)에게도 치명적으로 불명예스러운 사실을 폭로하는 것이며, 심지어 위 내사 사건 처리에 관여했던 자신도 위 진술에 의하여 밝혀진 사실관계로 인하여 책임에서 자유로울 수 없다는 점에서, 사실과 달리 진술할 이유가 없는 것으로 보인다.

오히려, 정 모, 김 모, 최 모로서는 검찰 조직의 현직 선후배 사이의 도리 등을 이유로 자유로운 진술을 할 수 없는 상황임을 충분히 짐작할 수 있고…….

김원윤의 진술은 충분히 신빙성이 있는 것이다. 더군다나, 김원윤의 진술은 당시 상황을 구체적으로 묘사하고 있을 뿐만 아니라, 위 내사 사건이 부적절하게 종결된 당시의 상황과 자연스럽게 일치한다.

이러한 사정도 김원윤의 진술 신빙성을 충분히 뒷받침하고 있으므로 이 사건 사실인정의 유력한 증거가 되는 것으로 보아야 할 것이고, 오히려 위 진술에 배치되는 정 모, 김 모, 최 모의 진술 부분이 모두 믿기 어려운 것으로 보아야 한다.

필자는 울산지검장이었던 정 모, 울산지검 차장검사였던 김 모, 내사 종결한 주임검사 최 모를 모두 알고 있다. 검찰 조직 내 신망이 드높아 승승장구했던 검사들이다.

판결문을 들여다보며 검찰 조직 내 신망이라는 게 도대체 무엇일까 싶어 참담했고, 판결문 행간에서 보이는 김원윤의 외로움에 감전되어 고통스러웠다.

내부 고발자가 거짓말쟁이나 일 못 하는 무능력자로 몰려 조직에서 배척되는 게 현실이긴 하지만, 가장 정의로워야 할 검찰 조직 역시 그 아수라장과 다를 바 없다는 사실은 너무도 참혹한 비극이다.

2014년 8월 <비정상의 정상화를 위한 제언-단성소를 그리며>를 검사 게시판에 올렸다가 대검 정책기획과에서 사실이 아니라고 해명하는 소동을 비롯해 필자가 보고 듣고 겪은 일임에도 관련 검사들의 진술이 필자와 달라 공식적으로 부인되는 일이 종종 있었다.

관련 검사들이 그런 일 없다고 목놓아 외치는 상황에서 일기와 비망록을 남기는 것만으로는 증명이 여의치 않다. 조직 문화에 대한 안이한 현실 인식과 필자와 동료들에 대한 낙관으로 검사 게시판에 글을 올리면 언로가 활성화되고 결국 검찰이 바뀔 것이라고 기대하다가, 실망스럽고 맥이 풀려 주저앉고 싶을 때가 더러 있었다.

디딤돌 판례 만들기로 목표를 바꾸어, 검사들이 거짓말을 하더라도 증명 가능한 사건으로 엄선하여 고발장을 내고, 고발인 조사를 받고, 재정신청서도 내고 있는데 이 역시 여간 고단한 일이 아니다.

우여곡절 끝에 공수처가 발족했지만, 공수처의 수사 역량이 너무 아쉽고, 직무유기 고발인에 대해서도 재정신청권을 부여하는 형사소송법 개정 역시 여의치 않다.

구하라 그리하면 너희에게 주실 것이요 찾으라 그리하면 찾아
낼 것이요 문을 두드리라 그리하면 너희에게 열릴 것이니 구하는
이마다 받을 것이요 찾는 이는 찾아낼 것이요 두드리는 이에게는
열릴 것이니라.   (마태복음 7:7~8)

지칠 때마다 성경 말씀을 읊조리지만, 손발이 부르트도록 종종거리고 두드리다 지쳐 이 정도면 할 만큼 했으니 이제 바통을 다른 사람에게 넘겨주자는 생각이 불쑥불쑥 치밀곤 했다.

그런데 몇 년 전 우연히 읽은 필립 짐바르도의 『루시퍼 이펙트: 무엇이 선량한 사람을 악하게 만드는가』에서 미로 속을 잘 헤쳐나오고 있다는 위로와 격려를, 나아갈 방향을 찾을 지혜를 찾았다.

"영웅주의의 평범함을 주장하고자 한다. 도움을 요청하는 소리가 들릴 때, 그들은 그것이 자신을 부르는 신호임을 알아차린다. 그 소리는 상황과 시스템의 강력한 압력을 뚫고 올라와 인간 본성의 최상위 부분을 떠받치는 악에 대항하여 인간의 존엄성을 드높인다.

악이 행해지는 상황에는 가해자와 희생자와 생존자가 있다. 그런데, 그 일을 목격하거나 무슨 일이 일어나는지 알면서도 돕기 위해 개입하거나 악에 도전하지 않는 사람들도 있는데, 바로 이들의 무대응이 악을 지속시킨다.

사람들이 권위의 압력에 저항하길 원하는가? 저항을 한 동료들의 사회적 모델을 제공하라."

대검에는 대한제국 시절 최초의 검사인 이준 열사 흉상이 있고, 대법원에는 초대 대법원장인 가인 김병로 선생의 흉상이 있다. 마땅히 본을 삼을 만한 사회적 모델을 사법부와 검찰은 그렇게 기리는 것이다.

<검사 선서>는 필자가 검사 임관한 이후인 2008년 제정된 것이라 필자는 선서하지 않고 임관했지만, 힘겨울 때마다 읊조리며 각오를 다지곤 했다. <검사 선서>는 그 문구를 확정했던 수뇌부를 비롯한 어두운 검찰사를 밤하늘로 삼아 반짝반짝 빛난다.

부끄러운 선배들과 검찰사를 성찰하고 <검사 선서>대로 살기 위해 종종거리다 보면, 비록 보잘것없지만, 어둠을 조금이나마 내모는 반딧물이가 될 수 있지 않을까, 양심을 지키기 위해 저항한 사회적 모델 하나가 될 수 있지 않을까 싶다. <검사 선서>를 읊조리며 씩씩하게 계속 가 보겠다.

성공의 뒤편, 실패의 뒤편 이야기

임채국 | 법무법인 승지 변호사

천욕화인필선이미복교지
소이복래불필희요간회수

天欲禍人必先以微福驕之
所以福來不必喜要看會受

　하늘이 화를 내릴 때는 반드시 먼저 작은 복을 주어 교만하게 하니, 복이 온다고 기뻐만 할 것이 아니라 필히 그것을 받을 만한가를 살펴보아야 한다.

천욕복인필선이미화경지
소이화래불필우요간회구

天欲福人必先以微禍儆之
所以禍來不必優 要看會救

그러므로 재앙이 왔다고 근심만 할 것이 아니라 먼저 그것이 구제될 수 있는 것인지를 필히 살펴보아야 한다.

윗글은 임동석 교수의 역주서인 '현문(賢文)'에 있는 내용으로 현문의 원제목은 '중정증광석시현문(重訂增廣昔時賢文)'으로 명심보감(明心寶鑑, 중국 명나라 때 범입본(范立本)이 씀), 채근담(菜根譚, 중국 명나라 때 홍자성(洪自誠)이 씀)과 함께 중국 3대 처세 격언서라고 한다.

많은 사람들이 부, 권세, 명예 등 세속적인 욕심을 채우기 위해 열심히 쉬지 않고 노력하고 그것들을 얻기 위해 우리가 가져야 할 마음 자세나 삶의 방식에 관하여 수많은 사람들의 경험담과 삶의 철학에 관한 말들을 쏟아놓고 그것들을 금과옥조로 삼고 실천하며 살아간다.

그렇게 살아가는 사람을 근면하고 성실하고 인내심이 강한 사람으로 칭찬하기도 한다. 정직하고 성실하게 각고의 노력을 한 결과, 때로는 부정한 수단까지 동원한 결과, 그와 같은 것들을 얻게 되면 이른바 '출세'하였다고 한다.

출세한 많은 사람들은 얻어진 힘으로 또 다른 세속적 욕심을 채우기 위한 기반으로 삼고 출세한 자에 편승하여 자신의 세속적 욕심을 채우기 위해 관계를 맺고 이용하려는 자들이 출세한 사람 곁에 몰려든다.

출세자는 자신에게 주어진 큰 복에 빠져 정신없이 기뻐서 날뛰고 출세를 위한 각고의 노력에 대한 보상적 마음으로 또 다른 욕심의 충족을 위해 여기저기 이곳저곳을 들쑤시고 다닌다.

출세의 기쁨에 취해 정신없이 날뛰며 돌아다니는 동안 너무나 깊은 수렁이, 너무나 가파르고 높은 벼랑이 자신 눈 바로 앞에 기다리고 있다는 것도 모른 채 앞을 살피지 않고 날뛰며 돌아다닌다.

그러다가 출세하지 않았으면 있지도 않았을 견디기 힘든 커다란 고통을 주는 깊은 나락으로 한없이 추락하는 자기 삶의 모습을 경험하게 된다.

자신이 한없이 낮은 곳으로 추락한 후에야 자신이 얼마나 교만하였는지를 알게 되고 큰 복을 준 하늘의 뜻을 깨닫게 되기도 하고 반대로 하늘이 자신을 버린 것으로 단정하고 더 깊은 수렁으로, 더 깊은 벼랑으로 자신의 삶을 몰고 가 끝내 자신의 삶을 파탄 상태로 종식시키는 이도 많이 있다.

하늘은 어느 한순간도 한 인간의 삶을 영원히 고통만 있는 나락으로 인도하지 않는다. 하늘은 세속적 욕심에 관한 복을 얻을 수 있는 길을 가르쳐주거나 더 크고 귀한 행복의 진정한 길로 가는 귀한 깨달음을 얻게 하는 길과 더 큰 고통의 삶으로 가는 길을 선택하도록 두 가지 길을 항상 준비해 둔다.

삶이 심각하게 추락하였다고 생각되는 시련의 상황 속에서 추락한 우리의 선택이 하늘이 준비해 둔 행복으로 가는 길을 최대한 빨리 알아차리고 최대한 빨리 선택하여 살아갈수록 출세했을 때보다, 지금보다 내일은 더 행복한 삶으로 나아가는 귀한 재료가 되고 단단한 행복한 삶의 기초가 된다.

출세의 크기가 클수록 추락의 벼랑은 더 높기 마련이다. 그래서 우리는 늘 높이 올라가면 갈수록 자신의 마음은 더 낮은 곳에 두어야 한다. 그래서 추락할 때 마음의 부상을 좀 더 가볍게 할 수 있는 것이다.

겸손은 그저 타인과의 대인관계에 있어서 신뢰를 얻고 인격적 호평을 얻는 수단쯤으로나 생각해서는 안 된다. 자신을 낮은 곳에 두어야 하는 마음은 자신의 삶을 행복하고 평온하게 만들어 가는 것이 인간 삶의 진정 가치 있는 삶의 모습이고 궁극적으로 사람들이 행복한 추구하는 삶의 모습이라고 보면 자신을 항상 낮은 곳에 두려는 마음은 높은 곳에 올라가거나 높은 곳에 올려지는 삶을 사는 사람들이 먼저 마음속 깊이 세워두어야 할 대들보와 같은 마음이 아닌가 싶다.

하늘은 출세의 복을 얻게 되는 자에게 낮은 자세와 나눔의 자세를 주문하고 낮은 곳에 있는 자에게는 더 축복으로 가는 길을 찾는 것을 포기하지 않는 긍정, 인내의 자세를 주문하는 것이니 출세를 위해 노력하는 중에도 출세 후에 행복한 삶을 살기 위해 출세한 자신이 어떤 마음으로 어떤 모습으로 살아야 할 것인지를 하늘에 물어 미리 마음에 단단히 다져두고 출세한 후에도 그 마음을 수십 번 수백 번 돌아보고 점검하고 자신의 낮은 곳에 두어 출세하므로 얻어진 세속적인 복들을 또 다른 세속적인 욕심을 탐하려 하지 말고 타인의 행복을 위해 아낌없이 나누어 주고 하늘의 뜻으로 추락할 경우에도 아무런 동요 없이 살아갈 수 있도록 자신을 낮추는 데 조금도 게으름이 없어야 한다.

자신의 목표하는 것을 얻기 위해 노력하는 과정에서도 걱정이나 두려움, 고통스러움을 덜 느끼고 오히려 목표에 다가가는 자기 삶의 모습을 보면서 희망과 기쁨의 마음으로 지치지 않고 끝까지 즐거운 마음으로 노력하는 힘을 얻고 목표에 이름에 실패하더라도 크게 좌절하지 않고 살 수 있게 되리라고 본다.

목표에 이르더라도 이를 더 큰 세속적 욕심을 채우기 위한 수단으로 삼기보다는 갖게 된 힘으로 자신은 물론 타인의 행복한 삶을 위해 귀하게 사용하게 된다.

엄청난 세속적인 복이 자신에게 내려진다고 하더라도 깊은 수렁이나 깊은 벼랑으로 가는 길에 들어서지 않은 지혜를 가지고 삶을 이어가므로 그 복이 진정 자신의 행복과 타인의 행복에 기여하는 삶을 살 수 있게 된다고 본다.

눈으로 보고 귀로 듣기에 헤어 나오기 힘든 절망적인 상황에서도 별다른 세속적 복이 주어지지 않은 상황에서도 그런 시련에 처하지 않은 보통 사람들보다 더 아름다운 행복의 꽃을 피우며 행복하고 보람된 삶을 만들어 가는 셀 수 없이 많은 삶의 모습을 우리는 보고 산다.

어떤 상황에서도 하늘은 내게 행복하게 사는 길을 선택할 기회를 주었고 그 길을 하늘에 거듭거듭 물어서 그 길로 들어섬에 주저함이 없다면 감당하기 힘든 커다란 복이 내려진 상황에서도 감당하기 힘든 추락의 상황에서도 지금보다는 더 행복한 내일의 삶을 만들어 가게 될 것을 하늘이 보장한다고 보면 틀림이 없을 것이다.

　예수, 부처, 공자 맹자, 수많은 현자들이 행복한 삶을 만들어 가는 삶의 철학으로 강조하는 사랑, 긍정적 사고, 겸손, 나눔, 이해, 용서, 칭찬, 동정, 성실, 정직, 욕심과 집착을 버림 등 수많은 가르침들의 의미를 몰라서 실천하지 못하는 사람은 없을 것이다.

　위와 같은 것들이 모두 나의 삶을 행복하게 만들고 타인의 삶을 행복하게 만드는 생각이요, 행위로 나의 행복한 삶의 길을 물을 때 하늘로부터 얻어야 할 해답인 것이다.

　그러니 하늘의 답을 어렵게 얻을 필요도 없이 그 답이 바로 내 옆에 있는 것이다. 우리는 그 답을 얻은 즉시 실천하며 살면 행복한 삶으로 가장 지혜롭고 확실한 길을 선택한 것이다.

　그런 지혜로운 삶을 사는 사람에게는 행복을 담을 충분한 그릇을 가진 그 사람에게 더 큰 복을 주게 되고 그 사람은 그 복을 내려받고 더 행복한 삶을 만드는 재료로 삼으며 살게 되는 것이다.

　자신의 삶을 행복한 삶으로 이끌고 갈 고귀하고도 고귀한 가르침을 체득하여 가슴 깊이 받아들이게 되더라도 심신이 취약한 사람은 그것을 실천할 힘을 갖지 못하고 부정적인 마음 사악한 마음이 마음을 점령하게 되어 무용하게 만든다.

　행복한 삶을 살기 위한 고귀한 깨달음을 얻는 것도 중요하지만, 그것들을 실천할 수 있는 심신의 건강을 얻고 지키는 것도 매우 중요하다. 심신이 건강한 사람은 어렵지 않게 행복한 삶의 길로 가는 진리를 얻게 되기도 하지만, 그 진리를 자신의 행복한 삶에 제대로 적용하며 살기도 한다.

세상과 세상 사람들에 대하여 부정적인 생각이 많이 들어 고통스럽고 불만스러울 때 잘못된 세상이나 사람들을 뒤집어엎어 바꾸려 하지 말고 자신의 심신이 취약해져 있음이 분명하니 심신의 건강증진을 위해 휴식, 영양 섭취, 취미생활, 운동 등에 각별히 신경을 쓸 필요가 있다.

고귀한 깨달음을 가슴 깊은 곳에 담아 두고도 여전히 불행한 삶을 살아가는 많은 사람들은 행복한 길로 가는 길을 몰라서가 아니라 그 길로 들어설 힘을 줄 심신의 건강이 뒷받침되어 있지 않기 때문인 경우가 대부분이다.

행복한 삶은 그래서 심신의 건강과 올바른 삶의 철학에 대한 체득이 모두 갖추어지고 생각과 언행이 일치하여 실천되므로 이루어진다고 본다.

하늘이 자신에게 큰 복을 주었다고 생각하는 상황에서 자신을 낮추고 그 복을 타인의 행복을 위해 아낌없이 나누고자 하는 마음을 마음 깊이 새기고 실천하며 살고 감당하기 힘든 큰 불행이나 실패가 닥쳐도 하늘은 그 뒤에는 더 큰 축복을 숨겨놓았음을 믿고 찾으며 살 것이며 하늘이 내게 주문하는 가르침을 쉽사리 깨닫고 실천할 수 있는 힘을 갖도록 자신의 심신을 강건히 하는데 게으름이 없도록 살 것을 다짐해 본다.

'베스트'는 한 명이지만
'유니크'는 모두가 될 수 있다

임지은 | 전 월간중앙 기자, 칼럼니스트

        세계 0.2%에 불과한 유대인은 미국과 이스라엘을 축으로 세계 각 분야에서 맹활약하고 있다. 어떠한 분야든 국제무대의 정상에 이르려면 유대인과의 접촉이 필수라는 말까지 나온다.

  실제 이들이 인류사에 남긴 발자취를 보면 놀라지 않을 수 없다. 과학자 아인슈타인, 정신분석학자 프로이트, 공산주의 이론의 시조인 카를 마르크스, 시인 하이네, 철학자 스피노자, 금융재벌 로스차일드, 금융가의 큰손 조지 소로스, 석유왕 록펠러, 영화감독 스티븐 스필버그, 신문왕 퓰리처, 배우 엘리자베스 테일러, 코미디언 찰리 채플린 등 열거하기도 힘든 이 모든 이들이 바로 유대인이다.

  유대인들은 국제금융, 언론, 정치, 학계, 법조, 의학 등 전 분야에 걸쳐 중심 역할을 담당하고 있다. 노벨상 수상자의 30%, 미국 아이비리그 대학교수의 30% 이상이 유대인이다.

이들은 어떻게 세계를 뒤흔들게 된 것일까. 일당백 이상의 존재감을 드러내는 이들의 비밀은 과연 무엇일까. 바로 교육의 힘이다. 개인이 가진 최고의 재능을 발견하고, 그 재능을 최대치로 끌어올리는 교육 철학, 이것이 인재를 길러내는 비결이다.

『탈무드』에는 '자녀를 가르치기 전에 눈에 감긴 수건부터 풀라.'라는 말이 나온다. 아이의 기질과 개성을 무시한 채 부모의 욕심과 바람을 앞세우지 말라는 뜻이다.

유대인은 하나님이 아이마다 다른 달란트, 즉 재능을 내린다고 믿는다. 자녀 교육을 신에 대한 의무로 여기는 유대인은 아이의 재능을 발견하는 데 최선을 다한다.

그리고 아이가 그 능력을 최대한 발휘할 수 있도록 이끄는 역할에 충실하다. 아이가 어떤 달란트를 갖고 있든 그것을 존중하고, 칭찬으로 달란트를 키워준다. 때문에 아이 또한 어릴 때부터 자신의 달란트가 무엇인지를 모색하며 성장한다.

유대인은 무엇보다 다양성을 존중한다. 유대 격언에는 '100명의 유대인이 있다면 100개의 의견이 있다.'라는 말이 있다. 모든 사람이 다른 존재라는 의미다.

다른 것은 단지 다른 것이지, 틀린 것이 아니라는 인식을 유대인들은 확고히 갖고 있다. 사람마다 달란트는 각기 다를 수밖에 없다. 때문에 아이를 공부와 같은 획일적 잣대로 평가하는 일이 없다.

유대인을 지칭하는 '히브리'는 '혼자서 다른 쪽에 선다.'라는 의미를 담고 있다. 이 유래처럼 유대인은 자기만의 길, 다른 길을 자연스레 받아들인다. 아이만의 특별한 재능을 찾아내고, 아이가 목표를 향해 최선을 다하도록 이끌어 준다.

자기 분야에서 일가를 이룬 유대인의 성공 스토리 뒤에는 그들의 재능을 알아봐 주고 믿어준 부모가 있다. 21세기 영화계의 거장 스티븐 스필버그(Steven Spielberg, 1946~)는 어릴 적 난독증이 있는 학습 부진아였다.

스필버그는 공부에 흥미가 없고, 학교 가기를 무척이나 싫어했다. 유대인이라는 이유로 친구들에게 따돌림을 받았던 그는 늘 혼자서 공상에 빠져 있곤 했다.

스필버그의 어머니는 공부를 강요하지 않고 아들의 꿈을 믿어주었다. 아들이 학교에 가기 싫다고 꾀를 부리면 '아이가 아파 학교에 갈 수 없다,'라고 거짓편지를 써주기도 했다.

"나는 솔직히 단 한 번도 전형적인 어머니였던 적이 없어요. 아들이 원하는 건 들어줘야 한다고 생각했을 뿐이었죠. 그것이 아이의 독창성을 살리는 길이라고 믿었습니다."

— 레아 아들러 (스티븐 스필버그 어머니)

학창시절 스필버그는 8mm 무비카메라를 가지고 다니며 촬영을 하고, 영화처럼 편집하기에 몰두했다. 어머니는 아들의 작품을 늘 끝까지 관람하고 엄지손가락을 추켜올렸다.

스필버그는 그녀는 "엄마가 기대할게.", "네 상상력은 세계 최고"란 말로 아들을 격려했다. 스필버그의 어머니가 "남들 다 공부하는데 너는 뭐 하고 있느냐? 인생 어떻게 살려고 하느냐?"라고 다그쳤다면 어떻게 되었을까.

그녀는 남과 다른 아들을 남과 비교하지 않고, 개성을 존중했다. 아들이 좋아하는 일을 할 수 있도록 최선을 다해 돕고, 성공에 이르기까지 격려하며 묵묵히 지켜봐 주었다.

인류 역사상 가장 IQ가 높다고 알려진 천재 과학자 아인슈타인(Albert Einstein, 1879~1955)도 네 살이 되어서야 겨우 말을 시작했다. 초등학교에 들어가서도 그는 수업을 따라가지 못해 학교 선생님으로부터 '도저히 공부할 수 없는 아이'라는 이야기까지 들었다.

호기심 많은 아인슈타인은 수업시간에도 엉뚱한 질문을 많이 해 교사로부터 산만하다는 주의를 끊임없이 들었다. 급기야 학교 선생님은 그의 어머니에게 "다른 아이들에게까지 나쁜 영향을 끼칠지 모르니 학교에 오지 않았으면 좋겠다."라고 말했다.

아인슈타인 어머니는 선생님의 말씀에도 아들을 혼내거나 포기하지 않고, 아인슈타인을 직접 가르쳤다. "너는 똑똑한 아이다. 다만 다른 사람들이 그걸 모를 뿐이다. 남들과 같으면 결코 남보다 나을 수 없단다."

어머니는 호기심 많은 아인슈타인의 질문을 단 하나도 그냥 넘기지 않고 함께 답을 찾아 나갔다. 특히 아들이 좋아하는 물리와 관련된 책들을 읽는 것을 도와주었다.

덕분에 아인슈타인은 열다섯 살에 데카르트, 뉴턴, 유클리드 등 유수

한 학자들의 저서들을 독파했고, 다른 아이들이 유난히 힘들어하고 싫어하는 물리, 철학, 화학에 능통했다. 남다른 아이를 남다르게 키운 어머니의 교육 철학이 세기 최고의 물리학자를 만들어 냈다.

유대인 부모는 자녀의 의사를 최대한 존중하되, 자신이 원하는 것을 이루기 위해서는 최선을 다해야 함을 강조한다. 세상에 그 어떤 것도 거저 얻어지는 것은 없다.

자신이 선택한 일이기에 결과에 대한 책임 또한 자신의 몫이다. 아이의 자유의지를 존중하면 아이는 책임감을 느낀다. 유대인 부모는 아이가 하고 싶은 일을 마음껏 할 수 있도록 지지하고, 칭찬과 격려로 아이에게 긍정적인 자아상을 심어준다.

부모의 전폭적인 믿음은 아이가 어떤 상황에서도 어려움을 헤쳐나가는 힘이 된다. 노벨상을 두 번이나 탄 물리학자 라이너스 폴링(Linus Pauling, 1901~1994)이 말했다. "저는 제 삶을 통들어 제가 하고 싶지 않은 일, 제가 즐기지 못하는 일은 한 번도 한 적이 없었습니다. 단지 매사에 내가 할 수 있는 최선을 다하면서 살았을 뿐입니다."

'모두가 한 방향으로만 향하면 세계는 기울어지고 말 것이다.' 『탈무드』에 나오는 말이다. 유대인 부모는 아이에게 '남보다 뛰어난 사람이 돼라.'라는 말 대신 '남과 다른 사람이 돼라.'라고 조언한다.

남들이 가는 길을 무작정 따라가지 말고, 자신만의 길을 찾으라는 의미다. 유대인은 남과 같기를 원하지 않는다. 심지어는 노는 방식도 달라야 한다고 강조한다.

아이의 개성을 살려주는 것이 결국 성공으로 가는 지름길이라 굳게 믿기 때문이다. 남과 다른 '무언가'를 가지면 독보적인 지위를 점할 수 있다.

'베스트(best)'는 한 명이지만 '유니크(unique)'는 모든 사람이 될 수 있는 이치다. 이렇게 유대인들은 100이면 100명 모두 1등으로 키운다. 유대인이 한 명의 낙오자 없이 인재를 양성하는 법이다.

개성을 강조하는 교육에서 창조가 나온다. 틀에 짜인 패러다임에서 벗어나지 못하면 자유롭게 생각할 수 없다. 남과 다른 개성을 존중하는 유대인의 교육은 자유로운 사고를 할 수 있는 토양이 된다.

기존의 전문가, 권위, 이론을 수동적으로 받아들이지 않고 의문을 품는 데서 혁신이 일어난다. 익숙함에서 벗어나는 도전은 큰 용기가 필요하다. 유대인은 그 용기로 인류에 남다른 획을 그어왔다.

유대인은 기존 사고의 틀을 깨고 자유롭고 독창적인 생각을 한다. 오직 나만이 할 수 있는 새로운 길을 창조해간다. '경영학의 아버지'라 불리는 피터 드러커(Peter Ferdinand Drucker, 1909~2005)는 이렇게 말했다.

"미래를 예측하는 가장 좋은 수단은 새로운 것을 창조하는 것이다." 미래를 예측하기 어렵지만 우리는 그것을 창조할 수 있다. 창조는 미래를 예측하는 최고의 열쇠다.

모두가 한 길로 들어서면 피 터지는 생존 경쟁이 불가피하다. 극소수가 승자의 축배를 드는 순간, 수없이 많은 낙오자가 쏟아진다. 모든 아이는 천재로 태어난다고 했다.

단지 그 아이의 특별한 재능을 알아내느냐 여부가 천재와 낙오자를 가른다. 동그라미, 세모, 네모 모양이 다르듯 아이도 마찬가지다. 부모가 아이가 가진 개성을 발견할 때 아이는 자신의 역량을 최대한 발휘한다.

동그라미 모양의 아이를 세모나 네모 아이와 비교하지 않고, 동그라미 특성을 인정하고 믿어주자. 아이는 타고난 천재성을 발휘해 더 나은 세상을 창조하는데 큰 획을 그을 것이다.

아름다움은 덧없다

임동훈 | 아이비성형외과 원장, 의학박사

나태주 시인은 '풀꽃 시인'으로 잘 알려져 있다. 그의 시 '풀꽃'을 기억한다.

    자세히 보아야
    예쁘다
    오래 보아야
    사랑스럽다
    너도 그렇다.

시는 여기서 끝이 나지만, 나는 또박또박 또 한 줄을 엮어 내렸다. '나도 그렇다' 더도 말고 덜지도 말고 그저 내 나이에 맞는 향기와 내 꼴에 맞는 빛깔을 가진 풀꽃으로 타인에게 비쳤으면 하는 마음 간절하다.

'시시'라는 애칭으로 불린 비운의 황후가 있었다. 그녀는 오스트리아 황제 프란츠 요제프 1세(Franz Joseph I)의 황후 엘리자베스 폰 비텔스바흐(Elisabeth von Wittelsbach, 1837~1898)였다.

그녀의 불행은 그녀가 숨 막히게 너무 아름다웠다는 데 있었다. 1865년에 그려진 시시 초상화는 세계에 그녀의 아름다움을 과시했다. 그러나 시시는 평생 부담에 짓눌려 살았다.

사람들에게 알려진 그 아름다움을 그대로 유지해야 했다. 그림 속 자기 모습이 자신의 경쟁 상대가 돼버린 것이다. 충직한 한 시녀는 '마마의 인생에는 주어지지 않은 복이 없는데도 마마에게는 깜짝 놀랄 정도의 깊은 우울함이 드려져 있다.'라고 일기에 썼다.

또 다른 노만 록웰(Norman Rockwell, 1894~1978)의 1954년에 그린 '거울 앞의 소녀', 무릎 위에 잡지를 펼쳐놓고 거울 앞에 쪼그려 앉은 소녀 모습이다.

'나는 왜 잡지에 나와 있는 여자처럼 아름답지 못할까?'라는 열등감 그리고 우울 불안을 드러낸 그림이다. 우리는 이 소녀처럼 현대 사회라는 거울의 방에서 외모에 집착하면서 살고 있다는 것이다.

소셜 미디어, 카메라 렌즈라는 작은 거울에 둘러싸여 살아가면서 어떻게 외모에 집착하지 않을 수 있겠는가 하는 것이다. 메릴린 먼로(Marilyn Monroe, 1926~1962)는 죽기 6주 전, 한 사진작가를 불러놓고 24시간 동안 2,600장의 사진을 찍어 모든 것을 드러내는 쇼도 벌였다.

외모에 자신감이 넘치는 여성이 있었는데, 젊었을 때부터 섹스 요청을 거절한 남자가 없었다고 한다. 그런데 나이가 들면서 예전 같지 않고 추해지면서 결국에는 공정해진다는 것을 알게 됐다고 한다.

또 있다. 평생 스스로 아름답다고 느낀 적이 없는데 이제는 내면의 자신과 연결돼서 자신을 아름답다고 느낀다고 한다. 나이를 먹고 용기를 내서 나 자신이고자 하므로 자신을 아름답다고 여긴다는 것이다.

이렇다. 아름다움은 덧없다는 것이다. 아름다움은 통제할 수 있는 것이 아니다. 인간의 아름다움은 우연에 의해 주어진 것이다. 예컨대 바다나 하늘, 이 세계의 풍부한 아름다움은 완벽히 목적이 없지 않으냐는 것이다.

아름다움은 소유할 수도 저장할 수도 없으며 본질적으로 덧없다는 것이다. 아름다움을 아름답게 하는 것은 그것이 덧없기 때문이라는 것이다.

요즘 버스 광고에서부터 지하철, 영화 스크린에서까지 성형 광고를 심심치 않게 볼 수 있다. 성형이 광고계를 살려 먹인다는 우스갯소리가 나올 정도로 성형은 우리 일상에 끊임없이 끼어든다.

이제 '왜' 성형하냐고 묻는 것은 식상한 질문이 되었다. 성형은 '어떻게' 성형을 실천하는지를 물어야 할 때라고 생각한다. 대중문화의 성장과 소비문화의 확산이 불러온 외모 중심주의 소수 여성의 사치와 향락의 징표였던 미용 성형이 당당하고 자연스러운 자기 관리의 일부로 편입되고 보편화된 데에는 단순히 '더 아름다워지고 싶은 여성들의 욕망'이 아니라 미용 성형과 관련된 제도와 담론, 기술 변화가 결정적 역할을 했다는 점이 드러난다.

오늘날 산업화한 성형 시장이 형성되기까지 한국 미용 성형의 역사를 개괄한다. 이어서 미용 성형이 외모 관리를 넘어 자기 계발로 그 의미가 확장되고 있는 오늘날 미용 성형 산업을 조망 참으로 재밌다.

한 심리학자는 "보다 아름다워지고 싶은 건 남녀노소 모두의 본능이고, 이 관점에서 이 여성의 심리를 이해할 수 없는 건 아니다."라면서도 "뭔가 사회의 어두운 구석을 밝은 곳에서 보고 있는 것 같아 안타까움이 든다."라고 했다.

성형수술 분야가 독특한 것은 상업의 영역과 의료의 영역이 혼재돼 있기 때문이다. 그러나 성형은 상업의 영역이기도 하지만, 의료의 영역에 있다는 것이다.

환자의 안전을 가장 최우선으로 해야 하는 것이 병원이다. 인간의 생명보다 더 고귀한 가치는 없기 때문이다. 그런데도 실제 이름만 들어도 알 만한 한 유명 성형외과에서도 유령수술 집도의가 성형수술을 하다가 사고를 내 환자가 피해를 당하는 사례도 꽤 있다.

이는 대리 수술 의사의 양심(대리 수술)은 엄연히 불법행위다. 사실 요즘은 10대 청소년 20대 여성은 물론이고, 초등학생들까지 예뻐지려고 성형수술을 하는 사례가 많다.

특히 사춘기인 10대 청소년들은 TV에 나오는 연예인들을 선망하게 되고, 더 예뻐지기 위해 성형수술을 하길 원한다. 그렇다 보니 가격이 상대적으로 저렴한 성형수술을 하는 병원을 찾게 될 확률도 높다.

성형수술을 결정하기 전에 먼저 '내가 왜 수술하고자 하는가'를 생각하고, 자신만의 독특한 미의 기준을 확고히 하기를 권한다. 그리고 허위

정보, 과장된 정보가 아니라, 사실에 근거한 '진실한 정보'를 가지고 자신이 생각하는 신체적 '문제'를 신중한 검증과정을 거쳐서 진료받고 치료받기를 권한다.

인간은 누구나 예뻐지고 싶어 한다. 이러한 욕구 자체가 문제가 아니다. 문제는 획일화된 미에 대한 이해, 그 획일성의 한 사람이 이미 지신 아름다움의 측면, 자신이 이루고 싶은 고유한 개성에 대한 스스로 먼저 생각하는 것으로부터 출발해야 하며 미용 성형은 단지 보조 역할을 하는 것이다.

무엇보다도 페미니즘은 한 인간으로서의 여성이 스스로 자신의 아름다움을 유지하고자 하는 인간으로서의 욕구를 다양하게 표출하는 자유를 인정해야 한다.

미용 성형 업계가 미용 성형을 하고자 하는 이들의 인간으로서의 존중을 상실하지 않는 직업윤리의 회복하고, 의료 행위의 책임과 과제를 수행하기 위해서 과다 치료, 유령수술, 대리 수술 또는 허위광고를 벗어나서 진실한 정보를 제공하는 미용 성형 병·의원으로 변화되어야 한다.

어쨌든, 의사가 될 때 하는 선서인 '히포크라테스 선서(Hippocratic Oath)'에는 이런 문구가 나온다. '나의 환자의 건강과 생명을 첫째로 생각하겠노라.'라는 문구다.

의료인의 양심을 지키는 수많은 참 의사들에게 큰 박수를 보내고, 그렇지 못하고 돈벌이와 불법행위를 일삼는 이들에게는 다시 한번 의대생 시절 외쳤던 이 선서를, 처음 만났던 그 환자를 기억하라고 말하고 싶다.

유종의 미

임만규 | 전 음악출판 청음사 대표

유종지미(有終之美)는 시경(詩經)에 나오는 말로 '처음이 있지 않은 것은 없으나 끝이 있는 것은 적다.'라는 말에서 유래되며 '처음에 시작한 일을 끝까지 해내기는 쉽지 않다는 뜻이다.' 우리 범부들의 삶에서는 결코 쉽지 않은 경구일 것 같다.

사회의 첫 직장인 '대한항공'을 퇴직하고 '동화출판공사'라는 출판사로 이직했다. 1973년 봄의 일이었다. 형님께서 운영하시던 출판사가 참으로 크게 번창해서 관리를 도와야 한다는 이유였다. 그 후 27년간을 재직하고 2000년에 퇴직하였으니, 인생의 황금기를 이곳에서 거의 보낸 셈이다.

경영을 맡으면서 열정을 다해 발행해온 많은 책들, 인연을 맺었던 작가들, 함께 일했던 직원들, 제작거래처와 영업거래처들, 교류해온 출판인들, 이 모두 그 시간을 함께해 온 귀한 분들이며 추억이다.

눈부신 산업의 발달만큼이나 출판환경도 빠르게 발달했다. 특히 활판인쇄가 오프셋 인쇄로 바뀌었고 편집도 손작업에서 컴퓨터로 발전했다. 그리고 종이 책에서 인터넷 e북까지 등장했으니 잠시 안심하면 도태할 지경이었다.

이렇듯 제작환경의 발달로 출판사들은 계속 투자비 증가의 압력을 받으며 변화에 대처해왔다. 반면 독서환경은 산업의 발전에 반비례하기 시작했다. 스포츠, 여행, 컴퓨터, 게임 등 새로운 놀이문화 등장 그리고 입시 때문에 학생들이 사교육을 받아야 하는 환경까지 독서 분위기를 저해하는 퇴행적 현상들이 계속 나타난 것이다.

그러나 그런 이유들은 얼핏 그럴듯해 보이지만 핑계일 뿐 실은 모두가 거짓이다. 다른 나라들도 비슷한 과정을 거쳐 왔기 때문이다. 우리 국민들은 책을 읽지 않는다. 인터넷의 자료를 보면 그 사실은 명증하다.

2000년 초 UN에서 세계의 나라별 독서량 순위를 발표한 것이 있었는데, 한국의 독서량 순위는 166위로 최하위였다. 최근에도 순위에 변화는 없는 것으로 나타난다. 경제는 10권이라는데 믿기지 않는 이 수치가 대한민국의 독서 현실이다.

문맹 국가들 몇 나라만 우리 뒤에 있을 뿐이다. 이 수치는 출판사들의 어려움도 대변하지만, 국민들의 정신문화가 황폐화돼가는 현실을 증명하는 지표이기도 하다. 주위에 중소서점들이 자취를 감추었고, 일 년 동안 책 한 권도 읽지 않는 지인들을 만나기는 어렵지 않다.

2000년도에 '청음사'라는 상호로 창업을 했는데, 음악에 관련된 서적과 음반만을 출판할 예정이었다. 한 분야를 정하고 독자를 선택해야만 생존할 수 있다고 판단했기 때문이다. 이유는 27년간 재직해온 동화출판사는 종합출판으로 문학, 학술, 예술 등 여러 분야를 두루 출판해왔는데, 음악 분야는 27종의 출판물이 있었다.

그중 25종은 내가 기획을 했었다. 독일 그라모폰, 영국 데카, 네덜란드 필립스, 러시아 멜로디아, 세계 최고의 음원들을 라이선스 계약했고, 푸치니의 악보 초고를 출판했다는 이탈리아 '리코르디'와 출판계약도 했다. 품질로 정평한 주)성음에서 제작한 음반을 제공했다.

그런데 그동안 내가 기획해왔던 음악 출판들은 모두가 마니아와 음대생을 위한 것들이었다. 그래서 늘 숙제처럼 남아 있는 일이 있었는데, 그것은 어린이를 위한 음악의 기초교육 분야 출판이었다. 언젠가는 꼭 하리라고 다짐하면서도 실행하지 못했다.

창업한 '정음사'의 첫 출판물 제목은 '에센스 피아노 레슨' 어린이 교육용이다. 악보 15권, CD 22매, 해설 1권, DVD 7매로 이루어졌다. 악보는 유명대학의 피아노과 현역교수 6명이, 체르니부터 소나타까지 474곡 전곡을 지상 레슨 했다.

CD는 피아니스트이며 음악교육가인 미국 예일대 음대 교수 '브라이언 슈츠'가 만 1년에 걸쳐 연주하고 녹음했다. DVD는 '소나티네 앨범' 작품집을 '브라이언 슈츠'가 영상으로 직접 레슨 했다. 전집이 판매되고 있는 도중에 '브라이언 슈츠'를 초청해 서울 세종문화회관과 대전 기독교회관에서 피아노교육 지도자를 위해 공개 레슨 강좌도 열었다.

두 번째의 출판물인 '바이올린 에튀드 전집'은 어린이 교육용이다. 악보 5권, CD 10매를 발행했다. 독일 그라모폰 라이선스다.

세 번째는 창업하면서 바로 기획한 학습만화 '위대한 음악가'로 2005년에 출간했다. 기획에서 발행까지 만 5년 걸렸다. 40권으로 이루어진 전집이다. 초·중·고 음악 교과서에 수록된 작곡가를 조사해보니 서양 음악가와 한국의 음악가를 합쳐서 총 30명 정도다.

이 중 서양 음악가 24명, 한국 음악가 3명을 선정해 작업을 시작했다. 24명의 서양 음악가들, 이들은 인류의 음악 역사를 만들어 온 위대한 작곡들이다. 한국 음악가 3명은 우리 음악을 세계에 전해주었고 나라를 지극히 사랑했던 애국자들이다. 이들을 위대한 음악가로 선정한 것은 어린이들에게 자긍심을 갖도록 하고 싶어서다.

수록할 내용을 만들려면 많은 자료가 필요하다. 20여 년간 수집해온 방대한 자료들이 곁에 있으니 마음이 든든하다. 먼저 작곡가들에 관한 것만 정리하기 시작했다. 그런데 막상 정리하면서 보니 모든 작곡들의 자료가 있는 게 아니었다. 부족한 것이 너무 많았다.

한국 음악가들이 특히 그랬다. 할 수 없이 유가족을 만나서 인터뷰를 하고 자료를 구하기 시작했다. 신문사와 독립기념관을 방문해 사용료를 지불하고 승낙을 받아야만 했다. 또 그들의 모교를 찾아서 학생 시절의 빛바랜 사진 자료들도 구했다.

글은 그간의 경험을 토대로 내가 직접 쓰기로 했다. 글의 형식은 위인전기를 쓰는 방식으로 출생, 어릴 때 환경, 최초의 스승, 독특한 음악 세계의 발전과정, 시련을 극복하는 인간승리, 위대한 작품이 탄생하는 감동 등을 기술해나갔다.

약 1년이나 걸린 이 작업이 끝날 무렵 나는 위대한 음악가들의 공통점을 나름 발견했다. 첫째는 그들의 천재성을 알아본 첫 스승과의 만남이다. 자칫 묻힐 수도 있었던 그 천부적 재능을 발견하고 음악의 기초를 가르치고 꿈을 심어준 스승을 만난 일이 매우 중요한 음악사인 것이다.

둘째는 당시의 음악에서 벗어난 새 음악의 창조다. 끝없는 열정으로 새로운 시도와 도전을 해 마침내 음악사를 새로 쓰는 업적을 남긴 것이다. 글은 이처럼 음악가들의 생애와 음악 세계를 전달하는 한편, 학생들이 꼭 알아야 할 자료들을 더 추가했다.

서양의 음악 역사 바로크, 고전파, 낭만파, 근□현대의 시대적 구분과 음악의 특징, 음악가들의 작품 활동과 작품세계를 설명했다. 그리고 음악의 종류인 성악곡, 교향곡, 관현악곡, 협주곡, 실내악곡, 독주곡 등 여러 음악을 자세하게 다루었다. 각종 국제음악콩쿠르, 3대 발레 음악 등 음악 상식도 정리했다.

책은 글과 함께 재미있는 만화로 만들었다. 내가 만든 자료들을 토대로 역사 만화 등으로 인기 있는 교육만화가 이범기 선생에게 의뢰해 3년 만에 완성했다. 웬만한 과목은 만화로 만드는 게 당시의 추세여서 이처럼 많은 비용과 시간이 투자되었다.

그러나 책의 발간 후 독서환경은 더욱 나빠져 일반 독자에게는 판매가 부진했고, 음악학원들과 중학교도서관만 구입하는 상태라 출판은 재판만 하고 중단해야 했다.

'출판문화'라는 말 속에는 출판인들의 고뇌가 담겨있다. 이윤을 창출해야 하는 기업 활동과 문화라는 이상을 실현시키려는 정신 활동을 동시에 충족해야만 하기 때문이다. 영리에만 치우친 출판은 문화적이지 못하고, 문화에만 가치를 둔 출판은 기업의 존재 이유인 영리와 멀어지는 경향이 있다. 이는 출판인들의 숙명적 딜레마이다.

'청음사'는 2015년도에 휴업을 했다. 출판계에 발을 디딘 지 42년 만의 일이다. 그간 수많은 책을 만들어 왔지만, 15년간 그리고 마지막 출판에서 어린이들에게 내 마음의 약속을 지킬 수 있게 됐으니, 유종의 미를 거둔 셈이 될는지.

근면과 성실 그리고 희망

임양성 | 전 광주광역시교육청 장학사

'내가 책임져야 할 내 인생을 어떻게 살아갈 것인가?'라고 하는 삶의 방법은 늘 생각 속에서 맴돌던 화두였다. 인생 칠십 고래희(古來稀)를 눈앞에 둔 지금에 와서 생각해 보면 내 삶을 살아가는 중요한 방법으로 너무도 평범하지만 나무랄 데 없이 훌륭한 단어가 바로 '근면'과 '성실', '희망'이라는 세 단어인 것 같다.

무애(无涯) 양주동 박사가 말하였던가? 성인(聖人)들께서 일찍이 하셨던 말씀들 가운데 내가 생각하고 말하고 싶었던 내용들과 똑같은 말씀들이 많이 있었음을 보았다고.

근면과 성실 그리고 희망이라는 단어도 너무도 많은 선현께서 인생을 살아갈 좌우명으로 내세워 말씀하셨던 것이지만, 나 또한 충분하게 공감하는 삶의 등댓불이 되는 단어였다.

첫째, 성실(誠實)이란 자신의 삶에 최선을 다하여 열심히 살아가는 태도이자 사람의 자질, 즉 됨됨이를 갖추었다는 말이다. 성실한 사람은 매사에 진실하며 최선을 다하는 자세를 갖추고 있어서 사람들로부터 신뢰를 받는다.

이는 누구나 갖추어야 할 삶의 기본 덕목으로 성실하지 못한 사람은 주위에서 인정받지 못하고 성공적인 삶이라는 결실도 볼 수 없다. 따라서 최선을 다하는 성실한 삶의 자세는 성공적인 삶을 사는 데 필요한 필수조건이다.

기본 자질을 갖춘 인간성이 얼마나 중요한가에 대해서 공자께서도 말씀하셨다. 제자 재여(宰予)에게 "썩은 나무로는 조각할 수 없고(朽木不可彫) 썩은 흙으로 쌓은 담장에는 흙손질할 수 없다.(糞土之墻不可圬)"라고 하셨다.

기본 자질을 갖추지 못한 사람은 마치 썩은 나무나 흙처럼 중요한 용처(用處)에 사용될 수 없다고 비유법을 써서 말씀하신 것이다. 조상으로부터 많은 유산을 물려받았고 뛰어난 능력을 갖춘 사람이라 하더라도 성실함을 갖추지 않은 사람이라면 그가 소유했던 모든 것을 탕진하는 데 그리 많은 시간이 필요하지 않다.

반면 성실한 삶을 살아가는 사람은 지금 비록 힘든 생활을 하고 있다 하더라도 세월이 흐른 뒤 만족스러운 삶의 결실을 거두게 되는 것이 상식이다.

성실한 사람은 하늘의 무지개를 좇는 듯한 허황된 목표는 세우지 않는다. '천 리 길도 한 걸음부터'라는 말을 신조로 삼으며, 작은 것도 결코 소홀히 여기지 않는 성품을 갖는다.

아무리 뜻을 높고 크게 가진 사람이라 할지라도 천 리를 한 걸음에 내닫는 발걸음은 애초에 존재하지 않으며, 아무리 급한 성격으로 답답하더라도 한 걸음 한 걸음씩 나아가야 천 리를 이룬다. 성실하지 않은 사람이 쌓은 탑은 높이 오를 수 없으며 공든 탑이 될 수 없다.

둘째, 근면(勤勉)은 부지런함을 말하는데, 성공한 사람들의 공통점으로 근면하지 않은 사람은 없다. 보통 성실과 근면은 두 단어가 합해져서 사용되는데 근면한 사람이 성실하지 않을 수 없고, 성실한 사람이 또한 부지런히 일하는 근면함이 필수적이다.

그래서 '근면 성실'이라는 말로 함께 사용된다. 무엇보다 게으른 사람은 기회를 얻지 못하며 설사 기회가 왔다 하더라도 이용하지도 못한 채 지나가 버린다.

게으른 사람은 손은 놔두고 생각과 눈으로만 일한다. 손은 묶어놓고 눈으로만 일하니 일이 진척될 리 있겠는가? 옛 속담에 '눈은 게으르고 손은 부지런하다.'라는 말이 있는데 보기에 엄청나게 많은 듯싶었던 일도 막상 착수하여 처리하다 보면 끝이 나게 마련이다는 뜻이다.

성공은 부지런한 사람에게 돌아가는 과일이지 게으른 사람에게 돌아갈 여유는 결코 존재하지 않는다. 부지런한 사람은 일이 닥치기 전에 미리 준비를 하기 때문에 기회가 왔을 때 놓치지 않는다.

반면 게으른 사람은 일이 닥쳐서야 준비하기 때문에 막상 기회가 왔을 때는 이를 살리지 못한다. 기회를 맞이했을 때 자신에게 기회를 맞이할 준비가 되어 있는지가 곧 성패를 가른다.

시험 날짜가 닥쳐서 시험공부를 시작하는 학생은 결코 좋은 성적을 거둘 수 없다. 학습량이 생각보다 많아서 빠듯한 시간에 쫓기거나 아니면 몸 컨디션이 갑자기 받쳐주지 않아 힘이 들거나 불가피하게 공부를 하지 못하게 하는 의외의 사단들이 꼭 발생하여 시험을 그르치게 되는 법이다.

반면 평상시에 학습 준비를 잘하고 있었던 학생에게는 바쁠 이유가 없으며 서두르는 법이 없이 준비된 상태로 시험을 잘 치른다. 사람이 살아가는 기본 이치는 모두 같다.

평상시 저축을 하지 않아 자본력을 갖추지 못한 사람에게 좋은 투자거리가 생긴들 무슨 의미가 있겠는가. 평소에 기술 습득이나 전문지식을 갖추지 못한 사람에게 기업들의 수많은 구인광고가 무슨 의미가 있겠는가.

자본을 준비한 만큼 투자의 기회는 많아질 것이며, 전문기술의 습득 여부가 기업에서 필요한 인재가 될 것이니 준비라는 과정이 성패를 가르는데 얼마나 중요한 것인지 모르겠다.

발명왕 에디슨이 발명은 99%의 노력과 1%의 영감으로 이루어진다고 했던 말도 근면함과 상통하는 말이다. 공부든 일이든 노력을 한다는 것은 바로 부지런함을 일컫는다.

공부든 일이든 시간이 부족한데 언제 게으름을 피울 여유가 있겠는가? 열심히 도는 물레방아는 얼 새가 없다고 하였다. 쉼 없이 돌아가는 물레방아는 강추위 속에서도 얼지 않는다는 속담인 것이다.

우리에게 주어진 삶의 시간은 너무도 짧고, 또 허망하게 흘러가 버린다. 10년 세월은 분명 긴 시간이다. 그러나 지나가 버린 10년을 돌이켜 볼 때 무엇을 하였는지조차 딱히 기억에 남은 일이 없이 흘러간 덧없는 세월이다.

덧없는 10년 세월을 불과 서너 번 지나고 나면 은퇴할 나이가 되고 한평생이 의미 없이 가버린다. 사람들은 빠른 세월과 인생의 짧음만을 한탄한다.

오죽하였으면 95세까지 살았고 노벨문학상까지 받았던 극작가 버나드 쇼는 임종을 앞두고 이렇게 묘비명으로 새겨 넣으라고 했다 하지 않은가. '우물쭈물하다가 이렇게 끝날 줄 알았다.'라고.

일할 시기에 열심히 일한 개미와 빈둥대면서 일할 시기를 놓쳐 버리고 겨울을 맞이한 베짱이 이야기. 사람에게는 언제든 어려운 위기의 시간이 있게 마련이다.

위기에 대비하지 않은 상태에서 어려움을 맞이한 사람이 바로 동화에서 말하는 베짱이와 같은 사람일 것이다. 공부도, 사업도 모두 열심히 준비해야 할 시기가 있다. 게을러 준비할 시기를 놓치고 난 뒤 어려움이 닥칠 때 크게 후회하게 된다는 교훈이 아닌가.

동양의 위대한 스승 주자(朱子)께서 생활 속의 사례들을 모아 10가지로 간추려 '주자십후회(朱子十後悔)'라는 가르침을 남겼다. 어렸을 때 공부하지 않은 것, 여유가 있을 때 절약하지 않은 것 그리고 봄에 씨 뿌리지 않은 것 등의 내용이다.

모두 준비해야 할 시기를 게을러 놓치면 후일에 반드시 후회한다는 경구(警句)들이다. 이 준비해야 할 시기에 최선을 다해 열심히 일하는 자세가 바로 근면이라고 정의 내리고 싶다.

셋째, 성실과 근면이 사람 됨됨이의 기본 자질을 말한다면 희망은 됨됨이를 갖춘 사람이 성공이라는 목적지에 도달하게 하는 동기 부여라고 하겠다.

희망은 아무리 힘들고 난관이 닥친다 해도 이를 견디어 낼 수 있게 하는 힘의 원천이 된다. 아무리 근면과 성실한 삶을 사는 사람일지라도 희망을 품지 못한 삶이라면 성공의 도달이 빛바랜 목표가 되고 어려움에 부딪혔을 때 쉽게 포기해 버린다.

남아프리카 공화국의 인권운동가이며 대통령을 지낸 넬슨 만델라는 1964년 44세에 감옥살이를 시작하여 1990년 71세에 이르는 무려 27년 동안 인간으로서는 감내하기 어려운 혹독한 감옥살이를 하였다.

감옥에서 풀려난 후에 그는 남아공에서 흑백 분리정책(아파르트헤이트)을 철폐하였고, 최초 흑인 대통령에 당선되었으며, 1993년에는 노벨평화상을 수상하였다.

27년간이나 감옥에 있었던 동안 가족들조차 모두 흩어져 버렸다. 보통의 사람들은 절망하여 죽었거나 정신이상자가 되었을 것이나 그는 그 긴 세월을 꿋꿋하게 잘 버티었다.

어느 날 큰딸이 결혼해서 아기를 데리고 할아버지에게 면회를 왔다. 큰딸이 "아버지, 아기의 이름을 지어주세요." 이렇게 말하자 만델라는 땟국물이 찌든 종이쪽지를 하나 건네주었다.

그 종이에는 그 유명한 'Azwie'(아즈위: 희망)라고 하는 단어가 쓰여 있었다고 한다. 그가 세상을 떠났을 때 세계의 언론들은 그를 가리켜 '인간의 품격을 한 단계 올려놓은 사람'이라고 존경을 드렸다.

만델라는 회고록에서 그렇게 오랜 고난을 견디어 낼 수 있었던 힘이 "위대한 변화가 반드시 일어나리라는 희망(Azwie, 아즈위)을 한순간도 포기한 적이 없었기 때문이었다."라고 말하였다. 희망이 위대한 인간 승리의 만델라를 만들었던 것이다.

요즈음 우리 사회에 유행하는 단어가 있다. 젊은 청년들이 이 땅에서 자조적(自嘲的)으로 절망하며 살고 있다는 의미에서 사용하고 있다는 '헬조선'이라는 단어이다.

여기에 카푸어(carpoor), 영끌(영혼까지 끌어모은다), 빚투(빚내서 투자한다), 벼락거지(부동산과 주식 가격이 급격히 오르면서 상대적으로 빈곤해진 사람) 등 신조어가 우후죽순 격으로 등장하고 있다.

모두 헬 조선에서 살고 있는 사람들의 또 다른 모습이다. 뉴스에서 20·30대 젊은 세대가 자신의 소득을 훨씬 뛰어넘는 수준의 수입차를 구입해 타고 다닌다는 '과잉소비' 행태가 유행처럼 번지고 있다고 보도되었다.

원룸에 사는 한 젊은 택배기사가 월 3백만 원 정도 수입을 갖는데 2억대 포르쉐 차량을 구입한 후 거의 모든 수입을 할부금으로 지출하며 식사비조차 아끼려고 라면 등으로 때우고 살고 있다는 이야기이다.

요즘 신세대들은 자신이 만족한다면 어떤 것이라도 희생하면서 만족을 얻고자 하는 가치관을 가지고 살고 있기 때문에 기성세대들은 이해하기가 어렵다고 제법 세대 간 가치관의 차이까지 끌어들여 설명하고 있다.

비싼 차, 명품 가방, 해외여행 등 과잉소비의 행태에 대한 원인이 빈부의 갈등에서 비롯된 것으로 우리 사회의 구조적인 불평등한 탓의 결과 자신은 부유한 계층에 도달하기 어려우니 차라리 도전을 포기하고 순간을 즐기자는 삶의 태도가 반영된 소비행태라는 것이다.

더 나아가 결혼과 출산조차도 포기한 채 자신이 좋아하는 취미생활이나 갖고 싶은 것들에 올인하여 소비하는 형태가 요즘 우리 젊은이들의 심리 현상이라는 이야기이다.

이 현상이 우리 젊은 세대들이 갖는 보편적 생각이라면 무언가 크게 잘못되었구나 하는 안타까움이 앞선다. 상식을 벗어나는 이러한 현상이 왜 일어나는 것일까?

아무리 현재의 삶이 어렵고 힘들다고 황금 같은 청춘의 시간을 고급 차나 명품 백 따위의 뒷바라지와 맞바꿀 수는 없는 것 아닌가. 고급 차를 타고 명품 백을 둘러메면 자신의 삶이 부유층들과 같이 럭셔리해질 것이라고 착각하는 현상이 발생하는 것은 이들이 미래의 희망을 상실하였기 때문은 아닐까.

힘들게 번 돈을 모두 쏟아붓는 소비형태나 결혼과 출산조차 포기해 버린 삶은 미래의 희망을 상실한 모습이 분명하다. 희망을 가슴에 품지 않은 삶은 의욕이 넘치는 생활이 될 리 없으며 의욕이 상실된 생활은 우울증으로 삶의 매력조차 상실한 채 살아간다.

선진국들(OECD) 가운데 자살률이 가장 높은 나라가 바로 우리나라라고 알고 있음은 가슴이 아프다. 희망을 가슴에 품고 사는 삶이라면 아무리 고통 속에서 살고 있는 오늘이라 하더라도 미래를 바라보며 살게 하는 힘의 원동력이 된다.

따라서 희망은 오늘의 힘듦이 미래의 성공이라는 밑거름이라 여기는 것이 가능하기 때문에 희망을 품고 사는 사람은 미래를 생각하고 오늘 현재에 절망하는 삶을 살지 않는다.

희망은 삶에 활기를 공급해 주는 윤활유와 같기 때문이다. 근면과 성실 그리고 희망, 이 세 가지 덕목(德目)은 힘든 시대를 살아왔던 기성세대들의 좌우명으로만 존재하는 전유물이 아니다.

새로운 시대를 열어갈 우리 미래 젊은 세대들에게도 변함없이 받아들여지는 인생 지침으로 가치가 충분하다. 나는 내 후손들이 근면과 성실한 생활 태도를 갖고 희망의 미래를 가슴에 가득 담고서 살았으면 하는 마음을 간절하게 가져 본다.

한유에서 깨달음을 얻다

임재근 | 전 합천 부군수, 시인

누가 내게 요즘 뭘 하고 지내냐 물으면 나는 딱히 뭐라 답하기가 난감하다. 거의 매일 등산 아니면 파크 골프장(대원, 호계, 대산)을 찾아 동호인들과 골프를 즐기는 일, 또 간간이 경남도행정동우회에 나가 선후배들과 한담으로 시간을 보내는 일 아니면 아내가 병원이나 시내에 나갈 때 차를 태워 주는 일, 이게 내 일상이다 보니 시쳇말로 장로(長老, 놀고먹는 사람)라 하면 어떨까 싶다.

요즘은 집 근처에 있는 작대산(爵大山)을 자주 찾는 편이다. 이러다 보니 이제 이 산이 내 생활의 터전이 되고 있다. 작대산은 진달래 축제로 알려진 천주산(天柱山, 640m)의 연봉으로 해발 648m나 되는 제법 높은 산이다.

수년 전 창원시가 건설한 감계 신도시 주산이지만, 아직 등산로도 제대로 정비 안 된 가파른 악산(惡山)이다 보니 신발 끈을 졸라매지 않으면 낭패를 보기가 십상이다.

지팡이를 짚고 천천히 걸어 올라도 땀이 샘솟듯 하고 숨이 꽉꽉 막히지만, 그래도 울창한 숲들이 내뿜는 산 향이 너무나 상쾌해 시민들이 자주 찾게 되고 나 또한 이 산을 벗 삼아 나름 노후의 건강을 지켜가고 있다.

입춘이 지났다지만 아직 찬바람이 옷깃을 여미게 하는 꽤 쌀쌀한 날씨인데 양지바른 길가 언덕배기엔 진달래가 예쁘게도 피어 무뎌진 내 감성을 일깨운 지가 엊그제 같은데, 언제 또 아카시아는 우윳빛 꽃잎을 허들스리도 피워 향긋한 그 향이 산야를 적시더니 어느새 시샘하는 비바람에 꽃비 되어 쏟아 내리고 연초록 여린 잎들은 푸르른 숲이 되어 파도처럼 출렁이며 여름을 손짓한다.

이른 아침 산에 오르면 새벽이슬에 흠뻑 섞은 웃사단 삽초가 살 실을 막아 바지를 적시곤 하는데, 어쩐지 오늘은 길이 훤히 닦여 있어 기분 좋게 등산을 했다. 이른 공덕을 누가 지었을까, 칠십 중반의 어눌한 노인분이란다.

아니, 자기 몸 가누기도 급급한 노인이 이 조악(粗惡)한 산길을 계단까지 만들어 보시하다니 불심의 발로인가? 생각이 이에 미치자 사지육신이 멀쩡한 나는 남을 위해 뭐 하나 한 일이 있느냐는 물음 앞에 그만 얼굴이 화끈 달아올랐다.

그러고 보면 편안한 사람들이 불평불만 일삼고 남 탓하는 경향이 강하지 정작 어려운 처지에 있는 사람은 상황이 더 나빠지지 않은 것에 감사하며 긍정적 사고로 사는 것 같다. 이런저런 생각을 하다 어느새 산 정상에 올랐다.

심호흡 크게 하고 땀을 식히다가 맞은편 잔디밭에 벌렁 누워 높은 하늘을 쳐다본다. 초록의 나뭇잎 사이사이로 햇빛이 쨍하고 빨려 들어온다. 산새들 노랫소리가 정겹다.

비비비 찍찍찍 짹짹짹 휘익휘익 뻐꾹뻐꾹 저 건너 산에서 들려오는 뻐꾸기의 한스런 울음까지, 지그시 눈을 감고 귀 기울여 새들의 이름을 떠올리다 깊은 상념에 잠긴다.

지난 세월이 빛바랜 흑백사진처럼 흐릿하게 떠오른다. 일곱 살쯤이었나 병석에 누워 계신 할머니가 마당에서 놀고 있는 나를 애써 불러 드시던 명탯국을 기어이 내게 먹이며 "재근아, 너는 우리 집 장손이다. 장차 큰사람이 되어야 한다." 하시며 임종을 눈앞에 두고도 나를 그렇게 애지중지하시다 그길로 운명하신 경주최씨 우리 할머니, 내 나이 열 살 때 네 살 된 남동생이 배탈이 나자 약물(아편) 오용으로 졸지에 아들을 잃고 망연자실 통곡하시던 우리 어머니 모습, 순조롭지 않았던 학창 시절의 고충, 스무 살도 채 안 된 나약한 몸으로 군에 자원입대해 7월의 뙤약볕 아래 훈련받다 배탈이 나 무진 고생한 논산훈련소 생활, 34개월 만기제대를 하고 집에서 빈둥거리다 부모님 뜻을 존중, 중매결혼을 하고 철부지 사랑을 키우며 4대가 오순도순 살아온 단란했던 그 시절, 혁명정부의 공채시험으로 공직에 발을 들여 반평생을 선공후사(先公後私)로 임하면서 충성, 헌신, 정직, 봉사, 책임, 신뢰, 청렴, 성실, 사명, 의무, 책임, 감사, 영전, 승진, 명예, 창의성, 전문성, 공익우선, 법령준수 등등 내 뇌리에 각인

된 단어들, 마치 교도소 담장을 타듯 긴장하며 살아온 공직 38년의 애환, 자식 효도는 못 받으셔도 천수를 누리시고 우리 집 안방에서 운명하실 때 어머니, 아버지의 평화스러워 보이던 임종 시 얼굴 그리고 생의 ⅔를 창원에서 살아 제2의 고향이 된 이곳에서 여생을 보내며 노쇠해 가는 내 모습 등등 생각이 줄을 잇는다.

내 생에 남은 것이 있다면 그게 뭘까? 나라에서 받은 홍조근정훈장, 대통령 표창, 부처장관 표창 몇 개, 지방부이사관이라는 직함 그리고 변두리 아파트 한 채, 이게 내 삶의 전부인 것 같아 찝찝한 생각을 지울 수 없지만, 다시 생각해 보면 크게 잃은 것도, 크게 얻은 것도 없는 것 같다.

그래도 큰 탈 없이 공직을 마무리할 수 있었음에 그저 감사할 뿐이다. 앞으로 살날이 얼마나 남았을까? 아버지께서 여든일곱에 세상을 뜨셨으니 90을 산다 해도 한 7년 정도.

오늘도 작대산을 오르다 너럭바위에 앉아 명상에 들었다. 시간이 얼마나 흘렀을까. 눈을 떠보니 바로 앞 소나무에 청개구리 두 마리가 나를 빤히 보고 있다. 나도 무심히 바라보다 어릴 적 철없던 행동이 불현듯 떠오른다.

감나무에 붙어있는 청개구리를 보이는 대로 잡아 짚나라미를 똥구멍에 꽂아 입으로 바람을 힘껏 불어 넣고 누구 것이 더 배가 볼록한지를 동무와 겨루고 했던 짓들을…. 이제 와 후회한들 무슨 소용이 있겠냐만, 그래도 정성 들여 속죄를 빌고 나니 한결 마음이 가벼워진다.

35년 전쯤인가 양산 통도사에 행운을 준다는 '금 청개구리'가 있다기에 나도 한번 가 보았다. 경내를 둘러보고 뒤뜰로 돌아드니 우람한 바위

앞에 사람들이 줄을 서 있다.

바위 배꼽쯤에 눕혀놓은 병(甁)처럼 깊이 파인 구멍이 하나 있는데, 그 구멍 안에 살고 있는 신령하다는 금 청개구리를 보러 온 이들이다. 나도 그 뒤에 섰다.

불심 없이는 볼 수 없다는 이 영험(靈驗)한 금 청개구리. 행운이 저마다 자신에게 올 것이라 믿어 사람마다 그 구멍 안을 숨죽여 들여다본다. 나도 그랬다.

한참을 봐도 보이지를 않아 그만 눈을 떼려는데, 그때 청개구리의 동그란 눈이 내 눈과 마주치질 않는가. 나는 마음속으로 빌었다. 가족의 안녕과 소원 성취를. 그러고는 뭐든 잘 될 것만 같은 행복감에 젖어 귀가한 적이 있다.

그런데 오늘 또 우연히 청개구리를 보게 되다니 이제 세 번째이다. 하도 신기해 한참을 보고 있자니 지도 나를 의식한 듯 배를 나무에 바싹 붙인 채 한동안 동그란 두 눈으로 나를 주시하다 경계를 풀었음인지 살금살금 나무를 기어오른다. 내 명상(冥想)의 기도(祈禱)가 통했나?

문득 어릴 때 어머니가 자주 들려주신 청개구리 얘기가 생각났다. 생전에 엄마 청개구리 말을 거꾸로만 듣던 아들 청개구리가 나 죽으면 개울가에 묻어달라는 어머니의 마지막 유언은 똑바로 들어 어머니를 개울가에 묻은 바람에 비만 오면 엄마의 무덤이 떠내려갈까 저리도 설피 운다고 하시며.

사람이나 짐승이나 청개구리 같은 미물(微物)도 부모 된 자는 언제나 자식에게 유익한 말을 하고 자식 잘되기만을 바란다. "아들아, 너도 엄마, 아빠 말씀 잘 듣고 착하고 바른 사람이 되어야 한다."라고 귀에 거슬리도록 일러 주셨던 우리 어머니.

그런 어머니를 살아생전 제주도 구경 한 번 못 시켜 드리고 저세상으로 떠나보낸 불효자인 내가 어언 세월이 흘러 할아버지 소리를 들으며 산 지가 벌써 30년이 된다.

손주들이 취직하고 결혼하고 독립을 해서 사람답게 잘 살아야 할 터인데 정치가 어지럽고 경제가 어려워지고 청년 실업률이 높다고들 하니 걱정이다.

물오른 오월의 청록색 나뭇잎 사이로 내리비치는 햇빛이 해맑다. 날렵한 청설모의 배웅 받으며 산길을 내려오는 발걸음도 가볍다. 청개구리도 불효를 후회하고 비가 오면 저리도 슬피 우는데, 하물며 만물의 영장이라는 인간은 어떤가.

TV만 켜면 등장하는 비인륜적 사건들을 심심찮게 접하면서 인륜을 저버린 흉측한 망동을 예사로이 보고 넘기는 작금의 사회현상 앞에 우리는 양심에 찔려 고개를 돌릴 때가 있다.

주자(朱子) 십회훈(十悔訓)에 '불효부모사후회(不孝父母死後悔)'란 구절이 있다. 부모님 생전에 효도하지 않고 돌아가신 후 후회해 본들 무슨 소용이 있으리.

공자(孔子)는 '수욕정이풍부지(樹欲靜而風不止)하고 자욕양이친부대(子欲養而親不待)'라 하였다. 나무는 고요히 있고자 하나 바람이 멈추지 아니하고 자식은 효도하고자 하나 부모는 기다려 주지 않는다는 이 가르침은 2,500년의 세월이 흐른 지금도 불변의 진리이다. 필자는 어렴풋이나마

이를 깨우치는 데 80년이 걸렸다.

　5년 전에 집을 이사와 거실에 놓아둘 화분을 사러 화원에 갔을 때 우연히 화강석을 잘 다듬어 황금색을 입혀 만든 황금두꺼비 한 마리가 내 눈에 들어와 청개구리에 대한 연민도 있고 우리 민속에 집을 지키고 복을 불러주는 재복(財福)의 상징으로도 여긴다기에 화분과 같이 사서 와 어머니 생전에 아껴 쓰시던 다듬잇돌을 좌대로 삼아 거실에 정중히 모셔 두고 있다.

　나도 이제 황혼에 접어드니 한유(閒遊)에서 깨달음을 얻게 되고 무상(無常) 속에 걸어온 길을 되돌아보게 된다. 얼마나 오래 살지는 알 수 없지만 얼마나 보람되게 살지는 선택할 수 있다고 하지 않는가. 여생이 늘 좋은 마음, 좋은 일, 좋은 날이 되기를 염원하며 하심(下心)으로 살아가리라 마음 다잡아 본다.

장애의 경계를 허무는 것은 용기다

임정희 | 재독 EU 정간호사

우리 부부는 2017년 3월에 제주도 여행을 했던 기억이 새롭다. 친정 7남매 형제 중 4님매 부부가 함께한 너무나도 아름다운 추억여행이었다.

나머지 3남매는 해외 거주나 직장 일로 함께하지 못했다. 나는 매해 꼭 한국을 방문하며 고국과의 끈을 놓지 않았었다. 그런데 이 여행이 우리가 한국에서 함께하는 마지막 여행이 되리라곤 상상도 하지 못했다.

우리 4남매는 합숙하며 걷기 등 등반 여행을 했다. 3월 말이었지만 한라산에는 비가 오고 바람이 심하게 불어 몹시 추웠다. 정상까지 가지 못하고 중간에서 내려올 수밖에 없었다.

한라산 계단을 내려오며 알게 된 사실! 남편의 다리에 힘이 빠져 걸을 수 없는 일이었다. 남편은 옆에서 형제들이 붙들어주지 않았더라면 넘어졌을 것이다.

　이후 검진으로 알게 된 병명은 '중증 근육 쇠약증'이었다. 자가면역 병증세의 하나이다. 남편이 이 병을 앓고 있음을 그해 가을 신경과와 안과 의사의 진단을 받고 알게 되었다.

　증상은 눈의 근육이 쳐져서 앞을 볼 수 없었고 목의 고개 근육도 약하여 앞으로 머리가 숙여서 들지 못하였고 허리에 통증도 심했다. 남편의 나이 75세 되던 해였다.

　진단이 내리자 약물치료를 시작하였으며 얼마 후 고개를 들기 시작했고 눈의 근육도 정상으로 돌아와 거의 회복한 것으로 여겨졌다. 근육 쇠약증이 회복되자 다른 장애 현상이 이어 나타났다.

　소변이 자주 마려워서 거의 30분 간격으로 화장실을 찾아야 했다. 그동안 전립선비대증으로 몇 년간 약물치료를 받았는데 이젠 더욱 심해져서 별개의 치료가 필요한 상태가 되었다.

　의사는 2018년 6월 25일에 수술을 하자고 했다. 의사의 말로 전립선이 커져서 요도를 막아 정상기능을 유지하기가 불가능하니 수술이 꼭 필요하다고 했다.

　모든 문제가 해결되고 후유증도 없으리라고 했다. 그러나 수술 후 남편은 마취 후유증으로 약 7일간 정신착란상태에 빠져서 다른 세계에 있었다.

　중증 근육 쇠약증에는 마취 전에 미리 주는 신경안정제가 금물이었다. 마취과 의사는 신경안정제 없이 마취했노라고 했다. 그러나 후유증은 심각한 상태였다.

안타까운 일은 남편의 기억력이 상당히 떨어진 것을 느낄 수 있었다. 또한, 전립선 수술 후유증으로 자주 방광염이 있었고 그때마다 항생제 약물치료가 필요했다.

그보다 더 황당한 일은 일 년 동안이나 꾸준히 시도한 방광 기능회복 치료의 효과가 한치도 나아지지 않았다는 사실이었다. 남편은 100% 요실금 환자가 되었고 극복의 방법으로 날마다 요실금 환자용 팬티를 약 4시간 간격으로 바꿔 입혀야 하는 처지가 되었다.

후에 알게 된 사실은 근육 쇠약증으로 방광의 요도를 닫는 괄약근의 기능이 상실되었기 때문에 회복을 기대할 수 없는 상태였다. 결론적으로 남편은 이제부터 살아있는 동안 내내 요실금 환자용 팬티를 입고 살아야 한다.

근육 쇠약증과 일 년 후 남편의 자세가 앞으로 굽어지고 걸음걸이도 느려졌으며 말도 보노본으로 변하고 치매 증상도 너 심해졌다. 다시 신경과 의사를 찾았고 DatScan 검진을 통하여 파킨슨병이라는 진단이 확진되었다.

바로 약물치료를 시작하였지만, 파킨슨 증상이 정상으로 돌아오지는 않았다. 그러나 느리지만 걸을 수 있고 일상생활에 별 지장이 없었다. 요실금 팬티 갈아주고 샤워시켜 주고 옷 입혀 주는 등 그 외에 규칙적으로 약을 주는 것이 내 몫이다.

거동장애와 치매 장애는 장거리 여행이나 해외여행을 하는데 하나의 과제로 남아 있었다. 두려운 것은 여행 중 예상치 못한 비상상태가 일어나는 것이었다.

그런데 용기는 장애를 극복하는 가능성이었다. 2021년 9월에 6일간의 오스트리아 여행을 갔었고, 2022년 4월에는 자동차로 네덜란드의 섬, 텍셀을 다녀왔다.

남편이 건강했을 때는 번갈아서 운전을 할 수 있었다. 하지만 나는 혼자 운전해야 하는 처지가 되어 마음을 단단히 먹고 쉬어가며 운전하기로 했다. 감사하게도 편도 6시간의 장거리를 허리도 아프지 않고 잘 갔다 왔다는 사실이다.

'문제는 장애가 아니라 장애를 바라보는 시선이다.'라는 글을 보았다. 2020년 초부터는 코로나로 인하여 온 세계가 발이 묶여 제자리걸음을 해야 했다.

이 사실이 해외여행을 포기해야 했던 우리에게는 잘된 일이라고 여겨졌다. 이젠 장애인 남편과 여행을 안 해도 되기 때문이었다. 너무나 이상한 현상이었다. 온 세상이 락다운 되니 얼마나 좋은가.

온 세상 사람들이 우리처럼 집에 갇혀 있으니 부러운 사람도 없었다. 이것은 '정신적 장애가 온 사람이 느끼는 현상이 아닐까?'라는 생각이 들었다.

2016년 10월에 퇴직하며 직장생활에서 벗어나서 마음대로 자유롭게 여행하며 사는 것을 상상했었다. 그러나 나의 생각이 그런 꿈을 접게 하였다.

화도 나고 짜증도 나며 남편에게 새로운 장애가 생길 때마다 함께 울었다. 장애인 남편을 돌보며 살아가야 하는 삶을 나의 사명으로 받아들이기까지는 시간이 좀 걸렸다. 고통스러웠다. 몸과 마음이 아팠다. 그러나 어렵지만, 함께 해결할 수 있다. 용기 있는 사람에게만 장애의 극복이 가능하다!

한 달에 한 번 있는 '파킨슨 자가 도움 그룹' 만남의 장소에서 내게 다가와 미소를 지으며 말을 건네 온 여자분이 있었다. 딸 유디트를 통하여 나를 알고 있노라며 "당신 이름이 분명 정희지요? 반갑습니다! 그리고 9월에 이탈리아로 남편과 여행을 가려는데 함께 가고 싶으세요?"라고 물었다.

너무 반가운 질문이었다. 여행은 가고 싶었지만, 전혀 용기가 없었던 터라 함께 가겠노라고 곧바로 대답했다. 난 그녀의 딸 유디트를 피트니스에서 알게 되었고 그녀는 우리 남편의 건강 상태를 알아보고 파킨슨병에 걸린 남편을 간병하는 어머니 처지에 대한 안타까운 마음을 전해 주었다.

유디트는 지난 5월 어머니가 남편을 차에 태워 이탈리아끼지 3주간 여행을 갔었노라고 얘기해 주었다. 난 그런 용기가 어디서 났는지 알고 싶었다.

우리도 여행을 하고 싶지만, 용기가 없다는 것을 딸 유디트가 어머니 크리스타에게 전달한 것이다. 집에 와서 남편과 상의한 후 함께 가기로 결정했다.

그리고 가는 방법을 얘기해 줬다. 남편이 걸을 수 없기에 로라토어와 이스쿠터를 가지고 가야 해서 자동차로 갈 수밖에 없다고 했다. 휠체어는 여행지 약국에서 빌리기로 예약을 해놓았다고 한다.

남편은 느리다. 하지만 걸을 수 있다. 걸을 수 있다는 것은 기적이다.

장애의 경계를 허무는 것은 용기다 _65

크리스타의 남편은 지난 5월만 해도 걸었다고 한다. 그리고 아직 걸을 수 있음에 감사했다.

여행사를 통하여 일정을 예약했다. 9월 5일부터 9월 26일까지 3주간 이탈리아 해변으로 떠나기로 했다. 쾰른, 본 공항에서 베니스까지는 비행기로, 나머지 80km는 기차로, 호텔까지는 택시로 가기로 했다.

그러나 남편에게는 요실금 팬티가 매일 5개 정도 필요했다. 일주일에 35개 3주면 120개 정도가 필요했고 한 박스에 10개 들어있으니 12박스가 필요했다.

비행기로 가져갈 수가 없는 양이었다. 크리스타와 의논한 결과 여행지의 약국에 전화로 주문을 하면 된다는 것이었다. 그녀는 우리를 위하여 곧바로 주문해 주었다.

나에게는 기적 같은 일이었다. 마음의 부담을 이렇게 쉽게 덜 수 있다니!!! 너무나 감사했다. 집에서 공항까지 어떻게 가느냐가 문제로 느껴졌다.

느린 걸음에 무거운 짐을 들고 기차역까지 또 셔틀버스로 공항까지 가는 것이 과제로 남아 있었다. 이 사실을 딸에게 얘기했고 딸은 쉽게 해결해 주었다.

자기가 일요일에 우리 집에 와서 자고 월요일 아침 일찍 우리를 공항까지 데려다주겠다는 것이었다. 난 이 경험을 통하여 어렵고 힘든 일도 함께라면 해결할 수 있다는 것을 배웠다.

또한, 크리스타를 보며 용기를 배웠다. 문제를 해결하며 뇌에서 세로토닌의 분비를 느끼는 현상이 일어남을 경험했다. 흥분과 함께 행복감, 감사가 마음속 깊이까지 느껴졌다.

온 세상을 껴안을 수 있었다. 크리스타는 내게 "우리 장애인 남편들이 살아있는 동안 우린 여행을 합시다."하고 말했다. "언제가 마지막일지 모르니까!"라고 덧붙였다.

독일 쾰른공항에서 베니스 마르코폴로 공항까지는 1시간 40분 걸렸다. 공항에서 내려 산타 루치아 역전까지는 택시로 갔다. 마르코폴로 공항에서 라티싸나 역전까지 택시에서 내려 산타루치아 역전을 향해 걸었다.

그러나 문제는 계단으로 만들어진 사다리를 건너야 했다. 거의 20kg의 무거운 가방을 들고 건넌다는 것은 불가능해 보였다. 우리 부부가 어처구니가 없이 두리번거리고 있는데 어디선가 널 같은 수레를 미는 젊은이가 나타났다.

그리고는 가방을 싣고 계단을 하나씩 바퀴로 굴리며 올라갔고 내림 계단도 문제없이 내려갔다. 우리를 기차표 매표소까지 데려다주었다. 운반비는 10유로였나.

기차표를 사기 위해 자동 티켓 마트 앞에 서 있는데 서비스 요원이 다가왔다. 도와줄 수 있느냐고 물으니 친절하게 "예스!"라고 하였고 그의 도움으로 쉽게 리턴 티켓을 샀다.

기차가 출발하는 플랫폼으로 가서 바로 기차를 타니 라티싸나 역을 향해 달렸다. 라티싸나까지는 약 1시간 7분 걸렸다. 라티싸나에 도착하자 바로 나오는 길에 택시가 우릴 기다리고 있었고 30분 후에 비비오네에 있는 암바싸도르 호텔에 도착했다.

오후 4시경이었다. 방 배치를 받고 짐을 풀고 있는데 4일 먼저 도착한 크리스타에게서 전화가 왔다. 우린 호텔에 머무는 동안 조반만 먹고 점심과 저녁은 우리 스스로 해결하기로 했다.

다행히 크리스타와 균터가 아파트먼트를 부킹한 고로 음식을 해 먹을 수 있게 되어 있었다. 크라스타가 피자를 주문했고 덕분에 쉽게 저녁을 먹었다.

우리가 먹은 음식은 우리가 담당하는 것은 당연한 이치였다. 이제 우리의 3주 여행이 거의 끝나가고 있다. 날마다 비슷한 하루 같지만, 해변에서 보내는 하루하루가 다르다.

크리스타의 사랑과 남편을 간병하는 모습을 보며 많이 배운다. 우리는 저녁 시간에 음식을 나누면서 대화로 시간을 보냈다. 3주 중 딱 하루 비가 왔고, 그날 부부들은 아파트먼트에 가서 게임을 했다.

굳어진 남편들의 손가락 펴는 운동이었다. 게임 이름은 '짜증 내지 않기'였다. 다른 사람이 나의 게임 팀메이트를 내보내도 화내지 않는다는 뜻이었다. 두 번 이 게임을 했다.

운명을 같이한 장애인들이 함께 힘을 합하면 외롭지 않고 힘든 여행도 해낼 수 있다는 경험은 다음 계단을 쉽게 오를 수 있게 한다. 모든 고난에는 숨겨진 의미가 있고 우리를 더욱 성숙한 인간으로 전진하게 하는 힘이 숨겨져 있음을 경험하게 된다.

가장 쉬운 출세의 길은 발명이다

임용택 | ㈜현진기업 대표이사, 발명가

전기를 발명한 미국의 토머스 에디슨(Thomas Alva Edison)은 1847년에 태어났으며, 집안이 가난하여 초등학교 3학년 때 학교를 자퇴하였고, 12살에는 열차에서 신문을 팔면서 독학으로 연구에 전념하여 전구를 발명하는 등 1천여 개의 기술을 발명하였다.

전화기를 발명한 알렉산더 그레이엄 벨(Alexander Graham Bell, 1847~1922)은 영국에서 태어나 미국으로 귀화하였으며, 청각 장애 교사로 일을 하면서 전화기와 축음기 등 많은 기술을 발명하였다.

자동차를 발명한 네덜란드인 S. 스테핀(Simon Stevin)은 승객 28명을 태우고 달리는 풍력 자동차를 최초로 발명하였다. 우리나라에는 한글 등을 발명한 세종대왕(世宗, 1397~1450) 그리고 측우기, 자격루, 천문관측기 등을 발명한 노비 출신의 장영실(蔣英實)이 대표적인 인물이다.

필자는 전라남도 벌교에서 태어났으며 대기업 건설회사에서 근무하다 직장생활에 흥미를 느끼지 못하여 1985년에 창업을 하였으나 경험 부족으로 인하여 사업 실패를 하였다.

그러다 나주 지역의 배 과수원에서 농약을 온몸에 묻히며 살포하는 모습을 보고 '무인 농약 살포기'를 구상하여 다시 한번 사업에 뛰어들었으며, 개발한 제품에 대해 발명 특허를 출원하지 않아 지인이 필자의 개발한 제품으로 특허를 출원하여 또 한 번 고배를 마셨다.

실패를 경험한 이후 기술 및 제품을 개발한 후에는 특허를 출원하는 것이 필자의 목표가 되었다. 필자가 처음으로 발명하여 특허 낸 기술은 1989년도에 개발한 계곡수를 이용하여 먹는 물로 정수하는 '간이상수도용 여과기'이며 전국의 3천여 곳에 제품을 설치하여 마을의 먹는 물 문제를 해결하였다.

한편 2005년도에는 산간 및 도서 지역의 먹는 물을 대한민국 정부에서 지원해주는 수도법을 바꾸기도 하였다. 이후로는 '우리나라의 먹는 물 문제는 내가 해결한다.'라는 신념으로 스테인리스 물탱크, 취수장치, 농업용 수질 정수장치 등 여러 가지 기술을 개발하였으며, 2012년에는 수질 환경 분야의 '대한민국을 빛낸 기능한국인'으로 선정되었다.

또한, 수많은 상장과 표창장 그리고 '광주광역시 기술장'으로 선정되기도 하였으며 최근에는 일반적인 공기청정기가 아닌 공기 중의 모든 바이러스와 세균을 제거하고 학교나 사무실에서 발생되는 이산화탄소를 흡수하여 공기를 정화하는 '바이러스 살균 및 이산화탄소 저감 공기 정화장치'를 개발하여 전국의 관공서와 민원실, 학교에 설치 중에 있으며 필자는 현재까지 80여 건의 발명 특허 기술을 개발하여 등록하였다.

'발명은 어려운 것이 아니다. 실생활에서 불편하다고 느끼는 부분을 개선하는 것이 발명의 대상이다.' 이와 같은 마인드로 불편함에 대해 개선했으면 하는 사항을 특허청에 제출하면 발명 특허 출원이 되는 것이다.

대부분의 사람은 발명 특허에 대해 실제 제품이나 기술을 개발 및 제작하여야 발명 특허가 된다고 생각하기에 이러한 부담감을 가지고 있는 것이다.

'발명 특허는 세상에서 어쩌면 가장 쉬운 일이며, 특허는 가장 중요한 일이다.' 이 문장을 설명하자면 고등학교에서 대학 수시 지원 시에 발명 특허를 보유하고 있으면 입시에 추가 가점된다.

대학 졸업 후에 입사하려는 회사와 관련된 특허를 보유하고 있다면 취업 시에 가점이 되며 직장생활 중에 관련 기술의 특허를 개발하면 또한 가점된다.

창업을 염두에 두고 있는 이에게는 발명 특허를 보유하고 있으면 정부에서 창업자금과 이에 대한 애로사항을 해결해 주는 지원사업이 있으며 농업, 축산업, 임업, 수산업 등 모든 분야에서는 발명 특허가 필수적이며 이들의 발전을 위해서는 발명 특허가 가장 쉬운 일이라고 생각한다.

필자는 발명 특허 개발에 대한 상담을 무료로 진행하고 있다. 고향인 전라남도 보성군 벌교읍 지동리에서 '발명사랑방'을 주말마다 운영하고 있다.

발명에 대한 무료 상담과 숙소를 제공해 주고 있으니 가족들과 함께 인근의 벌교, 보성, 순천, 고흥, 여수 등을 관광한 후 방문하면 발명에 대해 함께 논의도 하게 되니 일거양득이 될 것이다.

 '발명사랑방'에 방문 시에는 사전 예약을 필수이며 숙소 제공은 한 팀만 이용이 가능하다. '발명사랑방'은 어떠한 요구나 금전적인 부담을 주지 않는다. 사회에 공헌하는 것이다.

제2부

참된 즐거움과 영원한 기쁨

임무성	증말 여사에게
임봉규	복사꽃 연가
임용담	군것질거리를 찾아 헤맸던 어린 시절
임채권	고향길 콧노래
임종식	착한 식당, 좋은 밥상
임춘임	시골살이에 몰두하다
임경렬	음식문화와 감성
임갑섭	고향 맛
임종은	문화 단절을 막아야 한다
임종성	공인중개사 눈에 보인 것
임영희	시간강사 가능하세요

증말 여사에게

임무성 | 전 대통령 민정비서실 행정관, 수필가

지금 세상이 정말 살기 좋은 세상인가. 어떤 사람들은 시금같이 살기 좋은 세상이 어딨느냐고 말하지만, 하나하나 들여다보면 우리네 살림살이는 오히려 더 어려워지는 것 같다.

일자리가 줄어 실업자는 날로 늘어나고 코로나19까지 기승을 부려 소상공인, 자영업자는 줄줄이 문을 닫는 실정이다. 그런데도 정부에서는 별 뾰족한 수를 내놓지 못하고 있으니 걱정이 태산이다.

그래서일까. 나는 요즘 무슨 일이든지 열심히 하는 사람들을 보면 믿음직스럽고 고마운 마음이 든다. 영하의 날씨에 도로 공사장에서 곡괭이질을 하는 청년이나 무거운 짐을 잔뜩 들고 아파트 계단을 오르내리는 배달원이나 번화가 길목에서 이리저리 뛰어다니며 홍보 전단을 나눠주는 아주머니들도 그렇다.

직장 다닐 때의 일이다. 서울 시청 뒤편 무교동 골목으로 점심을 먹으러 나가면 이런저런 홍보 전단을 한 움큼씩이나 받곤 했다. 아주머니들이 노루목을 지키고 서서 나름 요령을 부리며 재빠르게 손에 쥐여 주었다.

설렁탕집 개업, 헬스클럽 요금 대폭 할인, 직장인 대출 우대 등 내용도 각양각색이다. 어떤 행인은 그걸 받으면 무슨 변이라도 당하는 양 안 받으려고 요리조리 피하기까지 하지만, 나는 슬쩍 그쪽으로 일부러 가서 받기도 했다.

나는 그들이 그 일을 해서 하루에 얼마를 버는지 알 수 없었지만, 얼마가 되든지 간에 가족들의 생계를 잇고 아이들의 학비로 쓸지도 모른다는 생각을 하면 그들이 건네주는 전단을 꼭 받아야만 될 것 같았다.

돌이켜 보면 우리 가족도 그런 적이 있었다. 6·25전쟁 때 피난 갔다가 휴전이 되어 다시 서울로 돌아왔지만, 폐허가 된 도시에서 끼니조차 잇기 어려웠다.

어느 날 어머니는 어디에서 종이와 풀을 한 보따리 가져와서 봉투를 붙이고 계셨다. 요즘은 가게에서 물건을 사면 비닐봉지에 넣어주지만, 그때는 종이봉투에 넣어주었다.

우리 형제들도 달려들어 봉투를 산더미처럼 만들었다. 아마 천 장을 붙였어도 요즘 돈으로 천원도 못 받았지 싶다. 그래도 그 일이나마 있었던 것이 다행이었다.

요즘은 내가 번화가에서 홍보 전단을 나누어주는 아주머니 옆을 천천히 지나가도 나를 한번 쓱 훑어보고는 안 본 척 고개를 휙 돌리고 만다. 전단 배포 대상에서 제외된 것이다.

그래도 그냥 주면 될 텐데 참 정직한 아주머니들이다. 그들의 선택과 집중이라고 해야 할까, 투철한 직업의식이라고나 해야 할까. 나는 '이 분야에도 전문가가 있구나.' 하며 웃고 말지만 그럴 때면 왠지 나 자신이 대중으로부터 소외된 것 같은 느낌이 들기도 한다.

어쩌다 전단을 줘서 받아 보면 십중팔구 보신탕이나 순댓국집 같은 소규모 식당의 개업을 알리는 내용이 대부분이다. 그렇게 소외감을 느끼던 내가 어깨에 힘이 들어간 일이 있었다.

전철역을 빠져나와 집으로 가는데 다부지게 생긴 한 중년 아주머니가 널따란 고급 전단을 나에게 주면서 오피스텔 홍보지니 한번 보라며 크리넥스 화장지도 한 통 주겠다고 했다.

손해 볼 일도 없어 홍보지를 펼쳐보려는데, 여기서 보면 안 되고 근처에 있는 모델 하우스까지 가야 한다고 했다. 귀찮아서 바쁘다는 핑계를 대고 그냥 가려 했더니 별안간에 아주머니의 목소리가 높아졌다.

"증말, 맨날 뭐가 그리 바빠, 증말." 그 소리에 나는 그만 "푸하~" 하고 웃음을 터트렸다. '증말'은 뭐고 '맨날'은 또 무엇이란 말인가? 그런데도 묘하게 기분이 나쁘지 않았다.

지금 나에게 내미는 홍보 전단은 젊은이들에게나 나눠주는 몇만 원, 몇십만 원대의 전단이 아니고, 최소한 수억을 호가하는 오피스텔 홍보지다.

그녀에게는 갓끈까지 떨어진 내가 꽤 돈푼깨나 있어 보이는 어르신으로 보인 것이 틀림없다는 생각이 들었다. 잠시 머뭇거리자 그녀는 눈치를 챘는지 내 팔짱을 꽉 꼈다.

증말 여사에게 _77

바로 옆이라는 모델 하우스는 한참을 걸어야 했다. 모델 하우스에 데리고 들어가는 것까지만 '증말 여사'의 임무였는지 그곳에서 나를 직원에게 잽싸게 인계하고 그녀는 사라졌다.

자신을 홍보팀장이라고 소개한 말쑥한 차림의 청년이 모델 하우스의 각 방을 안내하며 세련된 자세로 이모저모를 상세하게 설명했다. 요점은 한강 변 전망 좋은 곳에 짓고 있는 이 오피스텔에 지금 투자해두면 얼마 후에 억대의 프리미엄인가 뭔가를 얻을 수 있다는 것이었다.

나는 사실 그가 힘주어 설명하는 오피스텔에는 관심이 없었지만, 증말 여사의 체면을 세워주기 위해서라도 아주 성의 있게 듣는 척했다. 가끔은 '증말 여사'와 한편이라도 되는 양 필요도 없는 질문을 해가며, 오피스텔의 구조가 마음에 든다는 둥, 비위를 적당히 맞춰주고 꼭 다시 오겠다는 빈 약속을 하고 나왔다. 선물로 받은 네모난 크리넥스 화장지의 값어치는 넘치도록 했다고 생각하니 마음이 홀가분했다.

머지않아 이른바 4차 산업혁명으로 인공지능 로봇이 기존 일자리를 대거 빼앗을 것이라고 한다. 어느 연구소의 보고서에 의하면 최근 몇 년 사이에 많은 일자리가 사라졌지만, 가까운 장래에 수만 개의 일자리가 더 사라질 것으로 예측한다.

어쩌면 홍보 전단 일도 인공지능 로봇이 대신하는 시대가 올지 모른다. 설사 그런 시대가 온다고 하더라도 로봇 아주머니가 증말 여사와 같은 순발력을 발휘할 수 있을까.

어쨌든 세상 살기가 더 좋아져서 열심히 일하고 있는 증말 여사 같은 분들이 로봇에게 그 일을 빼앗겨도 편안히 살 수 있는 세상이 오기를 기대해 본다.

  오늘도 길거리에서 꿈과 희망을 포기하지 않고 고군분투하고 있을 '증말 여사'에게 응원의 박수를 보낸다.

복사꽃 연가

임봉규 | 전 서귀포경찰서 작전계장

스치듯 지나가는 봄바람에 가느다란 나뭇가지가 흔들거린다. 곱게 핀 꽃잎이 하늘하늘 허공에 꽃비 되어 나부낀다. 이내 연분홍 양탄자가 곱게도 펼쳐진다.

토방에도 마당에도 돌계단 위에도 3월 끝자락 제주에는 벌써 따스한 봄기운이 완연하여 노오란 유채꽃이 텃밭 모서리에 자리를 잡고 앉아 함박웃음을 짓고 있다.

우물가 돌담 옆에 우뚝 서 있는 복숭아나무는 연분홍 꽃망울이 '톡' 하고 우아한 자태를 뽐낸다. 부지런한 꿀벌들이 윙윙거리며 꽃 속에 묻혀 자기 몫을 다하고 있다. 조금만 더 지나면 게으른 봄 나비도 몸집 작은 벌새도 벌들과 경쟁을 하듯 꽃을 찾아 날아들겠지!

언제까지나 태산처럼 우리 곁에 우뚝 서서 영원토록 버팀목이 되어

주시리다 의지하고 믿었던 어머니가 어느샌가 어린이가 되시어 꽃밭을 헤매시며 벌과 숨바꼭질을 하신다.

"얘야! 벌 좀 잡아다오, 벌침을 좀 맞아야 하겠네." 하시며 야위어진 무릎을 내보이신다. 무릎에는 언제 벌침을 맞으셨는지 콩알처럼 톡 솟은 부위에 새빨갛게 벌침 자국이 선명하다.

"어머니 벌써 침을 맞으셨네요. 안 아프세요?" 하고 묻는 말에 어머니는 "하나도 안 아파. 나에겐 벌침이 약인걸" 하시며 해맑게 웃으신다.

어머니는 평생을 살아오시며 온갖 희생을 다 하시면서도 스스로를 위하여 병원을 찾으신 일이 극히 없으셨다. 웬만큼 편찮으셔도 꾹 참아 견디시거나 그 옛날 한의사 집 따님답게 시골 산야에서 흔히 볼 수 있는 천연 약제나 벌침 등 민간요법을 즐겨 활용하시던 분이다.

연세가 지긋하신 이후 줄곧 삭신이 쑤신다고 하시며 꽃을 찾아오는 벌을 반기며 벌침을 맞으시는 일이 어머니의 일과가 되었다. 복사꽃 꽃망울이 터지기 시작하여 하루 이틀 사이 만개한다.

제주도는 국토 최남단에 위치한 섬이라서 육지보다 봄이 일찍 찾아와 열흘 내지 보름 정도 꽃피는 시기가 앞당겨진다. 화창한 날이면 일벌들의 활동이 왕성해지면서 빈번하게 꽃 속을 넘나들며 날개 밑에 숨겨진 두 다리 사이에 노란 꽃가루를 듬뿍 묻혀 가족 곁으로 부지런히 나른다.

일벌들이 열심히 모아온 꽃가루가 벌들의 양식이 되고 여왕벌이 알을 낳아 새끼를 치는데 귀하게 쓰이며 남는 화분으로 달콤한 꿀을 만들어내는 것이다.

벌들이 하는 일은 그뿐이 아니다. 벌이 꿀을 따면서 암꽃 수술에 꽃가루를 묻히어 결실하게 하여 식물 번식을 돕고 덤으로 멸종을 막아 주는 좋은 일을 해준다. 더욱이 사람들은 이러한 벌을 잘 이용하여 농사를 짓는데 일손도 들고 아주 유익하게 활용하기도 한다.

아침 햇살이 피어오르기도 전에 어머니는 벌써 밖에 나가셔서 바쁘게 움직이신다. "꽃이 만발하였는데 벌이 오질 않네. 벌이 많이 찾아와야 열매가 많이 열릴 텐데!" 하시며 괜한 걱정을 하신다.

나는 집사람과 함께 출근하려다 집사람 먼저 보내고 어머니께 설명해 드린다. "벌은 해가 이만큼 떠올라 따뜻해져야 날아올 거예요. 지금은 벌들이 잠을 자고 있어서 올 수가 없어요."

이렇게 이해를 시켜 드리면 "아! 그래 벌들도 잠을 자야 꿀을 따러 오지!" 하시면서 아셨다는 듯이 집 안으로 들어가신다. 나는 경찰에 몸담아 30여 년 동안 공직 생활을 하였고 10여 년 전에 정년을 맞았다.

퇴직 후 소일거리로 텃밭 수준의 밭농사를 지으며 어머니를 보살피게 되었고 그동안 어머니 시중이며 집안 살림을 도맡아 해왔던 집사람이 집 가까운 혁신도시에 적당한 일자리가 생겨 직장을 갖게 되었다.

현재는 나도 옛 직장에서 계약직 근로자로 채용되어 방문하시는 민원인의 편의를 도와 친절을 베풀기도 하고 후배 동료들의 직무에 작게나마 도움을 줄 수가 있어서 하루하루를 보람있게 보내고 있다.

우리 집은 시대에 뒤떨어져서 4대가 함께 부대끼며 살고 있는 원시적 가정이라 하겠다. 핵가족의 쓸쓸함을 모르고 왁자지껄 살아간다는 장점도 있지만 잔잔한 파장들을 감수하면서 각기 나름 잘 살아갈 수 있는 생존 법칙을 익혀 가야 하는 작은 불편함의 존재도 간과할 수 없는 현실이라 하겠다.

이른 아침 모두가 자기 갈 길을 향해 가고 나면 다시 가족이 돌아올 때까지 어머니 혼자서 집을 지키신다. 그래서 어머니 점심 식사를 집사람이 정성껏 마련해놓는다.

"보온 밥솥에 밥이 있고 냉장고에 냉국 만들어 놓았으니 반찬 챙겨서 드세요. 오늘은 바쁜 일이 있어서 집에 올 수가 없어요."라고 당부를 하고 나는 집을 나선다.

직장은 집에서 도보로 5분 거리에 있다. 그래서 가급적이면 직장에서 점심을 서둘러 먹고 잠시 집에 들러 어머니 점심을 챙겨 드리지만 그렇지 못할 때도 종종 있다.

오후 4시 반쯤 되면 집사람이 제일 먼저 퇴근하여 와서 밀린 집안일을 챙긴다. 70을 눈앞에 두고 자신도 노인층인데 연로하신 시어머니 모시랴, 어린 손자들 간수하랴, 집사람 고충이 이만저만이 아니라서 표현하진 않지만 안쓰러울 때가 많다.

집사람 다음으로 학교에서 방과 후 외손자 2명이 집으로 돌아온다. 오빠가 초등학교 3학년, 동생이 1학년이다. 맏이인 큰딸 부부가 맞벌이하고 있어서 자연히 아이들은 외할머니 몫이 돼버려 태어나면서부터 지금까지 외할머니 손끝에서 자라다 보니깐 지금은 마치 외갓집이 저희 집인 양 안다.

큰딸에 시댁은 차로 한 시간 거리에 있는 시골에서 한라봉이며 하우스 감귤 농사를 짓고 계신다. 그래서 손자들을 맡아 줄 여건이 못 된다며 사돈 내외는 집사람에게 대단히 미안해하시고 누누이 고마움을 표하신다.

안사돈께서는 집사람에게 외손자 키우느라 고생하신다며 극구 사양하는데도 금반지를 맞추어 주시고 바깥사돈은 손자들 얼굴 보신다는 핑계로 후배가 막걸리 회사 사장인데 매달 두 번씩 외국 수출길에 배달을 해오고 있다고 하시며 보름에 한 번씩 막걸리 상자를 싣고 오셔서 손자들과 함께 놀아 주시고 돌아설 땐 손자들과 헤어지는 게 마냥 아쉬워서 머뭇거리다가 섭섭한 마음으로 차를 타고 쌩하고 자리를 뜨신다.

"어허! 우리 손자들 덕에 내가 막걸리를 잘 얻어먹는다. 이 세상에서 사돈한테 매일 막걸리 한 병씩 얻어먹는 사람 있음 한번 손들어 보라고 해봐."

이렇게 농담하였더니 큰딸이 하는 말, "아버지! 사돈이 사주시는 게 아니우다양.(아닙니다) 딸래미가 아버지한테 매일 막걸리 한 병씩 사 드리는 거 마씸.(사 드리는 겁니다) 이런 효녀가 세상 어디에 또 이스까 마씸?(또 있을까요?)" 부녀가 농담을 주고받으며 호탕하게 웃어본다.

5월 초순이 되면 과일이 밤톨 크기만큼 자라난다. 이때가 되면 병충해 방제와 생장 촉진을 위해 봉지를 씌워 준다. 어머니 소일거리로 미리 신문지를 재단하여 드리면 풀칠을 해서 봉투를 붙여 달라고 하였더니 500여 장의 봉투를 밤샘하시어 3일 만에 다 붙이시고 몸살을 앓기도 하셨다.

봉지는 낙과를 방지하고 잘 자랄 수 있는 간격으로 적당히 적과하면서 씌워 준다. 노탐이실까? 다 따서 버린다며 적과되는 청과를 주워 모으시며 잔소리가 이어진다.

5월의 뜨거운 볕을 쬐고 자란 과일이 6월 중순쯤엔 봉지 속에서 어른 주먹만큼 크기로 자라있다. 이때부터 과일의 맛이 들기 시작하면서 개미 떼의 습격이 시작되고 피해를 줄이려면 신속히 피복을 벗겨 주어야 한다.

　피복이 벗겨진 채 나뭇가지마다 주렁주렁 매달린 모습은 가히 탄성이 절로 나온다. 우리 가족들은 하루에도 몇 번씩 돌계단을 오르내리며 올려다보고 매일매일 느껴보는 흐뭇함은 그 무엇과도 견줄 수 없는 우리 가족만의 소박한 행복감일 것이다.

　과일이 무르익어 진한 향을 풍기자 이번엔 온갖 새들이 떼 지어 마구 덤벼든다. "후여! 후여!" 새들과의 전쟁을 치르시느라 어머니의 수고가 너무 많으시다. 그래서 어머니의 수고를 덜어 드리고자 공사장에서 사용하는 파란색 분진 망을 사다가 나무를 통째로 덮어씌우고 알루미늄 캔 통으로 바람개비를 만들어 세웠더니 바람개비가 돌아가는 소리에 새들은 더 이상 접근하지 못했다.

　7월의 찜통더위가 시작되고 어머니께서 수고해주신 덕분에 올해도 맛있는 복숭아를 실컷 먹을 수 있게 되었다. 나무 위에 주렁주렁 달려있던 복숭아가 광주리에 수북이 쌓이고 어머니의 속은 또다시 검게 타는 듯 객지에 나가 있는 손자들 이름을 섬겨대며 과일 상하기 전에 어서 빨리 보내라고 안달이시다.

　대학 졸업 후 취업시험을 앞두고 잠시 집을 떠나 공부하고 있는 늦둥이 막내딸과 서울 아들네 그리고 통영 작은딸네는 한 상자씩 택배 보내고 나머지 과일은 주위에 살고 있는 친지들과 가까운 이웃에 고루 나눔을 할 수 있어서 더욱 흐뭇한 마음이다.

추석이 지나고 여름내 극성을 부리던 태풍의 계절도 지나 먼 산으로부터 노오란 단풍의 물결이 서서히 몰려오고 있다. 얼마 남지 않은 이 해가 지고 두 해가 더 지나면 어머니의 연세가 백 세가 되신다.

최근 들어 금방 식사를 하시고도 "밥 안 주느냐?" 하시며 정신이 쇠잔해진 모습을 자주 보이신다. 앞마당 복숭아는 내년에도, 또 그 후년에도 변함없이 꽃을 피워 주겠지!

우리 인생도 저 꽃들처럼 다시 피어나면 얼마나 좋을까 생각해 보며 이럴 때면 어머니의 '복사꽃 연가'가 여기서 멈춰버리지나 않을까 마음이 돌덩이처럼 마냥 무겁기만 해진다.

군것질거리를 찾아 헤맸던 어린 시절

임용담 | 전 경기도 안산교육지원청 교육장

작은 마을이어서 동네는 점방(동네의 구멍가계를 지칭하는 말)이 없고 용돈도 없었기 때문에 군것질거리는 스스로 자급자족을 해야 했다. 봄이 되면 뒷산으로 올라간다. 칡 나무가 새순을 자랑하며 올라오고 있다.

그 새순을 꺾어 껍질을 벗겨서 먹고, 뒤돌아보면 찔레 순이 탐스럽게 자라는 모습이 눈에 띈다. 긴 찔레를 꺾어 겉껍질을 벗겨 먹으면 달착지근한 오묘한 맛이 있다.

껍질을 벗기는 것도 요령과 기술이 있어야 한다. 순을 알맞게 꺾은 후 밑 부분의 겉껍질을 벗겨 천천히 아래로 당겨야 한다. 서로 먼저 꺾기 위해 잡다가 작년에 올라와 있는 가지의 가시에 찔리거나 긁혀 피가 나기 일쑤였다.

지금도 산행을 할 때 칡넝쿨과 찔레를 보면 어렸을 때 추억이 주마등처럼 스쳐 지나간다. 소나무 새순이 올라오면 꺾어 속껍질(송키)을 벗겨서 먹기도 했다.

논둑에 있는 삐비(삘기의 방언)는 추억의 선물이다. 삐비를 뽑아서 여러 개 모아서 씹으면 껌처럼 질겅질겅 하게 씹히면서 달착지근한 물이 나온다.

우리에게 껌 대용으로 사랑을 받았던 풀이고, 보릿고개를 넘기기 어려웠던 시절인 그때는 허기진 배를 달래기 위해 삐비를 많이도 뽑아서 먹었다.

껌이 귀했던 시절 껌을 만들어 씹을 때도 있었다. 마을 뒷산 소나무에서 송진을 따다가 밀가루와 섞어서 씹었다. 그러면 입안에는 송진 냄새로 가득하고, 입천장과 이빨 사이에 송진이 붙어 버릴 때가 많았다.

어쩌다가 껌 선물을 받으면 아껴서 씹고 형제자매들이 돌려가며 씹기도 했다. 밤이 되면 벽에 붙여 놓고 잠을 잤다. 벽에 붙여 놓은 껌을 씹기 위해 아침에 먼저 일찍 일어난 사람의 몫이 되기도 했다.

그 시절 학교의 책상 구석구석에는 붙여 놓은 껌으로 도배를 할 정도였다. 교사 시절 학급 담임 배정을 받으면 책상에 붙어있는 껌을 떼는 데 하루 이상을 투자한 적이 많았다.

초여름이 되면 보리 그스름(망종(芒種)에 풋보리를 베어다 그을음 해서 먹는 풍습)을 많이 해서 먹었다. 그스름을 먹고 나면 입언저리가 붓에 먹을 묻혀 그림을 그려 놓은 것처럼 서로의 얼굴을 보고 짓궂은 장난을 했다.

그스름은 호남과 충청 지역에서는 망종 무렵(양력 6월 6일)에 풋보리를 베어다가 그을음을 해서 먹는다. 그렇게 하면 다음 해 보리농사가 잘 되고 그해 보리밥도 달게 먹을 수 있다고 한다.

그뿐만 아니라 이날 보리 그스름을 해서 밤이슬을 맞혔다가 그다음 날 먹으면 허리 아픈 데 약이 되고 그해에 병이 없이 지낼 수 있다고 한다. 제주도에서는 풋보리를 '서포리'라 하는데, 그곳에서도 풋보리를 불에 구워 먹는다.

망종을 고비로 아직 남아 있는 풋보리를 한 줌 베어다가 구워 먹으면 그 맛이 구수하고 좋다. 보리 그스름 말고도 밀 그스름은 맛이 더욱 좋아 소 먹이러 가던 목동들이 재미 삼아 그을음을 해서 먹기도 했다.

이렇게 보리 그스름을 해서 먹는 것은 풍년과 무병을 기원하는 것과 흉년이 들어 양식이 떨어졌을 때 배고픈 상황을 모면하기 위한 것이었다.

마을 어귀에 '쨍그렁 쨍그렁' 하고 엿장수의 가위질 소리가 들리면 온 동네는 야단법석이 된다. 엿은 군것질거리 최고의 끝판왕이었다. 아이들은 집안의 구석구석을 이 잡듯이 샅샅이 뒤진다. 돈을 주고 엿을 사 먹는 시절이 아니라 물건과 엿을 바꿔먹었던 시절이었기 때문이다.

엿과 바꿔먹을 수 있는 헌 고무신, 달아서 쓸모없는 쟁기 보습, 빈 병, 망가진 연장 등을 찾기 위해서다. 찾은 고물을 들고 가면 엿장수는 엿판에 쇠를 대어 일정한 엿을 끊어주는 모습이 신기하기도 하고, 정말 달콤했다.

쓸 수 있는 쟁기 보습을 엿과 바꿔먹은 것이 들통나 혼쭐이 난 때가 한두 번이 아니었다. 그때마다 할머니께서 아버지의 화를 잠재워 주셨다.

보리를 베어 탈곡기로 벼를 치는 날을 우리는 손꼽아 기다린다. 맛있는 양파를 먹기 위해서다. 양파는 추운 겨울을 버티고 초여름에 수확한다. 우리 마을은 양파 농사를 많이 해서 살림살이에 도움을 준 농작물이었다.

원동기의 '통통' 하는 소리가 들리면 보리를 탈곡하는 날이다. 그 소리를 듣고 우리는 주워 놓았던 양파를 들고 보리를 탈곡하는 집으로 모두 모인다.

원동기에는 피스톤을 식히기 위해 물을 부은 통이 있다. 통의 물은 시간이 지나면 피스톤의 움직임에 의해 데워진다. 우리는 그때를 놓치지 않고 물통에 실에 매달아 놓은 양파를 빠트린다. 시간이 조금 지나면 양파가 말랑말랑하게 익는다.

말랑말랑하게 익은 양파는 군것질거리가 없었던 시절에 환상의 먹거리였다. 지금도 어렴풋이 입안의 입맛을 자극한다. 다만 양파를 먹고 뀌는 방귀 냄새는 정말 지독했다.

벼가 익을 무렵이면 먹거리가 논에서 우리를 기다린다. 길가 논에서 벼 이삭을 뽑아 낟알을 입에 넣고 껍질을 벗겨 먹는다. 또, 벗긴 껍질은 놀잇감으로 이용된다. 껍질을 불어서 멀리 보내는 놀이다.

입으로 껍질을 불 때 입안의 쌀이 밖으로 튀어나오면 정말 서운했다. 그 맛은 쌀밥을 못 먹었던 시절 너무나 맛있는 먹거리로 기억에 남아 있다. 흔적을 없애기 위해서 한 곳에서만 뽑지 않고 여기저기서 골고루 뽑는 것이 선배들의 가르침이었다.

들판에서 놀다 뱃속에서 꼬르륵 신호가 오면 고구마밭으로 달려간다. 주인에게 들키지 않을 방법의 노하우가 있다. 고구마 순을 젖히고 땅이 벌어진 곳을 파보면 고구마가 보인다. 그때 한 알만 떼어내고 다시 덮고 고구마 줄기를 처음처럼 마무리한다.

이런 방법으로 두세 개를 캐낸다. 캔 고구마 한두 개는 잔디밭에 문지르면 껍질이 벗겨진다. 껍질이 벗겨진 고구마는 바로 입으로 들어간다. 그리고 나머지 고구마는 나무를 태워 군고구마를 만들어 먹었다.

집에서 들키지 않기 위해서 군고구마를 먹고 나면 입 주위를 서로 깨끗이 닦아주곤 했다. 고구마 하면 아찔한 추억이 있다. 고구마를 캐기 위해 줄기를 젖히는데 손에 강한 아픔을 느끼고 나도 모르게 뒹굴고 말았다.

정신을 차리고 보니 뱀이 도망가고 있었다. 뱀에 물린 손에는 피가 흐르고 있었다. 그 모습을 옆에서 보고 있던 동네 형은 반사적으로 물린 상처를 입으로 빨아 주었다. 그리고 서드랑이에 메고 있던 헝겊으로 된 허리띠를 풀어 묶어 주었다.

하지만 겨드랑이는 하늘이 노랄 정도로 아파 왔다. 아픔을 참고 집으로 돌아왔다. 이를 본 할머니는 걱정 어린 모습이 얼굴에 가득하셨다. 집에서 구할 수 있는 갖가지 조약(민간요법에서 쓰는 약)으로 치료해 주셨다.

하지만 아픔은 가시지 않았다. 어떻게 잠이 들어 아침에 눈을 뜨니 손이 퉁퉁 붓고 어깨가 잘 움직이지 않았다. 이런 나날이 며칠간 계속되더니 일주일 정도 지나서야 점점 나아가기 시작했다. 할머니의 정성 어린 보살핌이 있었기에 병원 신세도 면하고 무사히 완치되지 않았나 하는 생각이다.

고향길 콧노래

임채권 | 전 진주시 국장

아마 20 수년 전인가? 어느 이른 봄날 오후다. 고향에 계시는 어머님을 뵈러 아내와 둘이 가는 길이다. 시골에는 사남사녀 팔 남매 짝지어 도시로 내보내고 어머님 홀로 대대로 내려오는 집을 지키고 계신다.

출발한 지 10여 분, 시내를 벗어나 시골길에 접어들면서 콧노래로 흥얼거렸다. 당신은 운전대만 잡으면 노래를 부르느냐고 아내가 핀잔을 준다. 언제부터인가 차를 타고 야외에만 나오면 저절로 콧노래가 나온다. 더욱이 고향 가는 길은 더하다.

한참을 가다가 단목 동네에 접어드는데 삼거리 길옆에 어느 할머니가 어린 손녀를 데리고 앉아 있는 걸 얼핏 보니 우리 동네 할머니 같았다. 차를 뒤로 하여 "할머니 타세요." 하며 문을 열었다.

버스를 기다리다 얼떨결에 차에 오르시면서 "누군지는 몰라도 참말로 고맙소."라고 했다. "할머니 저 모르시겠지요? 가운뎃집 둘째 손자 아입니까." 하니 "그렇나, 참으로 고맙다. 이런 좋은 차도 타보고……."

아마 승용차는 처음 타시는가 보다. "어디 갔다 오십니까?" 하니 "그래. 애들 고모 집에 갔다 안오나(아니오나). 의령에 사는 큰딸이 한번 댕기가라 사서(다녀가라 해서) 갔다 오는 기라."

차에 오면서 딸 자랑으로 꽃을 피웠다. 진주에서 약 50여 리 넘는 길인데도 금세 고향 어옥 동네에 도착하였다. 중간 마을에 할머니를 내려주고 우리 집에 오니 어머님이 마루를 닦고 계셨다.

아마 우리가 온다고 청소하시는 모양이다. "어머님, 우리 왔심니더." 가지고 온 반찬 보따리를 내려놓으면서 아내가 먼저 인사를 하자 "아이고 오나, 오면서 고생했제?" 하시면서 얼굴에 웃음꽃이 핀다.

마루에 앉아 따스한 봄볕을 받으며 이런저런 이야기를 나누고 있는데 "단동댁 있나?" 하시면서 아까 그 할머니가 숨을 몰아쉬며 지팡이를 짚고 대문으로 들어오셨다.

"아이고 아지매가 웬일이요. 어서 오이소." 하며 어머니가 반긴다. 우리 집이 먼당집(높은 곳에 있는 집)이라 연세 드신 분들은 오시기에 숨이 가쁘다. 대청마루에 걸터앉으시면서 조그마한 보자기를 내려놓았다.

어머니가 "아지매, 이게 뭐요?" 하니 "그래, 내가 집을 뒤져도 가져올 게 있어야지. 이 사람이 고맙게 차를 태워져서 잘 왔는데 말이다. 집에 있는 검은콩 한 줌 가져 왔다아이가."

대충 한 되쯤 되어 보였다. "뭐 할라고요, 아지매. 잡수시지 않고." 하니 "아이다. 오늘 얼마나 고마웠는지 모른다." 나도 "할머니 잡수시지요." 하며 사양도 해 보았지만 그래서는 될 일이 아니다 싶어 "고맙게 잘 먹겠습니다." 했다. 할머니 형편도 넉넉잖으신데.

마음이 편하지만은 않았다. 이게 고향의 정이고 시골의 인심인가보다. 지금도 그때를 생각하면 내 입가에 미소가 감돈다. 할머니는 가시고 셋이서 정담을 나누며 해가 뉘엿할 때까지 머물다가 집을 나왔다.

오늘 고향길은 정말 기분이 좋다. 고향의 정도 맛보고 어머님도 뵙고 일진이 좋은가보다. 수지맞는 고향 나들이다. 돌아오는 길에 또 콧노래가 나온다.

이번에는 제법 큰 소리다. 아내가 "에나(정말로) 기분 좋은가 보네요. 노랫소리가 큰 걸 보니."

"암, 그렇고 말고, 최고다." 아내도 빙긋 웃는다. 집에 올 때까지 콧노래가 그치질 않았다. 아~, 지금은 고향에 가도 반겨줄 어머님도 그때 그 할머니도 안 계신다.

다들 십수 년 전에 세상을 떠나셨다. 내 나이도 이제 70대 후반에 접어드니 고향에 가도 옛날 분들이 몇 안 계신다. 고향산천은 그대로인데….

내 고향은 산골 오지다. 먹거리는 넉넉잖으나 산이 유난히 많다 보니 땔감 하나는 풍족했었다. 그야말로 순박한 시골이다. 고향 냄새는 항시 그립다. 딱히 무슨 냄새인지는 몰라도 어딜 가도 못 맡을 냄새다.

내 고향에만 있는 냄새다. 아마 어머님 젖 냄새인지도 모른다. 요즘도 가끔 고향 집에 들어서면 어머님이 "우리 아들 오나?" 하고 마루에서 내려오시며 반길 것 같은 생각이 들곤 한다.

고향 집은 어머님 가신 이후로 5대조이신 만수당(晚睡堂) 산하 재실로 사용하고 있다. 집 분위기가 왠지 쓸쓸하고 허전하다. 주위를 둘러보니 개울가 언덕에는 우리 집을 지키고 있는 푸조나무와 집 뒤를 둘러싼 대나무밭은 아직 그대로다.

푸조나무는 어릴 때 '검포고나무'라 불렸고 검은 열매가 달달하여 주워 먹으면 제법 간식거리가 되었다. 푸조나무는 우리 집 대표 수호목이다.

집 주위에 오래된 회화나무, 굴밤나무, 돌배나무 등이 있었는데 그중 푸조나무가 으뜸이다. 전문가 추정에 의하면 약 5~600년 되는 수령으로 곧고 큰 뿌리가 직선으로 개울 언덕을 받치며 기상 있는 모습을 드러내고 있어 마치 커다란 분재처럼 자태가 멋지다.

개인 집에 자리 잡아 다소 아쉽기는 하지만 수령이나 앉은 모양만 보면 보호수로 가치가 높다고 한다. 오래된 나무나 보니 생육상태가 좋지 않아 걱정이다.

몇 해 전 푸조나무에 일조가 방해된다는 의견이 있어 인근에 있는 아름드리 굴밤나무 3그루를 베었다. 옛날 생각이 난다. 어느 날 조부님과 둘이서 이야기를 나누다가 "저 굴밤나무를 베어야 할 텐데……" 하신다.

"큰 나무가 있으니 든든하고 좋은데요." 가볍게 말하니, 조부께서 더는 말이 없으셨다. 그로부터 약 60년 후 굴밤나무는 베어졌다. 지금 생각하니 그때 벌써 푸조나무를 살리기 위해 위를 덮고 있는 굴밤나무를 베어야 한다는 걸 아시고 말씀하신 것을 이제야 알 것 같다.

나무 절단을 두고 어떤 이는 아쉽다, 아깝다 하고, 어떤 이는 남쪽이 툭 틔어 집이 밝고 시원하다고 한다. 100년을 넘게 우리 집을 지키며 식구들에게 굴밤묵으로 맛있는 먹거리를 제공하였는데 미안하기도 하여 술을 부어 위로하고 아쉬운 작별의 정도 나누었다. '굴밤나무야, 이해해 다오….'

지난 초여름에는 푸조나무 두 가지 중 왼쪽 가지가 썩어들어가서 나무병원에 의뢰하여 썩은 가지를 절단하고 더는 썩지 않게 하는 치료작업을 마쳤다. 나무 특성상 맹아력이 좋아 새 가지로 키우면 수형이 잡힌다고 하니 안심이다.

이제 새잎이 푸르고 왕성해 보여 다들 다행이라고 하며 기뻐하고 있다. 가족 모두는 이 푸조나무가 영원토록 집을 지켜줄 것을 기원한다. 쭉쭉 자란 대나무는 집 뒤로 둘러싸여 겨울에는 찬 바람을 막아 주고 여름에는 시원하여 방학 때면 돗자리 깔고 누워 책도 보고 낮잠도 자곤 했는데 때론 벌레가 얼굴에 올라와 낭패 보기도 했다.

늦봄에 나오는 죽순은 반찬도 해 먹고 회무침으로 초장에 먹으면 막걸리 안주로도 제격이다. 집 옆 남쪽에는 뒷산에서 대밭 사이로 내려오는 개울이 있어 평소에는 짤짤거리는 물이나 비가 오면 폭포를 이루며 힘차게 쏟아지는 것이 장관이라 제법 운치를 더한다.

개울가 바위틈에서 나오는 샘은 겨울에는 따스한 김이 서리고 여름에는 차가워 이웃집들과 함께 식수로 사용하였고 무더운 여름, 차가운 물에 보리밥을 말아서 된장국과 먹으면 일품이다.

할머니가 유독 좋아하시는 나박김치를 넣어두는 냉장고 역할도 했는데 지금은 상수도가 들어와 추억의 흔적으로 남아 있다. 언덕에는 난초가 매년 핀다.

증조부 난계공(蘭溪公)의 호를 기리기 위해 학강(學岡) 조부께서 심은 이후로 오늘날까지 피고 있어 집 분위기를 살리는 데 한몫을 하고 있다.

집안에는 안채, 사랑채가 위아래로 동쪽 앞산을 향해 편안하게 자리잡고 있다. 안채는 5대조께서 처음 입거하여 근 200년 된 집으로 다들 이곳에서 태어나고 자랐다.

사랑채는 옛날 있던 집을 허물고 60대 중반에 새로 집을 지었다가 어머님 돌아가시고 2008년에 리모델링하여 시제 등 모임 행사를 하고 있다. 사랑채 마루에 앉아 안산을 바라보며 옛날 일들을 더듬어 본다.

어릴 때는 대식구에다 이웃 일가들이 드나들어 항시 집안에 활기가 돌고 웅성웅성했다. 사랑방에는 손님이 끊이지 않았는데 종인들이 종사를 의논하고 선비들이 시도 짓고 상론하며 밤 가는 줄 몰랐고 동네 학동들의 서당이 되기도 했다.

하루는 할아버지께서 외출하셨는데 사랑방 앞에 낯선 신발이 있어 문을 열어 보니 구색이 허름한 노인이 양반다리를 괴고 앉아 있는 게 아닌가.

어머니가 "웬 노인이요?" 하니 "지나가는 과객인데…." 하며 먹을 것을 청한다. 평소 손님이 자주 와 집에는 항시 밥이 있었다. 간단히 밥상을 차려주니 맛있게 먹었다 하고 가신 일이 있었다.

날이 저물 때는 자고 가기도 했다. 그때는 몰락한 선비 중에 과객 행사 하는 분들이 더러 있었던 사회상인가 싶다. 예닐곱 때인가 할아버지는 진주장에 가시고 여타 식구들은 일하러 나가시고 안채 마루에 증조할머니(능성구씨)와 둘이서 앉아 있는데 할머니가 입을 꼼작거리면서 무엇을 먹는 것 같아 보여 "할머니 뭐 먹노?" 하니 "그래, 너도 먹어 볼래?" 하시면서 조금 떼어 주셨다.

조금 씁쓸하면서도 뒤끝은 달콤했다. 더 달라고 하여 할머니도 더 먹고 나도 먹고 하다가 할머니가 쓰러지셨다. 어린 마음에도 큰일이다 싶어 둘러보아도 아무도 없고 해서 아랫집 증조할아버지 집으로 가는데 다리가 후들거리고 자죽이 깊어지지 않는다.

마치 허공에 붕 떠서 걷는 느낌이다. 겨우 아랫집에 가서 "할아버지 큰일 났어요. 할머니가 쓰러졌어요." 하니 얼른 일어나 집으로 달려가셨다. 집에 와보니 "어머니, 정신 차리이소." 하며 부둥켜안고 어쩔 줄 몰랐다.

그사이 내 오줌도 먹이고 주무르고 하며 한참 지내니 겨우 깨어나셨다. 이어 가족들도 도착하여 큰일 날뻔했다. 그래도 다행이라고 하며 제각기 수군거렸다. 나도 시간이 지나니 몽롱한 기운이 가신 것 같다.

뒤에 알고 보니 할아버지께서 사다 주신 '만령단'인데 내가 더 먹자고 졸라서 이 사달이 나고 말았다. 아무리 어릴 적 일이라도 잊히지 않는다.

우리 집에서는 안산(案山) 꼭대기가 정면으로 보인다. 깎아지른 절벽에 오뚝 솟은 기세며 푸르고 큰 소나무가 굳게 버티고 있어 마을의 태평성대를 기원하는 곳이다.

가뭄이 들면 기우제를 지내고 칠월 백중날에는 소의 안녕을 빌고 하는데 술, 떡을 차려놓고 향을 피우며 빌던 터이다. 어릴 적 이날 어머니가 부쳐주신 호박 부침개를 하나 먹으면 꿀맛이다. 지금도 그 시절이 새롭다.

앞산에 올라 우리 집을 보면 높은 곳의 집인데도 오목 싸인 것이 집터가 아늑하고 포근해 보인다. 우리 집이라 그럴까? 고개를 갸우뚱해 본다. 가끔 마루에 앉아 안산을 바라보면 높고 푸른 정기가 우리 집으로 뻗어 내 몸으로 스며드는 느낌을 받곤 한다.

집에 갈 때마다 의식적으로 마음의 기를 받아들이면 개운하고 활기가 도는 것 같다. 어느 날 형님과 둘이서 "형님, 안산의 정기가 우리 집으로 들어오는 것 같지 않소?" 하니 "아, 그래" 하고 웃으며 정담을 나눌 때가 엊그제 같은데 형님 가신지도 벌써 30년이 다 되어 간다. 나에게는 든든한 형님이셨는데 오늘따라 더욱 그립다.

한참을 생각에 잠기다가 중간 마을로 내려오니 어옥 나주임씨의 재실인 옥산서원(玉山書院)이 보인다. 이곳은 선조의 얼이 서리고 역사가 이루어진 우리의 자부심이다. 오늘도 고향 가는 길은 즐거웠다.

콧노래도 나온다. 예선 같지는 않지만 즐섭기는 내한가시나. 고향길은 언제나 즐겁다.

착한 식당, 좋은 밥상

임종식 | 전 진주경찰서 서장

감질나던 장맛비가 찔끔거리며 스치더니 뭉게구름 사이로 붉은 해가 이글거리며 온 누리를 집어삼킬 듯 내리쬐던 무더위. 빛이 강해 그늘이 짙어진 느티나무 밑에는 노쇠한 남자들이 살 빠진 아랫도리를 걷어 올리고 이리저리 편한 대로 앉고 누워서 빌어먹을 정치 논쟁으로 열을 올리고 기와 얹어 근사한 육각 정자에는 허리 굽은 늙은 아낙들이 늘어진 가슴을 감싸고 뒹굴뒹굴하며 시시콜콜한 남의 집 개인사를 끄집어내어 잘게 쪼개고 부풀려서 말꼬리를 쉼 없이 이어간 그 여름도 갔다.

쉴 틈도 없고 빈틈도 없이 심고 뿌린 농작물은 삼복더위를 거치면서 하루하루 크기가 다르고 결실을 앞둔 마지막 자태에서 특유의 향기를 한껏 뿜어낸다.

칼칼한 고추 볶는 냄새. 톡 쏘는 들깨 냄새, 구수한 벼 이삭 냄새가 바람결에 실려 농부의 코끝에 와 닿는다. 마치 밥이 뜸 들어간다고 알리는 압력밥솥의 신호같이.

여름을 장식하는 비와 햇볕의 지겨운 경쟁은 가을 결실을 위한 시간이었고 그 경쟁의 조화로움에서, 사람 배를 채울 곡식 알갱이들은 더 튼실하고 잘 여물게 되어있다.

비와 햇볕의 적절한 조화가 그렇게도 중요하거늘, 작은 한반도 그 중심부에는 수십 년 만의 물 폭탄을 도심에 퍼부어 많은 인명과 재산을 앗아갔지만, 그 아래쪽은 반대로 비가 부족해 안달하다가 어찌어찌 늦게나마 비가 적당히 내려 건강하게 자란 벼들이 황금 들판을 물들이며 풍작임을 예고한다.

좁은 세상이지만 희비가 엇갈리고 사람 사는 맛이 다르니, 세상은 고르지도 않고, 넓고도 좁다. 팔월 중순까시만 해도 가뭄과 폭염에 모두가 지쳤고 농부들은 애가 타들어 갔다.

서산 너머로 해가 잠길 즈음이 되면 자연의 동작은 멈추고 땅에 내리쬔 열기가 거꾸로 치솟아 이름하여 열대야의 시간이 지배한다. 지구의 자전운동 고장인지, 신의 장난인지, 한점 바람기 없는 일단 멈춤은 견디기 힘든 고통 중의 고통 아니었던가?

인고의 시간도 지나고 보면 잠시, 어김없이 돌아가는 세월 앞에 말복과 처서가 찾아왔다. 서산에 해 기울고 산 그늘이 내리면 치솟던 열기는 땅속으로 기어들고 요술처럼 찾아온 산들바람이 겨드랑이를 간지럽힌다.

만사가 귀찮아 포기하고 싶던 심신이 비로소 정상으로 회복되어 돌아온다. 잃어버릴 것 같던 나를 찾고 살 맛도 되찾았다. 자연의 위력은 역시나 위대하다.

세월은 다람쥐 쳇바퀴처럼 돌고, 숨 쉬고 살아갈 남은 세월은 짧은지라, 여름을 밀어내고 가을을 맞는 것이 어찌 아쉽지 아니할까만, 이글거리는 햇볕과 숨 막히는 열기의 억압에서 벗어나 내 의식을 되찾은 것이 반가울 따름이다.

산들바람은 가을이 왔음을 알리는 전령이자 결실과 월동을 조력한다. 지는 산 그늘 따라 산새 소리, 풀벌레들의 합창 소리가 어우러져 귀청을 어지럽힌다.

밤새 한참 동안의 적막을 깨고 안개가 걷히는 아침이 오면, 영롱한 찬 이슬이 푸른 잎새 위에 초롱초롱 매달린다. 사람이 만들 수 있는 작품은 아니다.

아마도 여름의 파수꾼 햇볕과 가을의 전령인 산들바람이 밤새 밀당한 결과물이리라. 자연이 주는 소리와 자연이 만든 모양은 언제나 정겹고 아름답다.

찌든 농부의 얼굴에는 엷은 미소가 번지고 들판은 짙은 황금색으로 물들어간다. 쳐다보는 하늘은 더없이 깊고 푸르며 떠도는 뭉게구름은 더 우아하고 변화무쌍한 춤사위를 벌리며 자유를 만끽한다.

사람 사는 바닥 세상은 언제나 잡다하고 정치는 시끄러워도 농심은 언제나 소박하고 풍요롭다. 벌써 삼 년이 다 되어가는 코로나바이러스는 아직도 창궐하고 인간의 무지함을 깔보고 있지만, 신명 나는 풍년가 소리가 산들바람을 타고 점점 가까이 힘차게 들려 온다.

코로나19 바이러스가 2년 반 만에 감기 같은 감염병으로 취급되면서 거리 두기가 해제되었다. 공포와 불안으로 보낸 심사는 아직도 실감이 나지 않고 긴가민가하다.

해방감과 함께 꺼낸 화두가 "이제 밥 한 끼 하자."이다. 마음 편하게 대중음식점을 찾는다. 대부분의 식당가는 물 만난 고기처럼 생기가 돌고 있다.

코로나로 가장 많이 타격을 입은 업종도 식당이지만 가장 많이 달라진 곳도 식당이다. 그사이 대부분 퍼지고 앉아 먹는 식탁에서 의자 있는 식탁으로 바뀌고 술잔 돌리는 관행도 퇴출되었.

앞접시에 덜어 먹는 문화가 자리 잡아가면서 위생 관념이 높아진 것도 좋은 일이다. 나쁜 코로나가 모두를 힘들게 했지만 이런 면에서는 좋게 한몫을 한 셈이다.

코로나 여파의 와중에 러-우크라 전쟁이 겹쳐 모든 물가는 상승하고 방송에서는 연일 소비자 물가가 심상치 않다고 하니 걱정이 아닐 수 없다. 은둔에서의 해방으로 소비심리는 커질 것인데 '금강산도 식후경'이라는 속담처럼 식당 찾는 일이 제일 많음이 자명하다.

벌써 "물가 오르고 인건비도 오르고 남는 게 없다."라는 식주인의 볼멘소리를 들으니 밥값 올리겠다는 예고임이 분명하다. 하기야, 모든 것이 다 오르는 판국에 밥상물가인들 그대로일 수가 없다.

코로나 때문에 식당의 외형문화는 바뀌었지만 정작 개선되어야 할 밥상 차림의 형태는 그대로인 것이 참 아쉽다. 이제 만 원짜리 한 장으로 점심 한 끼 식사하기가 어려울 듯하다.

서민들에겐 큰 부담으로 다가온다. 이런 때를 계기로 식당 주인이나 손님이 모두 공감하는 새로운 음식문화를 만드는 것이 선진 사회로 가는 혁신의 한 부분이라 생각한다. 이런 말을 가끔 듣는다.

"그 집에 상만 비좁지 먹을 게 없더라." "그 집 남은 반찬은 다 어떻게 할까?" 사실이 그렇다. 그렇다면 이런 밥상 차림에 대한 답은 없는 것일까?

식당은 비용 적게 들고 이익이 되는 밥상, 손님은 비싸지 않아도 먹을 만한 밥상이 답의 근원이 될 것이다. 곧, 소박하지만 궁합이 잘 맞는 밥상이다.

한정식이라면 반찬이 골고루 갖추어야 할지 몰라도 메뉴가 정해진 탕, 조림, 국수, 퓨전요리 같은 경우는 그 메뉴 속에 여러 재료가 충분히 들어있기 때문에 반찬이 많이 필요가 없다는 생각이다.

그런데도 상이 비좁도록 이것저것 차려 내 온 밥상이라면 어떤 생각이 들까? 모양은 그럴듯하지만, 솜씨에 자신이 없으니 모양만 갖춘 느낌과 함께 메뉴 본연의 맛에 집중하지 못하고 남긴 반찬을 어찌 처분할까 하는 의구심과 걱정이 앞서게 된다.

이제는 음식도 치장보다는 실속으로 양보다 품질로 승부를 걸어야 할 때가 되었다. 잘되는 집은 특별한 데가 있다. 소박하고 깔끔하고 궁합이 잘 맞게 차린 건강한 식단이다.

알뜰한 주부의 집밥 같은 밥상이다. 주메뉴와 반찬은 보완관계이다. 짠 음식은 싱거운 반찬이, 싱거운 음식은 간이 된 반찬이 궁합이 맞을 것이다.

소비자도 너절한 반찬 숫자나 모양새로 음식점을 선택하는 수준은 넘어서야 한다. 깔끔하고 궁합이 잘 맞는 식단으로 손님을 정성껏 맞아 보자.

재료비, 인건비. 시간이 절약되고 버리는 음식물로 인한 환경 훼손도 줄여서 알맞은 가격으로 '착한 식당, 좋은 밥상'을 만들자. 소비자도 '착한 식당과 좋은 밥상'에 행복해하며 큰 박수로 호응할 것이다. 콘셉트가 달라진 착한 음식문화가 하루빨리 자리 잡아 더불어 살아가는 우리 공동체의 격조가 한 단계 높아지기를 기대해 본다.

시골살이에 몰두하다

임춘임 | 사)한국문인협회 장성지부 회장, 시인

　　새벽 4시, 남편의 부스럭거림으로 눈을 뜬다. 아직 밖은 어두컴컴하고 내 눈은 떠지지도 않는데 어쩌자고 혼자 일어나는 것이 아니라 꼭 나를 함께 기상시키는지 알 수가 없다. 얄궂다.
　　7년 전, 남편의 위암 수술로 인해 생활의 변화가 시작되었고 남편 스스로 환자에서 벗어나지 못하는 체력이 안타깝기만 했다. 음식을 마음껏 섭취할 수 없으니 밖에 나가 운동하는 것은 엄두도 못 내는 현실이고, 그렇다고 그냥 앉아만 있기에는 점점 체력이 떨어지는 상황인지라 스스로 변화를 불러내지 못하면 저질 체력에 두 손 들게 될 것 같아 불안했다.
　　이미 우리가 살고 있는 장성은 공기 맑고 물이 좋은 곳이긴 하나 아파트 생활하면서 집안에서 하는 운동이란 그저 숨쉬기 운동이 전부인 실정이다.

이렇게 시간을 더 보내다간 어느 세월에 건강이 회복되겠는가 싶어 시골집을 알아보기 시작했다. 다행히 전국에서 공기가 가장 맑고 치유의 효과를 누릴 수 있다는 축령산 아래 작은 마을에 불과 8개월 전에 할머니 혼자 사시다 돌아가셔서 비어 있는 집을 알게 되었다.

빈집 된 지 불과 8개월인데 시골집은 벌써 거미줄과 낙엽들로 폐가가 되어 가고 있었으며, 어머님 돌아가신 지 얼마 되지 않아 집을 내어 준다는 것은 자식의 도리가 아닌 것 같다 하시던 그 집의 자녀분들도 집이 망가져 가는 모습은 안타까웠는지 연락이 왔다.

우리는 그 집을 리모델링하여 둥지를 틀 수 있게 되었고, 도시에서 살다 시골로 다시 들어온 상황이 귀농에 해당한다고 하여 귀농인들에게 주는 집수리 비용도 일부 지원받아 하수구까지 정비하고 나니 마음이 개운했다.

지금 우리가 살고 있는 마을은 가구 수도 적고 마을 주민도 많지 않다. 그래서인지 마을 어르신들과 빨리 가까워질 수 있었으며, 나 또한 시골 출신이고 어머님께서 살아계시기에 어른들 섬기기는 늘 부모님 생각하는 마음으로 섬기었다.

장성에 새로 생긴 출렁다리도 모시고 가고, 주변에 맛집도 가끔 찾아다니며 함께 하는 시간을 가졌다. 어르신들은 자식처럼 생각해주셨고 채소 등 먹거리도 늘 챙겨주셨다.

마을 어르신들과 가까워지면서 인근에 있는 농지를 구입할 수 있었으며, 흙을 밟고 생활하는 남편은 하루하루 건강이 회복되어 정상적인 생활을 할 수 있는 상황이 되었다.

누구보다도 부지런한 성격의 소유자답게 시골집이지만 정갈하고 운치 있게 가꾸어 왔다. 시간이 지나면서 우리는 시골 생활에 익숙해져 간다고 믿었다.

하지만 밭을 개간하여 집을 짓고, 논을 형질 변경하여 제조업소를 만들어 가는 데 수많은 시행착오가 있었다. 그때부터 시골살이 어려움을 크게 깨닫게 되었다.

"아~, 시골의 법규는 너무 어려워." 집을 짓겠다고 언덕진 밭을 미리 반듯하게 포클레인 작업을 했더니만 신고하지 않았다고 위법이라 한다. 다행히 규정에 넘지 않아 행정처분은 받지 않았지만, 놀란 가슴은 쉽게 진정되지 않았다.

제조업소를 완공하고 허가받는 과정에서 또 수없이 많은 시간을 보내야 했다. 세무서를 몇 번씩 왔다 갔다 했으며, 더군다나 장성은 세무서가 없어서 광주까지 다녀야 하는데……

군청에도 수없이 들랑날랑한다. 교육 이수증이 필요하고 건강검진을 했어야 하며 등등 이렇게 보내는 시간이 너무 아깝고 누군가 절차를 제대로 알려주면 일 처리하는 데 많은 도움이 될 것인데 싶어 안타깝기 그지없었다.

사업자등록증까지 받아 놓고 난 후 이런 생각을 했다. 지금까지 진행했던 과정들을 정리해서 이후 이런 과정을 겪어야 하는 사람들에게 지침서처럼 내어 주고 싶고, 안내해 주는 그런 일을 누군가는 해야 한다고 생각했다.

그러면서 어느덧 나도 시골 사람이 되어 가고 있었다. 땅을 사고 조합원이 되고 농업경영체 등록을 하고 퇴비를 구입하고 농기계를 임대하여 농사도 하고 꽃을 키워 꽃차를 만드는 제조업소도 운영하며 한껏 산골 농부의 티를 내고 있다.

남편은 어느 사이 정년퇴직하고 막걸리 한 잔씩 곁들이며 농사일에 제법 익숙해져 가고 있다. 새벽부터 일어나 이제 본인의 일터인 양 스스로 일거리를 찾아서 경운기로 작은 밭을 일구고, 그곳에 감자도 심고 고추도 심고 콩도 심으며 이제 제법 농부의 티를 낸다.

처음 시골에 자리 잡았을 때 감자 심는다며 비닐 치던 모습이 지금도 역력하다. 농사의 기본도 모르고 시골에 자리 잡고 남들 한두 시간에 할 일을 우리 둘은 온종일 하면서 온통 논두렁에 나뒹굴던 새내기들이 이젠 제법 1년 농사 계획도 세워나간다.

겨울에 파종해야 할 꽃씨를 뿌리기 위해 둘이서 작은 하우스도 만들었으며, 퇴비를 넣고 흙을 덮어주고 내년 봄에 피워 술 꽃을 기대하며 구슬 같은 땀을 흘려 본다.

지나가는 마을 어르신들께 막걸리 한 잔 대접하는 마음은 어디서 왔는지 남편은 놓치지 않고 챙기며, 반찬 솜씨 없는 나는 안주도 없는데 민망하게 그런다면서 양양거린다.

막걸리는 김치 한 조각이면 된다며 농사일하시는 언덕이나 길거리에 푹 퍼져 앉아 주고받는 막걸릿잔에 안주 삼아 너스레 떠는 남편이 감사하다.

전국에서 편백나무가 가장 많은 축령산 아래 자리 잡고 농사일이 어렵고 힘들어도 남편 건강 되찾았음에 감사하며 오늘도 시골살이에 몰두

한다. 이제 농사지을 땅도 우리 힘에 겨울만큼 장만되었으며, 제발 더는 사고 치지 말라는 남편의 당부도 받아들이며, 둘이 지은 작은 하우스에 꽃씨를 뿌린다. 내년 봄에 피울 꽃들을 기대하면서……·.

음식문화와 감성

임경렬 | 한국천연염색박물관 관장, 시인

　　인간이 삶을 영위해 나가는 데 의식주는 필수적인 요소다. 특히 인간이 생명을 지탱해 가는 데 있어서 그 무엇보다 중요하고 우선적인 것이 식생활일 것이다.

　　고대부터 현대에 이르기까지 문명과 문화의 변천에 따라 음식 생활도 달라져 왔다. 수렵 도구의 발달과 농경사회의 발전은 인간이 선택할 수 있는 식생활의 다양한 변화를 가져왔다.

　　강에서 산으로, 산에서 들판으로, 어류에서 육류로 그리고 곡식과 채소와 과일 등 풍부한 먹을거리를 채취하고 생산한 것이다. 요즘에는 식품 재료의 조리 방법과 다양한 첨가물에 따라 같은 음식도 섭취 방법과 영양성분이 달라진다.

　　누구에게나 음식에 대한 몇몇 기억과 추억은 선명하게 남아 있을 것이다. 나 또한 그렇다. 가정과 사회에서 접한 많은 종류의 음식 중에서도 할머니에서 어머니로 이어오는 손맛의 기억은 오래도록 뇌리에 남는다.

이것은 음식 맛에 더한 그분들의 사랑이 흠뻑 담겨있어서 더욱더 오감으로 느껴지는 것이 아닐까 생각한다. 머릿속에 남겨진 음식과 관련한 많은 추억 중 오래도록 가슴에 남아 있는 기억을 돌이켜 본다. 외면하고픈 이별이 찾아와 감성을 깨운다. 옛 시절이 그리워지는 오늘, 지난 긴 기억의 시간을 소환한다.

고모와 어머니는 석쇠 구이 불고기를 좋아하셨다. 어렸을 때 석쇠 위에 돼지고기를 펼쳐 짚불로 익혀서 먹었던 기억이 남아 있다. 익힌 고기를 상추로 쌈하고 집에서 만든 토종 된장을 보태 김치와 같이 먹었던 맛은 오래도록 침샘을 자극하기에 충분했다.

그 맛의 기억을 다시 느껴보고자 광주와 인근 지역의 맛집으로 소문난 여러 곳을 찾아다녔다. 곡성군 석곡면에 있는 흑돼지구이, 담양군에 있는 돼지갈비, 광주공원 앞 광주천 건너편 골목의 석쇠 구이, 나주와 영산포에 있는 연탄구이, 무안군 몽탄에 있는 짚불 구이 등 당시에 여러 맛집이 있었다.

80년대 후반부터 여러 음식점을 차례대로 찾아서 막내 고모와 함께 맛 기행을 다녔다. 나는 87년에 처음으로 승용차를 소유하였다. 교통수단으로 편리하게 이용할 수 있는 승용차가 있었기에 여러 곳의 석쇠 구이집을 찾아다니는 것이 가능했다.

나는 식성이 좋아서 어느 집 불고기든 다 맛있다는 생각이 들었다. 그러나 고모는 영업집마다 음식 맛이 다르다며 특별한 한 곳 음식점의 석쇠 구이를 좋아하셨다. 고모의 입맛에 가장 맞던 그 집은 이후로도 끊임없이 찾아갔다.

어느덧 세월이 거침없이 흘렀다. 2010년 어느 날, 단골집 석쇠 구이를 드시는데 예전 같지만은 않은 고모의 모습을 보면서 다소 걱정이 들었던 적이 있었다.

70세가 넘은 고모의 건강이 염려된 것이다. 그때 지었던 시 「석쇠 한 판」을 옮겨본다. 나의 시집 『쓸쓸한 파수』에 실려 있다.

고모와 조카가 마주 앉는다
숯불은 화덕 속에서 활활거리고
뻘건 살이 석쇠 위에서 누릇누릇 익어 간다
째깍째깍 초침은 쉼 없이 전진한다
자글대는 고깃덩이늘
푸른 옷 입혀 입속을 채우는데
흔연한 이야기는 세월을 되돌린다

그 조카 여섯 살 되던 해
활옷 입고 연지곤지 찍으셨지요
꽃가마 따르던 두리하님
그 뒤에 몸 숨겨 울먹이던 조카는
어느덧 지천명이 되었네요

석쇠 한 판 추가하니
입맛 없다 그만 먹자 하신다
앨범 속 당신은 세월을 삼키는데
연로하신 고모님
백수는 누리셔야지요

    몇 달이 지나서야 겨우 마음을 다잡고 열어 본다. 힘겹게 몇 글자 써놓고 클릭 한 번 못했다. 아니다. 스스로 외면하고 하지 않았다. 어떻게 내 감성을 스스로 위로할 수 있을까, 무엇을 말하고 무어라고 써야 할까, 그 실마리의 시작을 찾아내지 못해서다.

    10여 년 전 고모의 칠순 즈음에 지었던 시에서처럼 석쇠 구이 불고기를 드시며 말했던 "입맛 없다." 하셨을 때, 입맛을 되찾아 백 세까지 누리시라고 했던 바람을 적어야 할까. 그러나 그때 그 마음속에 가졌던 간절하고 깊은 바람은 이루어지지 않았다.

    고모는 82세를 일기로 2021년 1월에 세상을 떠나셨다. 감정을 추스르기가 쉽지 않은 당면한 현실이 나를 가두는 아픔으로 찾아왔다. 야속할 만큼 조급하게 그리고 갑작스럽고 피할 수 없게, 피해 가지도 못하는 냉정한 현실로 찾아온 것이다.

    내 가슴 깊숙이 한 부분에 늘 휴화산처럼 머물러 있던, 항상 두려움의 대상이었던, 돌이켜지지 않고 되돌릴 수도 없는 영원한 헤어짐, 그 출몰이 갑작스럽고 무겁게 나에게로 닥쳐왔다.

    청년기의 길지 않은 기간 동안 나에게는 여러 헤어짐이 있었다. 어느 삶이나 누구의 인생에서나 필연적으로 반드시 찾아오는 것이지만 시기별 편차가 있다.

아픔도 스스로 다독이며 극복하고 또 누군가에게 위로받을 시간이 필요해서이지 않을까. 그러나 하늘은 나에게 내가 원하지 않는 예외를 적용했다. 통례적이고 보편적인 일상을 적용하지 않았다.

젊음을 꽃피우며 튼실한 열매를 맺기도 전에, 아주 이른 시기에 힘겨울 만큼 무겁게 연이어 몰려왔었다. 할머니와 할아버지와 아버지와 어머니가 1979년부터 1986년까지 기간에 모두 세상을 떠나셨기 때문이다.

장손인 나는 정신이 없었다. 지인들이 찾아와 조문하고 위로하며 이번에는 누가 돌아가셨냐고 물어볼 정도였다. 그때마다 고모는 버팀목이었다. 고택의 주춧돌처럼 그 자리에서 변함없이 지켜줬다.

그러나 이번에는 다르다. 스스로 감당하고 스스로 극복해야 할 것 같다. 돌이킬 수 없는, 되돌릴 수도 없는, 다시 찾아온 영원한 이별이다. 한겨울 한파와 함께 찾아온 매서운 현실, 마음에 휑하니 구멍이 뚫린 것 같은 허탈한 현실이다.

운명이라는 것, 나에게만 냉혹한 것일까. 머릿속 생각이 엉키고 가슴이 울렁거린다. 힘들지만 애써 담대해져야지 하고 가슴을 억누르고 기억세포를 역순으로 배치해 본다.

그러나 나의 기억 세포의 순리와 섭리로는 해법을 찾기가 쉽지 않다. 고등방정식처럼 풀 수가 없다. 감정의 계량이 측정되지 않는다. 수십 년 전 무엇이 급했는지 세상을 일찍 외면한 어머니. 그 어머니보다 훨씬 더 오래도록 같이 살았던 나의 막내 고모다.

할아버지는 슬하에 1남 3녀를 두었다. 고모 세 분은 유달리 친정에 관심과 애정이 많았다. 씨족사회에서도 소문난 친정에 대한 무한 사랑이다. 고모들은 할아버지의 딸이라는데 항상 큰 자부심으로 사는 분들이었다.

시집가기 전 처녀 때 그렇게 엄하고 무서웠던 할아버지인데, 세월이 흐르고 보니 그 가르침의 결실에 스스로 존경심을 갖게 되었다고 늘 말하였다. 할아버지는 일제강점기인 1931년에 개혁청년회를 창립하여 강령을 '민족의식 고취, 자립정신 함양, 문맹 퇴치, 봉건 타파' 등으로 정하고 계몽운동을 펼쳤다.

구체적 실행으로 독서회, 웅변대회, 연극 공연 등 지속적인 문화 활동으로 항일운동을 하다가 1934년 중추절에 반일 공연 중 친동생과 함께 8명이 일본 경찰에 체포되어 혹독한 옥고를 치렀다.

광복 후 1946년 후학 양성을 위해 민립 회진초등학교 설립을 주도하고 육성했으며, 씨족의 대표(도유사)를 맡아 선조들의 많은 선양사업을 이루어내고 봉사하며 일생을 지내셨다.

내가 회진 고향 집(덕효당)에 살 때는 전국에서 손님들이 끊임없이 찾아왔다. 그래서 항상 다과가 준비돼 있었다. 매일 먹었던 다양한 모양의 다식, 약과, 정과, 산자, 수정과, 식혜 그리고 담근 술 등등이 있었다.

할머니는 매일 같이 음식을 준비하느라 고생이 많으셨다. 할머니가 가장 즐겼던 황실이 요리, 참기름 바른 김구이, 조기구이, 낙지요리, 생조기탕, 복지리 등 지금도 복요리를 제외하고는 어릴 적 그 맛 기억이 생생하다.

막내 고모는 내가 6살 때 시집을 갔다. 그리고 나는 중학교 2학년 때 고향 나주를 떠나 광주로 전학을 왔다. 당연히 생활하는 곳은 고모 집이었다. 무엇이 되겠다고, 무엇이 되어야 한다고 구체적인 생각도 미처 하지 못했고 할아버지를 중심으로 어른들의 결정에 떠밀려 왔다.

8년여 만에 광주에서 다시 만나 고모 집에서 생활하게 된 것이다. 그러다 보니 나의 삶에서 어머니와 함께 지낸 기간보다 훨씬 오랜 세월을 막내 고모와 함께 지냈다. 고모의 영역 내에서 지도를 받고 배우면서 성장한 것이다.

그 당시 대도시인 광주는 여러 면에서 참 좋았다. 새로 접하는 도시 생활에는 놀 곳도 많고 볼 것도 많고 모든 것이 새롭게 다가왔다. 물론 초등학교 방학 때면 매년 고모 집이 있는 광주에 와서 놀다가 갔었다.

충장로와 사직공원과 광주공원 그리고 공원 광장의 동백식당에서 먹었던 국밥의 추억이 있다. 그러나 무엇보다 좋았던 것은 당시 할아버지와 어머니의 공부하라는 성화와 통제에서 벗어나 느끼는 그 자유를 중학생이 어떤 방법으로 어떻게 다 표현할 수 있었겠는가.

나는 고향 나주 회진에서 5살 때부터 광주로 전학 온 중학교 때까지 계속해서 개인 과외를 받았다. 어릴 때는 숫자와 한글 깨우치기로 시작하여 초등학교 때는 기초적인 한자와 영어 읽히기 등 현시대에도 성행하고 있는 문제의 선행학습이었다.

당시 마을에는 명문 학교를 졸업하고 건강상 이유로 고향으로 돌아와 휴양하던 인척 관계의 사람이 있었다. 그분에게 과외를 받으면서부터 시작된 것이다.

한참 동무들과 어울려 산으로 들로 계곡으로 강변으로 몰려다니며 신나게 뛰고 놀면서 보내야 할 시기였다. 산딸기와 정금과 삐비와 소나무껍질과 개복숭아와 밥칙 등을 직접 채취해보지도 못하고 동무들이 가져와서 주는 것만을 먹어봤다.

집에서 먹는 어떤 것보다 맛있고 특별했다. 그런 재미있는 일상을 그렇게 체험해보지도 못하고 소년 시절을 지냈다. 돌이켜보면 아쉬움이 크다. 통제받았던 고향에서의 생활 때문에 초등학교 시절의 추억이 많지 않다. 대부분 추억은 광주의 중학 시절부터 쌓여 있다.

중고등학교 때 호랑이 같은 할아버지와 할아버지를 추종하려는 어머니는 잊지도 않고 때맞춰 광주에 교대로 오셔서 꼬박꼬박 성적표 검사를 하였다. 고모는 성적이 좋지 않을 때 이유를 만들어 할아버지에게 보여주지 않고 위기를 모면할 수 있도록 해주었던 나의 영원한 우군이었다.

그렇게 시간이 흘러 1980년, 5·18항쟁 때 일이다. 5월 16일 늦은 오후에 나주로 내려가 당숙모를 모시고 심야 기차를 타고 서울에 갔다. 서울에는 당숙모네 딸을 비롯한 친척들이 사는데 급작스러운 사고가 생겨서다.

5월 20일, 광주는 긴박하고 위험한 상황이었다는데 서울에서는 자세히 알 수가 없었다. 언론을 통제하여 TV 화면에는 시민이 계엄군에게 거칠게 항의하는 장면만 보여주고 있었다.

믿지 않았다. 5월 16일 오후까지 도청 앞 분수대 광장에서 평화적인 집회가 이루어지는 현장을 나는 목격했고 또 참여했기 때문이다. 그래서 광주로 돌아가려고 했다.

조카가 서울에서 광주를 내려온다는 소식을 전해 듣고 유동 고속버스터미널까지 앞만 보고 걸어서 겁 없이 다녀왔던 41세의 고모. 평소에 정 다음으로 겁 많던 분이다.

고모는 무슨 배짱이었는지 모르겠다고 훗날 돌이켜 말하였다. 조카에 대한 걱정 때문에 스스로를 이겨낸 용기이다. 그때 목격했던 잔혹한 현장을 오래도록 되새기며 신군부를 규탄하고 민주시민이 되었던 고모.

1986년 4월, 내가 결혼하는 날까지도 미덥지 못해서 세심하게 챙기던 우리 호랑이 할아버지의 막내딸이다. 작년 연말에 집으로 찾아가겠다고 전화를 드렸다.

머지않아 코로나19가 퇴치되면 보자며 만남을 애써 피하셨다. 그러더니 한마디 남긴 말도 없이 갑작스럽게 떠나셨다. 당신의 운명을 예감하셨다면 분명히 하고 싶은 이야기가, 남기고 싶은 이야기가 많았을 텐데…….

갑작스럽게 당신의 부모 곁으로, 올케 곁으로 떠나면서 남아 있는 나에게 무슨 말이든 하셔야 하지 않았을까. 영정 사진 속 모습을 바라본다. 아무런 말도 없이 그저 정면을 응시하고 계신다.

딸들이 슬픔을 감당하지 못하고 아픈 눈물을 흘린다. 위로하지 못했다. 아니 하지 않았는지도 모른다. 이 슬픈 현실에 나는 객체가 아닌 또 다른 주체이기 때문이다. 이제 나에게는 석쇠 한판의 추억이 아쉽고 슬픈 기억으로 오래도록 가슴에 깊숙이 자리 잡고 있을 것 같다.

고향 맛

임갑섭 | 전 서울특별시 교육위원회 의장

초봄 아침 뉴스에서 남쪽 지방 해변에 쑥이 언 땅을 뚫고 기다렸다는 듯이 싹을 틔우고 있다고 했다. 그리고 시골 아낙네들이 누렇게 색 바랜 잡초를 헤집고 연한 쑥을 채취하고 있는 모습의 영상이 뜨면서 그 여린 쑥에 도다리를 넣어 도다리쑥국을 끓여 맛있게 먹는 모습이 군침을 돌게 했다.

그리고 해변 사람들은 봄철 몸보신으로 도다리쑥국만한 것이 없다고 했다. 쑥국 하니 고향의 맛을 느끼게 한다. 어린 날 봄이면 산골에 살았던 우리 동네에서는 도다리쑥국은 먹지 않았으나 어머니가 끓여 주셨던 고향의 쑥 된장국은 정말 진미였다는 생각이다.

어렸을 적 봄이면 저녁 식사와 더불어 차려지곤 했던 쑥국의 회상은 가슴을 따뜻하게 해 준다. 쑥국을 배불리 먹고 포만감 가득한 배 만지며 마당에 서성이면 뒷산에서 산 비둘기가 구구 울었던 기억으로 쑥국과 더불어 그 비둘기 노랫소리가 지금도 아련하게 살아 있다.

　벌써 서울시장에도 쑥이 나타났나 보다. 아마 재배했는지도 모를 일이다. 지난 주말에 집사람이 된장쑥국을 끓여 주었다. 집사람이 끓여 주는 쑥국에는 냉이며 달래까지 곁들여지고 멸치만이 아닌 마른 새우며 표고버섯, 다시마 등을 곰국 삶아 내듯 끓이고 끓인 진한 국물로 된장국을 만들었다고 맛있게 먹으란다.

　그러나 집사람에게는 미안한 일이지만, 집사람이 만들어 준 된장국은 쑥 향기도 별로이고 입에 착 달라붙지 않는 덤덤한 맛이다. 어린 날 된장쑥국 맛이 나지 않는다.

　새봄맞이 쑥국이 기대에 못 미치는 것으로 실망감만 가득해지면서 고향의 맛이 더욱 그리워진다. 군침을 돌게 하는 고향의 맛이 쑥국뿐이 겠는가.

　겨우내 찬바람이며 눈 속에서도 생명력을 잃지 않고 파릇파릇하게 자라 온 보리싹 된장국 역시 일품이었다. 더욱이 보리싹에 홍어 내장인 홍어 애를 넣은 홍어 애국은 둘이 먹다 한 사람 죽어나도 모를 우리 고향 사람들이 아주 즐겼던 일품요리이었다.

　그리고 봄이면 산과 들에 산재해 자라는 달래를 채취하여 간장에 송송 썰어 넣고, 참기름 한 숟가락으로 간을 맞춘 달래 양념장 역시 빼놓을 수 없는 고향 맛이다. 달래장의 비빔밥 역시 늘 그리워진다.

　봄이 익어 가고 동네를 둘러싸고 있는 야산에 오르게 되면 고사리가 지천으로 솟아오른다. 특히 묘지 주변 잔디밭에는 병아리 발톱 꼭 움켜

쥐어 펴듯 꼬불꼬불 연한 고사리를 잠시만 꺾어도 한 움큼이 되고도 남는다.

그 여리고 연한 고사리 꺾어 끓은 물에 살짝 데쳐 온갖 양념 갖춰 넣고 어머니 손맛까지 더해진 고사리나물 역시 어린 날 밥상을 기쁘게 했던 것이다.

고사리 하면 또 생각나는 고향 맛이 있다. 목포에서 그리 멀지 않는 우리 고장에서는 고사리 아래 앉히고 그 위로 생조기를 올려놓은 조린 조기조림을 자주 먹었던 기억이다.

고사리와 조기조림 요리는 일류 최고급 먹거리로 감칠맛이 이만저만이 아니었다. 조기 살보다도 조기 맛이 밴 고사리 맛이 더욱 좋았다는 생각이다. 거기에 하얀 쌀밥이라면 금상첨화가 된 일이나 보리밥 위에 고사리 걸쳐 먹는 것만도 넉넉하고 행복한 밥상이었다.

또, 어렸을 적에 먹었던 음식으로 4월이면 논에 지천으로 자랐던 자운영이란 클로버와 비슷하게 생긴 된장에 묻힌 자운영 나물을 먹었던 기억도 있다.

그렇게 맛있는 나물은 되지 못했던 것 같으나, 자운영이란 풀은 논바닥을 꽉 채워 동네 꼬맹이들의 놀이터가 되었다. 융단처럼 포근 감을 준 자운영밭에 뒹굴며 온갖 장난을 다 했다.

그리고 4월 말쯤이면 연붉은 꽃이 피게 되고, 벌들이 모여들면 고무신 벗어 그 벌들을 낚아채어 벌의 엉덩이에서 꿀을 빨았던 기억도 있다. 꿀 얻어먹기보다는 벌 잡아채는 데 몰두했을 것이다.

집안 텃밭에서 지난 가을 미처 거두지 못했던 배추가 눈 속에서도 질긴 생명력을 이어 오다가 봄볕에 어린잎을 다시 펴주면 나물 칼로 도려낸 봄동에 양념간장 뿌려 버무린 봄동 겉절이 역시 묵은 김치에 비견해 새로운 맛을 더해 주었다. 연록의 봄동은 쌈으로도 일품이다. 아마 비타민의 보고가 아니었을까 한다.

또, 봄이면 미나리 역시 좋은 식품이었다. 특히 마을 개울이나 돌 틈에서 자라는 돌미나리란 친구는 개울 졸졸 흐르는 차디찬 물속에서도 겨울을 잘도 이겨낸다.

눈이 쌓이고 눈이 녹아내린 영하의 물속에서도 파란 모습을 잃지 않는다. 참으로 지독한 놈이란 생각이 깊다. 찬 개울에서 미나리를 채취하여 잠깐 익혀 고추장에 식초를 부어 묻혀 놓은 시큼새큼한 미나리나물 역시 입맛을 돋게 한다.

특히 돌미나리는 고혈압 환자에게는 특효약이라고도 한다. 약이 되는 것이 미나리뿐이겠는가. 시골 산이고 들판이며 개울가에서 자라는 모든 나물은 우리 몸에 꼭 맞는 신토불이 만병통치약이 분명할 일이다.

입맛을 다시게 하고 고향을 그리게 되는 나물들이 봄철에만 있었겠는가. 여름이고 가을 사시사철 고향의 산천 어디에나 넉넉했었다. 인생을 돌이킬 수만 있다면 어린 날로 돌아가 고향 품에 묻혀 정다운 산과 들과 더불어 살고 싶다.

문화 단절을 막아야 한다

임종은 | 전 한국문학신문 편집국장, 시인

외규장각 조선 왕조 의궤가 1866년 병인양요 때 프랑스군이 강화도 사고(史庫)에서 약탈해 간 지 145년 만인 2011년 3월에 우여곡절 끝에 반환되었다.

규장각 도서는 세월이 흘러 우리의 기억에서 잊혀진 존재였으나, 1975년 당시 프랑스국립도서관 사서(司書)로 근무하던 박병선 박사가 프랑스국립도서관에서 발견하여 처음 세상에 알려지면서 반환 운동이 일어났다.

대통령까지 나서서 반환에 힘썼으나 18년이 돼서야 일부가 돌아오게 되었다. 한편 조선 왕조의 의궤는 2007년 유네스코 세계기록유산으로 지정되었다.

그런데 이렇듯 귀중한 문화재이며 우리 선조들이 심혈을 기울여 쓴

책일지라도 후손들이 읽고 해석할 수 없다면 무용지물일 것이다. 고문헌을 해독하기 위해서는 번역이 필요하고 번역을 위해서는 한문 전공 학자가 필요한데, 어려서부터 배워야 할 한자 교육의 싹을 모두 없애 버렸으니 장차 역사와 문화에 관련된 문헌 해독이 중단될 형편이 되어 버렸다.

국립중앙박물관이나 규장각 한국학연구원 또는 대학 박물관에 보관 중인 왕조실록을 비롯한 수많은 역사적 문헌을, 현재의 전문 번역가들이 밤잠을 안 자고 번역하더라도 50년 이상 소요될 것이라고 한다.

그런데 한문 전공자는 기하급수적으로 줄어들고, 대학교 한문학과도 점차 지원자가 없어 폐과(廢科) 위기에 처한 실정이다. 이렇듯 한문 전공자와 번역 전문가가 사라지고 나면 결국 고문헌은 후세들에게는 한갓 종이에 불과할 뿐이다.

그렇다면 아쉽긴 하지만 일본이나 중국의 학자들을 찾아가서 번역을 부탁하는 방법밖에 대책이 없을 것 같다. 즉, 우리의 문화는 가까운 장래에 단절될 심각한 위기에 처해 있다고 봐야 한다.

문제는 선조들이 수백 년 동안 사용해 온 문화의 전통을 한글전용이라는 미명하에 한자 사용을 배척하고 외면하고 있으니 한글과 한자의 병용(併用)을 적극적으로 반대하는 학자들의 편견과 아집이 안타까울 뿐이다.

언어나 문자는 엄연한 문화이며 역사이다. 우리의 문자사용에 대한 역사적 변천 과정을 보면 삼국시대 초부터 한자와 한문이 광범위하게 사용된 것으로 나타났다.

그 이후 약 2,000여 년 동안 역사와 생활 속에서 문화로 정착되어 내려왔으며 세종대왕께서 훈민정음을 반포하고 우리글이 사용되면서도 변함없이 사용되어왔다.

그러나 1970년 군사정부 시절, 한글 전용화 정책이 시행되면서부터 초등학교 교과서에서 한자가 사라지게 되었다. 우리 국민이면 누구나 우리글(한글)에 대한 애착이나 자부심은 동일하다고 본다.

세계적으로 한글의 우수성이 인정되고 있으며 문자가 없는 나라에 보급하는 되고 있을 정도로 자랑스러운 글임에는 이론의 여지가 없다. 그러나 한편으로는 초등학교에서의 한자 교육 실시의 필요성과 의미도 간과할 수 없는 중요한 문제이다.

그래서 생활에 필요한 1,500자 정도를 초등학교에서 고등학교까지 난이도에 따라 나누어 배우게 되면 국어의 뜻과 개념을 보완해 주는 역할을 충분히 한다는 점이다.

한글을 대신하여 한자로 사용하는 것이 아니고 한자로 생성된 우리글의 뜻을 알기 쉽게 병기(倂記)하여 보충해 주는 역할을 하는 것이다. 그런데도 반대론자들은 우리글의 영역을 침범하는 또 다른 언어(외국어)의 도입 개념으로 받아들이는데 문제의 심각성이 있다고 생각된다.

혹자는 가난할 때 고생하면서 수십 년을 같이 살아온 조강지처를 버리는 형국이라고 표현하기도 한다. 한글 전용을 주장하는 논리를 보면 우수한 우리글이 있는데, 어려운 한자를 추가하여 학생들의 학습 부담을 가중시키고 문맹률을 높일 필요가 있는가 하는 것이다.

또, 한자는 한·중·일 동양권에서 통용되는 글자인데도 한자 사용을 사대주의라고 한다. 그러면 영어 등 서양권 글자의 사용은 무엇인가? 거리에 나가면 온통 영어 간판으로 뒤범벅이 되어있다.

언뜻 보면 외국 거리에 온 듯하다. 참으로 한심할 지경이다. 이런 현상은 사대주의가 아닌가? 한자 교육은 우리 언어생활에 필요한 어휘력을 높여주며 논리적 사고력, 이성적 판단력, 인지능력 등을 도와 언어의 발달을 증진해준다는 사실이 많은 교육현장에서 밝혀지고 있다.

무엇보다도 우리말의 70% 이상이 한자어에 뿌리를 두고 있어서 문장의 이해도 증진과 단어의 개념 파악이 용이하다는 사실만으로도 한자 교육의 필요성을 그대로 증명해 주고 있다.

예컨대, 초등학교 국어책의 55%가, 또 의학, 철학, 법학 같은 책은 전문 용어의 90%가 한자어이다. 초등학교 교재에 나오는 단어 중 분수(分數), 분자(分子), 고체(固體), 기체(氣體), 빙점(氷點) 등 수없이 등장하는 한자어와 중학교 영어 과목에서 선치사(前置詞), 소동사(助動詞) 등을 공부할 때 한자를 익힌 학생과 그렇지 않은 학생과의 이해력은 현저한 차이를 보인다는 것은 부인할 수 없을 것이다.

그뿐만 아니라 한글은 같아도 한자에 따라 뜻이 전혀 다른 단어가 수두룩한 현실이다. 예를 들어 '사기'라는 단어는 士氣, 史記, 沙器, 詐欺, 事記, 邪氣, 四氣, 四機, 死期, 社基, 社旗 등 무려 20여 개가 넘는다.

또한, 일반적으로 통용되고 있는 수많은 전문 용어는 말할 것도 없고 자주 언론에 등장하는 말 중에서도 주상복합(住商複合), 구제역(口蹄疫) 등 한자를 통해야만 이해할 수 있는 경우가 허다하다.

한·중·일 삼국은 한자 문화권 속에서 오랫동안 역사와 문화를 교류하면서 소통해 왔다. 앞으로 더욱 가까워질 가능성이 많다는 것을 생각할 때 한자교육과 문자정책에 대한 미래지향적인 검토가 필요하다고 본다.

2013년 7월 한국, 중국, 일본 3국의 각계 저명인사로 구성된 '한·중·일 30인 회의'에서 공통 상용한자 800자를 선정해 발표했다. 3국 공통의 상용한자를 정함으로써 아시아의 공유 가치를 확산하고 국가 간 교류를 더욱 활성화하자는 취지로 본다.

한자는 동양의 공통언어다. 서양의 라틴어가 공용되듯이 동남아에서는 한자가 그 역할을 할 수 있을 것이다. 우리글은 소리글이며 한자는 뜻글자이기 때문에 대립 관계가 아닌 상호 보완이 되며 토착화된 한자를 통해 시너지 효과로 단어의 뜻과 개념을 이해하는 최적의 학습 효과를 낼 수 있다는 것이다.

초등학교 과정부터 고등학교까지 소정의 교과서 한자만 이해하고 한자어의 뜻과 개념을 익힌 다음에 대학부터 희망하는 경우 한문을 통해 고전을 공부하는 학습 효과도 고려해 볼 수 있다.

이를 위해서는 진정한 공교육의 실천을 위한 당국의 냉철한 판단이 있어야 한다. 이제는 한자 교육의 활성화를 위한 과감한 정책적 결단이 필요한 마지막 기회라고 본다.

공인중개사 눈에 보인 것

임종성 | 대전 대별공인중개사 사무소 대표

"임 사장!! 내가 매매 의뢰한 우리 전원주택과 땅 10억만 받으면 쉽게 팔릴 수 있을까?"

"아니, 처음에는 15억에 매물로 내놓으셨다가 작년에 13억이라도 좋으니 처분해 달라고 말씀하신 애지중지하시던 그 매물을요?"

"맞아요. 그렇게라도 처분해버려야지 그냥 미적미적하다가 내가 죽기라도 하면 큰일 나겠어."

구의원도 지내고 시정자문위원도 역임했던 80세가 넘으신 지역 유지 되시는 분이 우리 중개 사무실에 오셔서 나와 나눈 대화이다.

"왜, 급전이라도 필요하세요? 아니면 새 사업이라도 시작해 보시게요?"

"아니, 이 나이에 무슨. 절대로 그게 아니고 내가 살아있을 때 처분해야지. 아니고 이대로 있다가 내가 죽고 나면 아들 4형제가 싸움판 벌이 겠어요."

사연인즉, 작년에 다른 토지를 4억에 팔아서 양도세 납부하고 아들 4형제에게 똑같이 나누어 주었는데, 내면을 들여다보니 아들 4형제의 형편이 제각각이라.

큰아들 사업도 별무신통이라 돈 좀 더해줬으면 하는 눈치이고, 둘째는 조경사업 업자라서 지금 토지에 심어 있는 수목을 계속 유지 관리해야 하니 팔지 말자고 할 거고, 셋째, 넷째도 지금 당장이라도 현금이 있으면 좋을 처지라서 지금이라도 팔았으면 하는 눈치인데, 만약 이대로 내가 죽으면 아들 4형제의 분쟁이 날 것은 불을 보듯 뻔하다고.

아들 3형제의 왈.

"이 땅을 팔아서 우리 나눠 가지자. 그래야 나도 형편이 좀 좋아질 거 아니냐?"

둘째는 "아니, 부모한테 물려받은 상속 땅을 왜 팔아? 그냥 오래도록 가지고 있어야지." 하고 다툴 것이고, 막상 팔기로 합의를 본다고 해도 얼마를 받자고 하면 "아니지, 절대로 그 가격으로는 안 되지. 더 받아야지."

"뭐, 그 정도면 충분하지. 내 생각은 그 정도 아래라도 괜찮다고 생각해,"라고 각자 주장이 다를 것이고 더한 문제는 아들 4형제도 그렇지만 며느리 4명 때문에 더욱 간단하지가 않을 거라 이 말이지.

결국 이 매물은 3년 전에 10억 원에 치과병원 원장에게 팔았고, 매수인은 고맙다고 지금도 가끔 나에게 전화도 걸어오고 식사도 같이하자고.

이유인즉, 지금 그 땅과 집은 급매물로 처분해도 15억 원은 쉽게 받을 수 있게 되었으니. 아~, 3년 만에 5억. 나는 평생 꿈에서도 구경하지 못할 돈인데.

83세 된 내 사무실(도시 변두리) 옆에 사는 노인이 상속으로 물려받은 땅 2,000여 평을 당신 생전에 팔아달라고 수없이 부탁하며 시간이 좀 지났으나 팔리지 않고 있던 중 어느 날 사무실에 출근했더니 이분께서 간밤에 저녁 식사 잘하시고 잠자리에 드셨는데 아침에 안 일어나서 보니까 돌아가셨더라고.

이 집도 미망인과 아들 4형제 포함 상속권자가 5명인데, 현재 우리나라 상속법이 법정상속으로 상속권자의 의사와 관계없이 자녀보다 배우자가 50% 더 받는 구조이다.

예를 들면 이 집의 경우 배우자 3/11, 아들 4명 각 2/11, 합계 11/11, 이런 구조로 되어 있는데 이 집 미망인은 치매증세가 있어 정상적인 의사 표시를 못하고 있고, 부인 없이 혼자 사는 큰아들이 집에서 노모를 보살피고 있는데, 셋째아들만 한의원 원장으로 형편이 부유하고 나머지 3형제 중 큰아들은 부인도, 직업도 없이 모친 봉양문제로, 그 외 형제도 형편이 여유롭지 못해서 빨리 땅을 팔아서 양도세 납부하고 나눠 가졌으면 하는 생각이 간절한데, 여유가 있는 셋째아들이 이 지역은 앞으로 발전 가능성이 있으니 오히려 땅을 사놓아야 하는데 왜 파냐고 한사코 반대해서 형제간에 옥신각신 불화 중에 모친이 돌아가셨다.

여기에 더해서 3형제 부인들까지 합세해서 도합 7명이 각자 자기주장을 하며 큰소리치니 집안이 난장판! 이 꼴을 보고 있는 지역 사람들 모두가 혀를 차며 구경하고.

　이번 추석 명절에 큰아들이 부인도 없이 혼자라서 집에서 차례를 모시지 못하고 절에 가서 간단하게 제를 올렸는데, 아들 한 명만 빈손으로 왔더라고.

　# 몇 년 전 집사람이 근무하는 요양병원에서 82세 된 한 할머니 장례 후 이야기이다. 그 할머니께서는 젊어서 남편과 사별하고 혼자서 갖은 고생으로 아들 4형제와 딸 하나 해서 5남매를 키우고 살만하니까 61세에 뇌경색 후유증으로 병원에 입원해서 퇴원 한 번 못해보고 82세에 생을 마감하셨다.

　그동안 생활에 여유가 있는 큰아들이 혼자서 치료비를 전부 부담했다고 하며 장례를 치르고 남은 돈이 1억 원 정도였는데, 이 돈 전부를 동생들에게 골고루 나누어 주니까 동생들이 이구동성으로 그동안 어머니 병원비도 혼자 다 부담하고 또, 들어온 조의금도 거의 형님, 오빠 손님들께서 주신 건데 우리가 무슨 염치로 이 돈을 받느냐고 한사코 거절하였다.

　그러자 큰아들이 하는 말이 나는 그래도 동생들보다 여유롭기도 하니 동생들한테 어머님께서 살림에 보태라고 주셨거니 하고 부담 없이 받으라고 하자 4남매가 형님과 오빠 뜻이 그러하시다면 우리가 고맙게 받겠다고 하였다.

　그 대신 우리가 받은 돈 중에서 천만 원씩을 내놓을 테니 이 돈으로 우리 5남매 모임 기금으로 적립하면 어떻겠냐고 하니 큰아들 왈, 동생들이 그렇게 좋은 뜻을 가지고 있다면 내가 2천만 원을 더 보탤 테니 앞으로 이 돈 6천만 원을 유용하게 잘 활용해서 우리 5남매는 물론 후손들도 어머님의 숭고하고 고마운 뜻을 받들어 자손만대가 번영하는 초석을 놓자고 했으며, 요즘도 이 댁 형제들은 아주 우애 있고 즐겁게 살고 있다고 풍문에 들린다.

참으로 이 집 남매들 사람답게 살고 있네요. 사람은 모름지기 이렇게 살아야 하는 것 아닌가요? 위의 이야기들을 식구(나, 집사람, 딸 셋, 아들 하나, 사위, 외손자 도합 8명)들이 다 모인 자리에서 하니까 우리 애들이 이구동성으로 하는 말.

"아빠, 우리는 아빠 덕분에 재산 가지고 분쟁 일으킬 염려 없으니 걱정을 절대 하실 일 없잖아요." 하면서 온 식구가 박장대소하는데, 허~, 참. 내가 부동산은 고사하고 우리 식구 겨우 기거할 만한 낡은 아파트 하나도 애들이 모아서 사준 형편이니 이것 참 식구들이 나를 두고 설마 고마움을 표하는 것은 아닐 테고, 내 무능을 탓하는 건지는 잘 모르겠지만 현재 우리 애들 무척 우애 있게 잘 지내는 것을 보면 원망은 아닌 듯. 내가 착각하고 있는 것일까?

내가 하는 일이 부동산을 사고파는 일을 중개하는 일이니 그동안 숱하게 보고 겪은 장면은 부모 상속 재산을 지혜롭게 나누고 더욱 우애 있게 지내는 경우를 본 적도 있지만, 그런 경우는 어쩌다 드물고 형제, 남매, 자매들 간에 분쟁이 있는 경우가 대부분이었으며 여기에는 반드시 타성(마누라, 남편)의 영향이 크다는 것을 보았다.

시간강사 가능하세요

임영희 | 전 서울 두산초등학교 교장

"선생님, B 초 교감입니다. 우리 학교 3학년 선생님 한 분이 코로나19로 못 나와요. 시간강사 가능하세요?"

9월 12일 이른 아침, B 초등학교 교감 선생님의 간절한 부탁 전화다. B 초등학교는 7월 19일에서 25일까지 5일간 여름방학 직전에 시간강사로 갔던 학교다. 우리 집에서도 가깝다. 또 불러주니 가고 싶다. 그런데 갈 수가 없다.

"아이고! 이번에는 제가 코로나19에 걸렸어요. 미안합니다!"

강사가 코로나19에 걸렸다. 2022년 2월에 코로나19에 처음 걸렸을 때도 아들이 회사에서 감염되었다. 이번에도 감염경로가 같았다. 아들이 확진되기 전날 둘이서 같이 교회 모임에 다녀왔다. 밀폐된 차 안에서 아들과 함께 오고 간 시간에 감염된 것 같다.

다행히도 같이 모였던 분 중에는 걸린 사람이 없어서 감사했다. 9월 9일부터 12일까지 4일간 추석 연휴였다. 연휴 11일부터 목이 아파 보건소에 가서 PCR을 받았다. 나는 양성이 아니기를 바랐지만, 12일 아침에 확진이라는 문자를 받았다. 두 번째 감염이다.

예방접종을 3회 했지만 아무런 효과가 없었다. 4차 접종을 하라고 문자가 계속 오지만, 맞고 싶지 않다. 예방접종을 해도 걸리고 안 해도 걸린다는 인식 때문이다. 다행히 목만 아프고 체온이 거의 정상이고 몸살도 없어 감사했다.

B 초등학교에서 5일간의 잊을 수 없는 경험을 쓰지 않을 수 없다. 3학년 4반 담임교사 역시 코로나19로 병가를 냈다. 담임교사는 자상하고 배려심 많은 교사인 것 같았다. 그 교사는 5일간 모든 수업자료를 준비해 두었다. 때로는 전화로 수업 안내해 주기도 했다.

나는 담임교사의 아이디와 비밀번호로 늘어가는 '아이스크림' 인터넷 수업을 했다. 담임교사는 수업 후 날마다 전화로 감사하다는 인사를 했다. 그 인사를 받으면 하루 피로가 싹 가셨다. 7월 25일은 방학 날이라 어린이 급식이 없었다.

학교장은 2022년 1학기 동안 모든 교사에게 수고에 감사하다는 전언과 함께 도시락과 아이스커피 한 잔씩 동 학년별로 배달시켰다. 학교장의 대접에 감사하는 교사들의 담소와 대화를 들으며 행복감이 들었다.

행복은 전염성 강한 바이러스인 것 같다. 나는 시간강사지만 3학년 선생님들의 학교장 칭찬에 덩달아 즐거웠다. 학교장을 존경하는 아름다운 학교 분위기에 행복한 하루였다. 2022년 초부터 얼마나 많은 사람이 코로나로 힘들었는가!

각급 학교에는 교사들의 코로나19로 인한 병가로 시간강사가 필요했다. 그러나 시간강사를 구할 수 없자, 나이 제한을 풀었다. 그래서 나이 제한 없이 퇴직 교원들에게까지 서울특별시교육청의 인력풀에 등록하라는 연락을 받았다.

나는 바로 등록을 했다. 마침 우리 동네에 시간강사를 같이 해 보자는 분이 있었다. 퇴임할 무렵 '외국인을 위한 한국어'를 공부하여 자격증도 같이 받았다. 그 선생님은 초등학교 근무 시절 교육청에서 장학사가 오면 대표수업을 맡아놓고 했다.

수업이 즐거웠다는 그분은 천부적인 교육자였다. 이런 분이 있었기에 한국은 6·25 전쟁 폐허에서 단번에 경제 대국에 들어선 것이 아니겠는가? 우리는 뜻이 맞아 같이 인력풀에 등록했다. 2022년 3월 초에 초등학교에 근무하고 있는 셋째 딸이 전화했다.

"엄마 퇴직 교원들도 시간강사로 부르는 모양인데 엄마도 한번 해 보시는 것이 어떨까요? 이런 기회가 다시 없을 것 같아요. 화장도 하고 옷도 좀 젊게 입어야 할 거예요." 하고 일러준다. 딸의 이 말을 들으니 용기가 생겼다.

퇴직 후에는 화장에서 멀어졌다. 더구나 지금은 코로나로 마스크를 쓰기 때문에 화장의 필요성을 느끼지 않는다. 화장품 가게의 문을 닫는다는 소리를 심심찮게 듣는다. 마스크를 써버리니 얼굴에 정성을 쏟을 필요성이 없어진 것이 사실이다.

그래, 기회다 싶었다. 교단이 어떻게 변했는지 가 보고 싶은 마음이 일었다. 무엇보다 아이들과 지내던 행복했던 추억을 잊지 못한다. 나의 체력이 버텨주기만 한다면 못할 일은 아니다. 내 나이는 청춘은 아니다.

그러나 청춘이란 어떤 시기가 아니라 정신의 상태를 말한다는 '사무엘 울만'의 『청춘』이란 시가 용기를 주었다. 그의 시 두 번째 단락이 특히 마음에 든다. '청춘이란 두려움을 물리치는 용기, 안이함을 뿌리치는 모험심, 그 탁월한 정신력을 뜻하나니, 때로는 스무 살 청년보다 예순 살 노인이 더 청춘일 수 있네. 누구나 세월만으로 늙어가지 않고, 이상을 잃어버릴 때 늙어가나니' 내가 젊은 교사로 돌아가는 꿈과 희망을 갖고 시간강사에 도전해 보고 싶어졌다.

"내일부터 5일간 시간강사 가능하세요?"

서울특별시교육청 인력풀 등록을 하고 나서 며칠 후부터 이런 문자가 뜬다. 문자 확인 습관이 안 되어 전화 연락을 하면 벌써 다른 분이 먼저 오시기로 했다고 답이 온다. 그래서 A 초등학교에 같이 근무한 적이 있어 잘 아는 선생님께 문자를 남겼는데 바로 연락이 왔다.

잠시 후 교감 선생님께서 연락을 드릴 것이라 한다. 밤 10시 넘었는데 교감 선생님 음성이 급하다. 화요일부터 금요일까지 4일간 와 달라고 한다. 강사가 없어 너무나 힘들다고 실정을 토로했다.

인력풀 공문을 보낸 교육청 담당자분께 물으니 한시적으로 4월 말까지 퇴직 교원을 시간강사로 채용한다고 했으나, 7월 말로 연기했다. 지금은 2022년 말까지 갈 가능성이 커져 보인다. 코로나19는 우리 모두의 일상을 바꾸고 인간관계마저 끊어 버렸다.

코로나19는 언제 끝이 날 것인가! 9월 16일 자 동아사이언스 뉴스에는

WHO에서 '코로나 대유행의 끝이 보인다. 지난주 사망자 수 최저'라는 헤드라인 뉴스를 읽었다. 과연 믿을 만한 뉴스일까? 믿어지지 않는다.

공기 맑은 도심 속 산골학교 A 초등학교에서 2학년 아이들과 지낸 3월 29일부터 4월 1일까지 4일간의 시간강사 경험을 했다. 시간강사를 하기 전에는 약간의 심리적 불안감도 있었다. '새로운 수업 지도에 적응할 수 있을까?', '나이 든 나를 아이들이 할머니라고 놀리지 않을까?'

그것은 기우였다. 새로운 수업은 인터넷을 활용한 수업이어서 지도안을 보며 말로 하는 수업보다 쉬웠다. 담임교사의 ID와 비밀번호를 알고 컴퓨터만 있으면 집에서 예습도 가능했다. 두 번째 걱정거리도 문제가 되지 않았다.

어린이들은 어른들의 나이 듦을 쉽게 잘 분간하지 못한다고 어느 선생님이 귀띔해 준다. 천만다행이었다. 시간강사 시작한 지 4일 차, 하루 4시간의 수업을 마치고 집에 와서 저녁 먹고 식후 산책을 마쳤다. 잠자리에 드니 잠이 오지 않는다.

2학년 '슬찬반' 4교시 수업을 하며 아이들과 지낸 일들이 생각난다. 아이들의 재잘거리는 소리가 귀에 쟁쟁거린다. A 초등학교에서는 교직원 회의에서 반 이름을 '라온, 슬찬, 누리'라는 우리말로 미리 정해서 하기로 약속했다고 한다.

내가 맡은 반은 2학년 2반 '슬찬반'이다. '슬찬'이란 '슬기롭고 찬란하다'의 약자다. 모든 학년이 그렇게 이름을 짓는다고 한다. '라온'이란 '따뜻하다'라는 뜻이다. '누리'는 '세상'을 예스럽게 이르는 말이다.

아이 중에 소남우(가명)와 김오랑(가명)이 가장 많이 생각난다. 두 아이는 의사 표현이 자유롭고 강사를 도와주려고 애썼다. 반면에 여러 가지 이유로 반 친구들을 나에게 일러바친다. 소남우는 첫날 점심을 먹지 않겠다고 했다.

이유를 물으니 아침 식사를 많이 해서 배가 부르다고 했다. 그런데 다음날도 점심을 먹지 않겠다고 했다. 그래서 "네가 점심을 먹지 않으면 내 마음이 아프단다."라고 말했다. 그랬더니 점심을 먹고 가겠다고 한다.

그 아이에게 친구들을 일러바치는 일로 지도를 해서 밥맛을 잃었을까 걱정되었다. 교사의 타이르는 말에도 민감한 아이 같았다. 3월 30일 '창체' 시간에는 고자질을 고칠 수 있는 기회가 왔다. '창체' 시간은 옛날 '특별활동' 시간이다.

'창의적 체험 활동'을 줄여서 '창체'라고 부른다. 친구를 잃는 방법과 좋은 친구를 얻는 방법을 지도했다. 친구를 잃는 방법은 1. 절대로 웃지 말기 2. 모두 독차지하기 3. 심술꾸러기 되기 4. 빈칙하기 5. 고자질하기 등 유튜브 영상으로 제시되었다.

좋은 친구를 얻는 방법은 브레인스토밍을 통해 친구를 잃는 방법을 반대로 생각하면 된다. 1. 먼저 웃으며 인사하기 2. 친구의 말 경청해 주기 3. 간식 나눠주기 4. 뒷담화하지 말기 5. 고자질하지 않기 등을 공부했다.

어떤 아이들은 책에서 읽은 적이 있다고 말하기도 했다. 이 방법은 이기적이고 고집불통인 아이를 야단치지 않고 버릇을 고치기 위한 것이다. 드라마를 보고 브레인스토밍을 하고 친구를 얻는 방법 중 자신이 실천하고 싶은 방법 한 가지를 그림과 글로 써보는 작업을 해서 친구들 앞에서 발표한다.

소남우와 김오랑에게 발표를 시켰다. 이 수업으로 두 아이가 고자질을 그쳤는지 확인할 시간은 없었다. 시간강사의 한계다. A 초등학교에는 수석 교사가 근무하고 있었다. 박행주 수석 교사를 알게 된 것은 2003년 9월부터 3년간 같은 학교 근무 때문이었다.

A 초등학교에서 시간강사를 하던 중에 박행주 수석 교사가 담당하고 있었던 음악 교과 시간에 국악 수업을 하게 되었다. 박수석 교사의 출장으로 4월 20일과 4월 25일 이틀이었다. 5학년 2개 반, 6학년 3개 반이었다.

박수석 교사의 지도력을 알게 된 것은 그 수업시간이었다. 학생들의 놀라운 손타 실력은 선생님의 지도력 때문이라고 생각되었다. 마침 조희연 교육감의 본교 '맨발학교' 현장 방문이 나의 수업 일에 있었다.

'맨발학교'는 맨발로 운동장을 걷거나 흙 위를 걸으면 건강이 좋아진다고 하여 학생들과 교사들이 맨발로 체육 시간에 걷는다. 박행주 수석 교사는 학교에 오신 손님을 축하하기 위해 A 초등학교 강당에서 대고 연주를 했다.

박수석은 중앙대학교 국악과에 입학하여 석사과정과 박사과정을 마쳤다. 또한, 초등학생 풍물을 지도하여 2003년도부터 20여 년간 1년에 한두 차례 해외에 아동들을 인솔해서 세계적인 무대에 나가 우리 풍물의 흥겨움을 널리 알렸다.

국악에 대한 사랑과 노력은 참으로 헌신적이었다. 박행주 교사는 아이들을 지도하고 방과 후 강사료를 받지 않았다. 그 이유는 가난한 학생도 풍물을 배우도록 기회를 주기 위함이라고 했다. 6학년 3개 반을 차례로 같은 수업을 진행했다.

수업 1차시 수업 주제는 6학년 음악 교과서 24쪽 '북 치고 장구 치고'였다. 도입 시간에서 결혼식 할 때 신랑 신부가 직접 장구를 치면서 자축하는 장면을 보여주었다. 주례도 없이 차별화된 결혼식이다.

2차시 수업은 교과서 25쪽 '북 치고 장구 치고' 제재의 '손타' 수업이다. '손타'란 손으로 장단치기이다. '손타' 장단을 모둠별로 협의하여 만든 다음, 장단을 손으로 쳐보는 수업이었다. 도입은 먼저 4명씩 혹은 6명씩 몇 개의 모둠을 만들었다.

그 후 전공하는 학생들의 '손타' 영상을 보여주었다. 전개는 모둠별로 노트에 '손타' 장단을 만들었다. 다음 모둠별로 만든 장단을 손으로 책상을 치며 연습했다. 충분한 연습이 다 된 조부터 수업 끝나기 5분 전에 친구들 앞에서 발표하는 수업으로 진행했다.

나는 연습이 끝난 모둠부터 '손타' 장단치기 장면을 스마트폰 영상으로 촬영했다. 성리 난세에서 촬영한 영상을 감상했다. '손타'는 매우 원더풀하고 흥겨웠다. 학생들 스스로 만족하는 모둠이 있고 약간 미약한 부분을 스스로 지적하는 모둠도 있었지만, 내가 듣기에는 도입 시 보여준 전공 학생들의 수준이었다.

또한, 6학년 학생들이 만들어낸 손타 장단이 모둠별로 창의적이었다. 각반 학생들은 이 '손타' 장단치기를 흥겨워했고 듣는 나도 흥겨웠다. 몇 학생은 박수석 선생님이 언제 오시는지 물었다. 박수석 교사의 국악 시간을 기다리고 있었다.

나는 수업 결과물인 '손타' 수업 동영상을 출장을 마치고 학교에 돌아온 박수석 교사에게 전달했다. 그러면서 수업 결과 느낀 점도 함께 말했다. 학생 스스로 흥겨운 손타 가락을 학생들이 만드는 것은 강사가 한 시간 수업한다고 나오는 것이 아닐 것이다.

　박수석 교사와 학생들이 평소 수업 중에 이미 박수석 교사의 지도력이 이루어낸 창의성임을! 내가 본 박수석 교사는 국악 수업 전문성이 탁월한 수석 교사다. 2022년 후반기가 3개월여 남았다. 환영받지 못한 손님 코로나19가 언제 끝이 올지 모른다.

　그러나 그 때문에 나에게 추억의 교단에 서는 뜻밖의 기회가 왔다. 2학년 아이들과 앉은뱅이 피구를 하며 많은 땀을 흘렸다. 아이스크림 음악수업 중에 '독도는 우리 땅' 노래도 힘차게 불렀다. 6학년들과 '손타' 장단치기 국악 수업은 얼마나 흥겨웠는가! 코로나19가 나에게도 두 번씩이나 찾아와 힘들게 했지만, 손주 같은 아이들과 수업을 통한 특별한 만남을 선물해 주기도 했다.

제3부

길에게 길을 묻다

임문영	산티아고 순례길을 걷다
임동준	인간의 길, 사람의 길
임현기	방랑시인 김삿갓의 삶
임호성	임송국, 친일파 연구의 길
임동규	한 시대의 영웅, 정도전
임지룡	소전 손재형에게 길을 묻다
임덕규	카터 대통령은 왜 주한미군 철수를 취소했나
임은정	포스트 아베 시대, 한일관계에 현실적 접근 필요
임종니	우크라이나 사태와 한반도 정세
임진택	위악자 김지하를 위한 변명
임정기	세계에서 가장 훌륭한 한글
임채중	심상은 국민 스스로가 결정한다
임성수	홍익인간은 사랑정신이다
임 형	설악산을 종주하다
임창진	통일희망열차가 달린다
임동현	5분 자유 발언
임종대	고사성어의 진미

산티아고 순례길을 걷다

임문영 | 계명대 명예교수, 사회학 박사

정년퇴임이 가까워질 무렵, 일간신문에서 우연히 산티아고 순례길에 관한 기사를 읽었다. 순간 머리에 스치는 한 줄기 빛이 결국은 이 길을 걷도록 만들었다. 당장은 막연한 생각뿐이었다.

드디어 정년퇴임식이 있던 날, 나는 학생들과 동료 교수들 앞에서 정년 후에 하고 싶은 두 가지를 언급했다. 인도여행과 산티아고 순례길. 이에 대해서 젊은 총장 자신도 언젠가 산티아고 순례길을 걷고 싶다고 맞장구를 쳤다.

퇴임식에 참석한 아내는 산티아고가 어떤 곳인지도 모르고 남편이 하고 싶다고 하니 함께하면 되지 않겠는가 하는 생각을 했던 모양이다. 그렇게 해서 인도여행과 산티아고 순례길은 정년퇴임 후 내가 하고 싶은 버킷리스트 최우선순위에 오르게 되었다.

첫째, 인도여행은 예술의 전당 특강프로그램에 마침 <인도문화와 역사>라는 강좌가 개설되어 아내와 함께 12주 동안 강의를 듣고 인도 답사 여행으로 인도를 11박 12일간 여행했다.

뉴델리를 포함해 중부 인도 지방을 중심으로 불교와 힌두교 발상지 유적을 돌아보고 바라나시와 아그라 요새 등지를 답사 여행 형식으로 뜻깊은 여행을 하게 되어 매우 흡족했다.

둘째, 산티아고 순례길 걷기는 우선 책자를 사 정보를 입수하고 실제로 산티아고 순례길을 걸었던 분들이 주축이 되어 새로 산티아고 순례길을 걷고 싶은 분들을 위한 강좌를 부지런히 쫓아다녔다.

다행히 김효선 산티아고 전도사를 만나 산티아고 순례길을 걷는 데 유용한 지식을 얻을 수 있었고 함께 배낭을 메고 반포에서 잠실까지 실제로 함께 걸어가며 주의할 점 등을 일러주어 자신감을 갖게 되었고 실행에 옮길 수 있도록 모든 것을 도와주었다.

당시로써는 우리 부부가 제일 나이가 많은 도전자였기 때문이었다. 혼자 걷는 것이 아니라 아내와 함께 걷는 것이니 한편 안심되면서도 다른 한편 걱정도 함께했다.

하지만 용기와 자신감을 가질 수 있어 드디어 2008년 4월 산티아고 순례길 800㎞에 도전장을 내고 특히 프랑스 길을 걷기로 하고 파리로 떠났다.

유학 시절의 파리를 며칠이나마 다시 추억을 음미하고는 아내를 위한 가톨릭 성지인 루르드 성지로 간다. 아내는 가톨릭 신자였다. 함께 성지순례를 하고는 기차를 타고 산티아고 프랑스길 출발지점인 생장피에드포행 기차에서 한국인 부부를 만나 함께 가기로 한다.

그들은 한국외방선교회 소속 후원자들로 산티아고 순례길을 중간까지만 걷는단다. 피부과 의사인데 거주지가 우리 집 근처여서 동네 분을 만난 셈이었다. 반가웠다.

사무실에 들러 등록하고서 산티아고순례길 여권에 숙소마다 스탬프를 찍어 최종착지 사무실에 제출하면 산티아고 순례길 완주 증명서를 받게 된다.

이렇게 동네 분을 외지에서 만나 반가웠지만, 그들과 우리의 걷기계획이나 기간이 달라 그들은 먼저 떠났고 우린 피레네산맥 기슭에서 하룻밤을 지내며 다음날 여력을 모아 피레네산맥을 걸어서 넘었다.

마음은 상쾌했지만, 12킬로 무게의 배낭을 각자 짊어지고 넘어야 하니 몸이 힘들었다. 그렇게 피레네를 넘어 군대 숙소 같은 공동숙소에서 하룻밤을 남녀노소 할 것 없이 모두 다 함께 코를 골며 잠을 잔다.

자기 짐에 가만히 누워 생각해보니 세계 곳곳에서 지미디의 이유와 나름의 바램으로 이 길을 걷고자 하는데 나는 과연 이 길을 왜 걷고자 하는 것인지, 과연 아내와 함께 800㎞를 끝까지 걸을 수 있을지 등등 여러 생각이 겹쳐 질문하고 응답하며 잠을 내몰고 있다.

유럽학과 교수로서 산티아고 순례길을 정년 퇴임하기까지 전연 알지 못한 그것에 대해 놀라움으로, 이미 알았어야 한다는 어떤 후회스러움, 알아야 할 사실을 알지 못한 한스러움, 게다가 이 길이 꼭 신자들만이 걷는 길이 아님을 알고서 나 같은 비신자도 유럽의 역사현장을 답사하는 차원에서 걸을 수 있다는 사실에서도 걷는 것이 뜻깊다는 생각.

아내는 가톨릭 신자이니 당연히 미사 참여하면서 순례길을 걷는 신자로서 해야 할 도리와 의무라고 할 수 있겠다. 아무튼, 끝까지 그러나 정년퇴임자이니 시간 많고 나름 호기심도 많으니 이것저것 다 보면서 가자는 원칙을 세운다.

그렇게 얼마를 걸었을까? 계획이 어긋나 하루 걸을 수 있는 거리만큼 걷고 나면 숙소를 정해야 하는데 숙소가 만원이라 거처할 곳이 없다는 사실에 온 만큼 더 걸어야 할 처지이니 몸이 움직이지 않는다는 점에 어찌할 것인가?

방도가 없다. 우리 부부만이 그런 것이 아니라 함께 택시를 타고 다음 경유지까지 가자고 한 프랑스 부부도 같은 처지이고 보면 순례길은 죽어도 걸어야 하는 원칙도 있고 이런 경우엔 변칙도 있게 마련인 것이다.

기진맥진해서 다음 경유지의 숙소에 거처를 마련해놓고는 피곤이 몰아쳐 바로 잠을 청해야 했던 때의 추억이 새롭다. 어느 숙소에서 점심 후 낮잠을 자며 휴식을 취하고 있을 즈음, 컴퓨터에서 메일을 확인하다가 흑백사진 한 장이 올라온 것을 확인해보니 우리의 첫 손자 사진이라는 점에 경이로움과 황홀감을 어찌 누구에게 표출할 수도 없이 우리 부부만 좋아 날뛰며 물이라도 마시며 서로에게 감사한다고 연발했던 그 기쁨의 날, 드디어 아내의 발가락이 꼬이는 바람에 걷기가 힘들고 힘주어 걷다 보면 발가락 사이가 짓물러 아프고 피가 나는 바람에 지나가는 순례자 간호사가 자기 약을 발라주는 애인 정신과 이타심에 감사하고 또 감사한 날, 그로부터 계속 만나게 된 핀란드 부부와는 지금도 함께 연말연시 인사를 나누며 생일 인사를 빠트리지 않는 예의를 갖추며 지내고 있는 친구들, 언젠가 우린 헬싱키여행 때 유독 핀란드 부부를 만나며 함께 간 여행객들과 따로 반나절을 그들과 함께 지낸 순례길에서 쌓은 우정의 끈, 레온시에 도착했을 때 스페인 부부와 함께 점심을 스페인 스타일의 시골밥상을 주문해 먹으며 이들 스페인 부부는 순례길을 맛여행처럼 시간 날 때마다 걷는다는 사실에 참 멋있는 부부를 만났던 일, 덴마크에서 말썽꾸러기 아들과 함께 순례길을 걸으며 함께 대화하며 치유하는 그 노력을 보며 순례길이 치유의 길이라는 점에서도 중요할 역할을 한다는 것을 알게 되었다.

어느 숙소에서는 독일 여자 자매가 걷다가 다리를 다쳐서 하루밖에 묵을 수 없는 숙소(알베르게)를 며칠씩 묵을 수 있다는 점과 그녀들도 가정사 때문에 순례길을 걷고 있다는 점에서 또 놀랐던 점, 그곳에서 만난 프랑스 철학 교수는 왜 젊은이들은 산티아고 순례길을 그렇게 빨리만 걷고 있는지를 이해할 수 없다고 나한테 목청을 높였던 그도 생각이 난다.

이런지런 인생사들이 순례자 길에서도 똑같이 일어난다는 점에서 나는 호기심과 피곤으로 인해 덤덤함이 겹쳐 목적지가 가까우면 가까울수록 왜 걷고 있는지를 잊어버리고 그냥 걷는다는 사실 하나만 잊지 않고 끝까지 가야지 하는 그 목적 하나만이 머릿속에 남아있다.

걸으며 생각하는 처음의 계획은 여지없이 사라지고 그냥 걸을 땐 걷기만 하고 하루 치를 걷고 나서 숙소를 잡고 나서 빨래하고 내일을 위한 준비를 다 해놓고 카페에 앉아 일기를 쓰며 이런저런 생각을 하며 우리 부부의 친손자는 지금쯤 어느 정도 자랐을까 하는 생각도 간간이 떠오르고 걸으면 걸을수록 길의 위대함이라든지 밀밭의 초록색 연속, 그 위에 푸른 하늘이 길게 늘어져 이어지는 그림, 게다가 봄의 향기를 머금고

뽐내는 체리의 맛이란 역시 자연의 맛이 최고.

순례길을 걷는 우리가 가상했는지 아니면 뿌듯했는지 시골 소년이 체리나무에서 체리를 한 움큼 따다 주는 그 순박하고 친절함이여, 길에는 정이 넘쳐나고 그래서 더 걸을 만하구나.

그렇게 바라던 800㎞가 눈앞에 보인다. '천릿길도 한걸음부터'라고 하는 속담처럼 그렇게 까맣게 멀기만 했던 그 길이 바로 눈앞에 있을 때 그 느낌은 무어라 말할 수 없이 몸이 알아서 눈물부터 난다.

아무 말도 필요 없이 서로 모르는 사람들끼리도 껴안고 그냥 가만히 서 있다. 살아있으되 살아있지 않는 인간조각상들이 여기저기 서 있다. 그렇게 한참이 흘러간 뒤에서야 제정신 차리고 이제 끝이 났구나 싶다.

아니 내일도 걸어가야 하지 않나? 갈 곳이 없음이 더 문제가 아닌가? 삶을 걸어가는 것이다. 어디든 걸어가야 한다. 그냥 걷는 것이 아닌 삶의 연속으로.

왜 나는 고통스러운 산티아고 순례길을 걷고 싶어 했을까? 산티아고 순례길을 걸은 지 벌써 14년이란 세월이 흘러갔다. 지금도 여전히 나의 머릿속엔 생생하게 그 길이 기억되며 살아있다.

고생을 자처하며 걸었던 그 길을 다시 한번 더 걷고 싶었지만 결국은 걷지 못했다. 하지만 난 매일 마음속의 순례길을 걷고 또 걷고 있다. 하루하루의 삶이 산티아고의 순례길인 셈으로.

인간의 길, 사람의 길

임동준 | 사)국민기자협회 이사장

누군가 묻는다. 행복이 뭐냐고! 누군가 또 묻는다. 인생이 뭐냐고! 누군가 다시 묻는다. 어떻게 사는 것이 잘사는 것이냐고! 나는 질문으로 답한다. 순리와 5욕 7정을 정확히 아느냐고! 거기에 답이 있다고!

사람들은 말한다. 인생에서 가장 중요한 것은 건강이라고! 나는 다시 묻는다. 그럼 건강이 무슨 뜻인지 정확히 아시는가? 그리고 마지막 방점은 늘 같다. 몇 살까지 살고 싶은가? 어떻게 살고 싶은가? 그럼 무엇을 할 것인가? 그 세 가지 구체적 기록이 있고 공유하고 있는가.

행복은 인간의 기본인 5욕 7정에 없다. 행복(Happiness)의 본뜻은 발생(Happen)에서 기원한다. 즉, 5욕(식욕, 수면욕, 배설욕, 재물욕, 명예욕) 7정(희·노·애·락·오·욕·애) 12가지 중 3가지(노·애·오)를 줄이고 나머지 9가지를 원하는 만큼 원하는 순간에 균형적으로 발생시키는 것이 참행복이다.

사람은, 인간은 행복하려고 산다는 근본없는 정의(Definition)는 아무런 효용이 없다. 인생이 뭔가? 잘사는 것이 무엇인가? 그것 또한 세 가지 방점에 있다. '몇 살까지 살고 싶은가?'는 인생 로드맵이다. 설계다. 꿈과 목표다.

집을 짓는 데도 설계가 기본이듯이 인생의 설계 첫 단추는 바로 수명 설계다. 설계 없는 집은 반드시 무너진다. '어떻게 살고 싶은가?'는 꿈과 목표의 구체화다. 버킷리스트다. 그 리스트가 인생이다.

그럼 '무엇을 할 것인가?'는 도구다. 일이다. 돈, 호구지책, 생활수단이다. 이 세 가지 중 하나라도 미흡하다면 인간의 길, 사람의 길은 늘 한계에 봉착한다. 힘들다. 그럼 건강은 무엇인가? WHO 기준에 의하면 육체적, 정신적, 사회적으로 필요충분조건을 갖춘 상태(온전함)를 뜻한다.

그런고로 정말 건강한 사람은 세상에 거의 없다. 누구나 반 건강 상태에서 죽음을 맞이한다. 모든 것을 종합한 가장 위대한 인생은 온전한 건강함을 유지하는 일이다. 인간이란 관계성 단어이고 사람이란 개체적 단어이다.

하나의 개체로 태어나 관계로 살다가 개체로 죽는다. 그러하니 건강만큼 중요한 목표가 또 있을까 싶다. 사람의 고통과 피눈물을 동반하는 원인 가운데 건강만큼 큰 원인은 없다. 돈(Money)의 본뜻이 경고(Warning)라는 것을 빨리 깨우친다면 돈에 관한 철학이 완전히 바뀌듯이 건강에 관해서도 늘 깨우침이 우선이다. 그래야 건강도, 돈도 제대로 관리할 수가 있다.

사람이 동물과 다른 것은 생각 또는 사상이 있다는 것이고 거기에 영혼이라는 추가적 근원이 있다고 한다. 본능을 넘어서는 생각과 사상과 영혼이라는 구별성 때문에 사람, 인간은 늘 외로움과 고독을 동반하여 생활한다. 변증법적 진화도 거기로부터다.

자본주의 체제하에서 돈은 힘이고 권력이고 자유의 근간이라 한다. 돈이 모든 것이라는 단순 논리가 아주 위대한 자기 및 타인과의 관계성 기초를 이루기도 한다. 천박하다는 평가도 전혀 개의치 않을 수 있는 가장 편리한 생각의 발단이다.

인간은 정치와 분리될 수 없는 사회적 동물이기에 정치의 본뜻도 분명하다. 잘못된 시스템이나 제도를 때려서(싸우고 타협하고 설득하고 이해시켜서) 물 흐르듯이 국가의 주인인 국민을 기쁘게 하는 모든 행위다.

그러나 정치꾼, 정치인의 범주에 머무르며 이기심과 자신의 욕망에 기초한 억순리의 언행과 태도를 가진 사람들이 정치를 한다고 나서는 한 정치 본질에 부합하는 정치가의 출현은 요원하다. 그래서 감히 나는 감히(Dare)라는 단어를 늘 결부한다.

감히 너희들이 정치를 한다고? 눈을 감고 하늘을 보면 모든 것이 보인다는 진리를 깨우치기 전에는 어림없는 완장일 뿐이다. 눈을 감으면 또 다른 자신과 대화하고 자신의 그릇과 지혜의 터널을 지나게 되는 바, 감히 정치의 본뜻에 어긋나는 언행은 결코 게임의 법칙에 함몰되어서는 안 되는 것이다. 수많은 사람에게 영향을 미치는 탓이다.

인간의 길, 사람의 길! '길에게 길을 묻다'는 사람이 인간으로 살아가는 스탠스(Stance)와 태도(Attitude)와 방향(Direction)을 묻는다. 어리석음으로 인한 인류 역사의 비극들은 지금 이 순간에도 결코 쉬지 않는다.

그 어리석음을 유발하는 사람들을 비판하고 개선해가고 더불어 잘사는 세상을 만드는 것 또한 함께 사는 사람들의 공동책임이다. 어떤 조직이든 어떤 나라든 지구가 멸망하지 않는 한 결코 없어질 상황이 아니다.

순리나 진리는 바로 그것이다. 모든 것을 차단하고 혼자 살지 않는 한, 기계가 아닌 한, 사람의 길, 인간의 길은 반드시 그 속에 있다. 심지어 속세와 인연을 끊은 산사에 머문다 할지라도 목탁으로 그 단순한 깨우침을 위한 과정일 뿐이다.

마지막으로 성공(Success)이란 단어를 통하여 그 길을 조금이나마 명료하게 다림질해본다. 선조, 스승, 시스템, 선배, 부모의 훌륭함과 본받을 만한 점들을 잘 승계하는 것, 그것이 성공이다. 돈을 많이 벌거나(그냥 돈이 많은 상황), 어떤 권위를 얻거나 좋은 집, 좋은 음식, 좋은 차, 좋은 옷 등등의 상황은 그냥 성취(Achievement)라 한다.

그 어리석은 혼동을 착각하고 산다면 인간의 길, 사람의 길은 5욕 7정의 굴레를 결코 벗어날 수 없다. 인간의 길, 사람의 길은 본질을 깨우치는 곳에서 시작된다. 특히 정치영역에서 벌어지는 온갖 어리석은 작태들은 권력과 지위를 위한 인간욕망의 추악한 길들을 목도하기에 충분하고도 남는 환경인 바, 끝없는 변증법적 투쟁의 길은, 인간이자 사람인 모든 생각하는 동물들의 길은, 늘 혼돈과 화평의 외줄 타기를 벗어난 자연의 길, 순리의 길은, 공감과 사랑과 배려의 길, 공정과 상생의 길은 늘 우리 앞에 존치되길 바라는 단순한 바램일 수밖에 없다.

모두가 눈을 감고 하늘을 보는 것, 내 안의 또 다른 나와 잘 지내고 대화하는 것, 무엇을 해야 되고 하지 말아야 하는지 스스로 메타 인지를 할 수 있는 상황은 그래서 도도히 흐르며 정착되어야 할 이 시대의 큰 화두라 할 수 있다.

각자도생이란 결코 있어서는 안 되는 어리석은 길이다. 그럴듯한 인간의 길, 사람의 길은 어쩌면 우리 주변에 늘 함께하는 모든 종류의 '길'에 심오한 답이 있다. 잘 비우면 제대로 채워진다는 것을 알면서도 그 비움의 크기와 빈도와 깊이를 망각하는 한, 그 길은 또 가파른 언덕이 되어야 한다.

모든 인간은, 모든 사람은 누구나 가파른 언덕보다는 본능적으로 순탄한 길들을 더 자주 갈망하는 그런 존재임이 분명하다. 그래서 나는 오늘도 미소를 지으며 깨달음의 눈을 감는다.

방랑시인 김삿갓의 삶

임현기 | 사)동양서예협회 이사장, 서예가

방랑 시인 김삿갓 난고 김병연(蘭皐 金炳淵, 1807~1863), 해학과 풍자를 통해 민중과 함께한 시인 조선 철종 때 방랑시인 김삿갓의 삶을 유행가 가사에 담아 현재까지도 국민에게 가슴 한쪽에 애잔하게 다가와 사랑을 받는 노래이다.

천재 시인이며, 제도권에서 벗어난 일탈자이며 방랑자로 일생을 살았던 김삿갓, 당시 서민들은 그의 시에 울고 웃었다.

부부아립등허주 浮浮我笠等虛舟
일착평생사십추 一着平生四十秋
목수경장수야독 牧竪經裝隨野犢
어옹본색반백구 漁翁本色伴白鷗

취래탈괘간화수 醉來脫掛看花樹
흥도휴등완월루 興到携登翫月樓
속자의관개외식 俗子衣冠皆外飾
만천풍우독무수 滿天風雨獨無愁

정처 없이 떠도는 내 삿갓 마치 빈 배와 같이
한번 쓰고 다닌 지 사십 평생이어라
더벅머리 목동의 소몰이 갈 때의 차림새이고
갈매기 벗하는 늙은 어부의 모습 그대로일세
술에 취하면 의복 벗어 나무에 걸고 꽃구경하며
흥이 나면 손을 들어 누각에 올라 달구경 하네
사람들의 의관이야 겉모습 치장하기에 바쁘지만
내 삿갓은 비바람 몰아쳐도 근심 걱정 없다오!

칠언절구(七言絶句, 한 구절이 일곱 글자로 된 절구를 가리킨다.)의 이 시는 아마도 생의 말년에 지금껏 방랑자로 살아온 자기 모습을 관조하는 시다.

그가 남긴 시들은 대부분 세상인심을 조롱하는 풍자시들이지만, 삿갓의 노래는 드물게 자기 모습을 모델로 하는 시라 할 수 있다. 인생, 곧 나그네의 삶이란 거추장스러운 것은 짐이 된다.

가진 것 없으니 버릴 게 없고 버릴 게 없으니 오늘 밤 자고 내일 아침에 떠나도 아까운 것도 미련도 없었다. 하늘을 가리는 낡은 삿갓 하나만 있으면 근심 걱정 없다는 것이다.

그는 1807년 3월 13일 경기도 양주에서 태어났다. 본관은 안동, 본명은 병연(炳淵), 자는 성심(性深), 호는 난고(蘭皐)이며 일명 김립(金笠) 또는 김삿갓이라 불렀다.

그의 운명은 1811년(순조 11)에 일어났던 홍경래(洪景來)의 난으로 인해 송두리째 바뀌어 버렸다. 당시 그의 조부였던 김익순(金益淳)이 홍경래 난 때 투항한 죄로 멸족을 당하다시피 되었다.

일반적으로 김병연이 강원도 영월에서 치러진 백일장에서 장원급제하였으나, 당시 백일장의 시제가 홍경래 난 때 투항한 선천부사(宣川府使)였던 그의 조부 김익순을 꾸짖고 그와 반대로 결사 항전하여 죽은 가산군수(嘉山郡守) 정시(鄭蓍)의 충절을 찬양해 장원급제하여 집으로 돌아왔으나, 과거시험의 시제를 묻던 어머니로부터 김익순이 그의 조부라는 말을 듣고 그 충격으로 인해 조상을 욕하고 합격했던 자신을 죄인이라 하여 붓을 꺾고 평생 삿갓을 쓰고 천하를 두루 돌아다니면서 세상을 풍자하고 비판했다고 전해지는 사실이다.

이십수하삼십객 二十樹下三十客
사십촌중오십식 四十村中五十食
인간기유칠십사 人間豈有七十事
불여귀가삼십식 不如歸家三十食

스무나무 아래 서러운 나그네
망할 놈의 마을에서 쉰 밥을 주네

인간 세상에 어찌 이런 일이 다 있는가
집에 돌아가 설은 밥 먹는 것이 낫겠네

  집 떠나면 고생이고 서러움 많은 것인데 어느 고을에서 푸대접당한 것을 숫자를 가지고 절묘하게 시를 지어 경탄을 자아내고 있다. 전국을 다니면서 수많은 양반과 시를 주고받으며 시사를 풍자하였다.
  또 어느 날 해가 저물어가는 때 지친 심신을 달래고 하룻밤 묵어가기 위해서 당에 들러 훈장에게 하룻밤 먹고 재워줄 것을 청하자 남루한 모습의 김삿갓을 쳐다보면서 내가 운자(韻字)를 부를 테니 시를 지으면 하룻밤 재워준다고 하는 게 아닌가? 김삿갓이 그렇게 하자고 말하고 운자를 부르라고 하며 서당 훈장이 멱(覓) 자를 부르자,

허다운자하오멱 許多韻字何呼覓
피난유멱황차멱 彼難有覓況此覓
일야숙침현어멱 一夜宿寢懸於覓
산촌훈장단지멱 山村訓長但知覓

하고많은 군자 중에 하필 멱 자인가
저 멱 자도 어려웠는데 하물며 또 멱 자인가
오늘 밤 먹고 자는 데 멱 자에 달렸구나!
산촌 훈장은 단지 멱 자밖에 모르는구나

라고 시를 짓자, 서당의 훈장이 입을 다물지 못했다는 일화가 전해온다. 그도 그럴 것이 여태껏 글을 꽤 했다고 하는 사람들 그 누구도 이 먹자의 운으로 답을 하지 못했는데 김삿갓은 단숨에 이를 지어버렸다.

사면 기둥 붉게 타
석양 식객 시장타
네절 인심 고약타
지옥 가기 꼭 좋타

위의 시는 어느 절에 들러 굶주린 배를 달래기 위해 절간에 있는 주지 스님에게 밥을 좀 달라고 했다가 거절당해 한글로 지은 시이다. 또, 어떤 시골 총각이 재색을 겸비한 이웃집 양반가 처녀를 사모해서 그 처녀의 시녀를 매수하여 편지를 5일마다 보내었는데 10번째에 답장을 보내왔는데, 그 처녀가 사서(四書) 등을 읽은 재원이라 적(籍)이라는 글자 한 자만 편지의 중간에 쓰여 있어서 아무리 봐도 해석이 되지 않자 김삿갓을 찾아서 자문을 구하자 이리저리 살펴보더니 대나무 숲에서 21일 저녁에 보자고 해석해 주었다. 이에 따라 두 사람은 혼인하였다고 한다.

어느 고을에 진갑(進甲)을 맞이하는 양반이 사또를 초청했는데 래불(來不), 왕래(往來), 불왕(不往) 편지를 보내와서 해득되지 않자 김삿갓에게 해석을 부탁하였다.

이리저리 궁리하던 김삿갓이 '오지 말라고 해도 가겠는데 하물며 오라고 하는데 왜 가지 않겠느냐.'라고 풀어주어 진갑을 맞는 양반을 기쁘게 하였다.

어느 노인이 아들을 낳을 요량으로 처녀에게 장가들어 나이 80세에 아들을 낳고 그만 죽었다. 팔십득남 비오자(八十生男 非吾子)라는 글을 남겨 놓고서 유족 측에 '득남했으니 내 아들이 아니다. 아기 엄마에 득남했던들 어찌 내 아들이 아니리오.' 반어법 형제처럼 재산을 놓고 유족 측과 아들을 낳은 처녀 측과 분쟁이 붙었다. 이때 김삿갓은 딱한 처녀 편을 들어 해석해 주었다.

세상이 말 때문에 어수선하다. 남을 배려할 줄 모르고 시정배보다 못한 언어폭력을 넘어 인권을 유린하고 있다. 우리 조상들은 아무리 어렵고 고통스러워도 그 속에서 웃음을 잃지 않는 해학적이고 풍자를 통해 주변을 감동을 주었다.

김삿갓을 통해 바쁘고 지친 일상사를 한 번쯤 우리 삶을 되돌아보는 시간을 가져 몸도 좋을듯하다.

임종국, 친일파 연구의 길

임호성 | 서울 민족사랑교회 담임목사

인간이 되려고 하는 침팬지의 이야기다. 그는 인간으로 변신하려고 하는 중이다. 그래서 인간에 대해 알고 싶어 한다. 인간은 어떤 존재인가, 인간은 어떤 속성을 하고 있는가. 인간을 알고 싶어 하는 침팬지는 무엇보다 먼저 인간의 언어를 습득하려 한다.

언어를 쓰는 게 인간의 가장 중요한 특징이라고 보았기 때문이다. 말을 하고 글을 쓰면서 무언가를 전달하고 기록하고 서로에게 연락을 취하는 것이 인간 세상의 특징이라고 보았다.

인간은 언어를 벗어날 수 없다. 말과 글 없이 인간적인 삶을 영위할 수 없다. 인간의 삶이란 타인과 끊임없는 만남과 소통의 연속이다. 살면서 수많은 사람과 만나고 부딪히고 어울리고 또 갈등을 일으키면서도 함께 살아갈 수밖에 없다.

그리고 그러한 삶은 거의 말과 글의 주고받음 속에서 이루어진다. 말을 하고 듣고 글을 쓰고 읽는 행위의 연속이 인간의 세상살이다. 그만큼 말과 글은 인간의 가장 중요한 요소이며 인간다운 삶을 위한 조건이다. 그것이 우리를 인간답게 만들어주고 있기 때문이다.

한 사람의 삶이 역사를 악으로, 선으로 만든다. 역사적 인물이 전체를 선한 세상으로, 악한 세상으로 만들어나가고 각 사람은 역사의 전환점에 있다. 내가 있는 자리에서 선한 삶을 살면 세상은 선으로 나가고, 악한 삶을 살면 세상은 악으로 되어 멸망의 길로 나간다.

절체절명의 고난을 이겨 낸 요셉 같은 기적의 인생 드라마의 주인공 임종국은 일제강점기, 나라를 잃은 시대, 친일행적에 대하여 친일 문학론(1966)을 집필한 대 사학가임에도 그를 기억하는 사람들은 그리 많지 않다. 임종국(林鐘國, 1929~1989, 본관 나주) 그는 누구인가?

잘 알려진 바와 같이 임종국 선생은 친일문제 연구에 선구자적 위치를 차지하는 인물이다. 그는 평생을 통해 일제에 부역했던 사람들의 행적을 조사했으며 관련 자료를 집대성하다시피 골몰하여 후대 연구의 기반을 조성했다.

친일파로 알고 또 지칭하는 수많은 인물의 기록이 그가 작성한 1만 2천 장에 달하는 친일 인명 카드 속에 담겼고 후일 이는 친일인명사전의 뿌리가 됐다.

우리의 후손들에게 부끄럼 없는 떳떳한 역사를 바로잡은 역사를, 문학은 이런 것이어야 한다는 것을 보여주었다. 친일파라는 말 자체를 금기시하던 1960년대의 풍토는 선생의 연구를 외면했고 선생은 가난했다.

하지만 굴하지는 않았다.

그의 붓끝은 사회적으로 명망이 있건 없건 관료이건 문필, 예술가이건 가리지 않았다. 심지어 육친(아버지 임문호)과 스승(유진오)의 친일행적까지 가리지 않고 고발했다. 선생으로서는 뼈를 깎아내는 아픔이었겠지만 그것이 친일문제를 지적하는 사람의 공정이고 입장이었다.

야인이요, 백면서생으로 고독한 육십 년을 살았지만, 내게 후회는 없다. 중뿔난 짓이라도 누군가 해야 했을 일이었다면 내 산 자리가 허망했던 것만은 아니라는 생각이 든다. 임종국 어록에 그 말대로 누군가 해야 했을 일이었기에 우리 후대 사람은 선생에게 모종의 빚을 지고 있다. 그리고 그것은 절대 작지 않다.

왜 이런 부정의(不正義)가 독판치는 세상이 되었을까? 사르트르(Jean Paul Sartre, 1905~1980)가 그 답의 실마리를 준다. 사르트르는 독일로부터 해방된 프랑스에서 「협력자는 무엇인가」란 글을 썼다.

그는 나치 점령 아래서 친독 협력을 했던 지식인 정치인 종교인들을 분석하면서 치밀하게 그들을 관찰했더라면 훨씬 먼저 그들의 정체를 알 수 있었을 것이라고 말한다.

친독(親獨) 협력자의 정신사적 맥락이 멀리 프랑스대혁명까지 소급하여 혁명 반대의 국왕 옹호 보수주의자를 거론하고 있다. 민주주의에 대하여 체질적인 반감을 품으며 온갖 개혁과 개방과 진보를 외면하는 정치인 지식인 종교인들이 결국은 정신사적으로 파시즘 - 외세 의존적 특권향유 이데올로기를 신봉할 수밖에 없다는 논리이다.

그렇다. '천황 폐하 만세'를 부른 미당 서정주(1915~2000) 시인의 친일

행위를 상황 논리로 눈 감아 줄 수도 있다. 그러나 전두환에게 송시를 읊고 전두환의 웃음을 '오천 년 아래의 최고의 미소'란 낯간지러운 찬사는 아무나 할 수 있는 게 아니다. 뼛속까지 권력에 기생해 자기 이익을 챙기려는 정신이 아니면 도저히 불가능한 일이다.

한미한 평범한 생활인들에게는 목구멍이 포도청이다. 보통의 문화생활 영위는 그 어떤 가치보다 우선한다. 그래서 '현실'이라는 구차한 변명으로 자신의 비겁함과 악에 대한 침묵을 정당화한다.

미당의 처세술에는 부끄럽고 참담해 할 뿐이다. 그러나 정녕 여기에는 이유가 있다. 사회적 증거(social proof)의 원리이다. 사회적 증거 원리란 많은 사람이 하는 행동이나 믿음은 진실일 것으로 생각해 그것이 옳건 그르건 따라서 하는 경향을 말한다.

우리의 삶은 불확실성에 지배당한다. 불안정한 현재와 불투명한 미래에 적응하기 위해 본능적으로 사회적 증거를 찾는다. 옳든 그르든, 성의든 부정의든 잘 먹고 잘사는 사람을 행동의 모델로 삼을 수밖에 없지 않겠는가.

친일하고 독재에 부역한 이들이 어떤 단죄도 받지 않고 호의호식한다면 권력에 기생하여 안락한 삶을 도모하는 평범한 사람들을 누가 탓할 수 있으랴.

친일 청산이나 적폐 일소는 과거사를 바로잡자는 의미에 한정되지 않는다. 사회적 증거를 만드는 일이다. 일제 침략을 전후하여 권력의 측근에서 온갖 부정한 특권을 누렸던 세력들은 거의 친일파로 전락했다.

아직 친일이 청산되지 않았다. 이것이 현재까지 사회적 증거가 되고 있다. 친일 청산은 과거의 문제가 아니라 현재 진행형이다. 단순히 반민족적인 일제 협력 행위를 처벌함을 목적으로 하지 않는다.

친일파를 청산해야 할 가장 중요한 이유는 바로 친일행위 그 자체가 아니라 사상사적인 이데올로기의 위력 때문이다. 쉽게 말해 대다수 민족과 이웃을 배반하고 세력에 기생해 개인 이익을 추구한 사람들을 사회가 어떻게 처우하느냐는 바로 후대의 '사회적 증거'가 되기 때문이다.

친일파가 아니고 종천순일파(從天順日派)라고? 일제에 기생해 개인의 영달을 꾀한 자의 혀 놀림이 가증스럽다. 하늘의 뜻에 따라 일제에 순종했다고? 그렇다면 김구나 김원봉이나 김좌진은 역천(逆天)했다는 말인가?

우리는 먼저 떠난 고인들을 기리고 추모한다. 떠난 이를 향한 그리움을 표현함과 동시에 그의 생애를 뒤돌아보는 것이다. 가끔은 고인이 떠난 시점을 기점으로 시간 사적 의미를 부여하기도 한다. 이런 경우 그만큼 고인이 관철한 삶이 강렬했거나 사상과 행적을 기념할 필요가 높았다고 판단해볼 수 있다.

한 시대의 영웅, 정도전

임동규 | 한국산업개발주식회사 대표이사, 시인

                삼봉 정도전 선생은 고려 충혜왕 복위 3년(1342)에 태어나시어 조선조 태조 7년(1398) 57세를 일기로 생을 마감하셨다. 태조 이성계를 도와 조선을 건국한 혁명가이었으며 민본정치의 구현과 옛 고구려 실지인 요동 정벌과 대마도 정벌 등을 꿈꾼 대 정치가요, 선각자이었다.

    당시 헌법에 해당하는 조선경국전(朝鮮經國典)을 비롯하여 철학서 심, 기, 리(心, 氣, 理), 역사서 고려사(高麗史). 병제서 역대부병시위지제(歷代府兵侍衛之制) 악장 문덕곡(文德曲). 정동방곡(靖東方曲) 등 다수, 지리서 음양산정도감(陰陽刪定都監) 지방관의 지침서 감사요약(監司要約), 통치이념서 경제문감(經濟文鑑) 등 여러 방면에 통달하여 수많은 저서를 남겼다.

    한양 천도를 주창하고 경복궁, 근정전, 교태전, 사정전 등 도성의 건축을 주도하며 궁궐의 이름을 직접 지은 건축가이며 고려 왕조의 숭불 정책을 비판하고 유교 입국의 정당성을 이론화한 대 유학자이며 수많은 명시를 남긴 시인이며 대 문장가이다.

고려 우왕 9년(1383) 동북면도지휘사로 함경도 함주에 있던 이성계의 막료로 들어가 이성계의 인물됨을 알아보고 그의 군영 앞 소나무에 다음과 같은 시를 써서 걸었다고 전해온다. 두 사람은 그때 무슨 뜻이 서로 통하였을까? 아마도 새 세상을 일으킬 역성혁명의 꿈을 함께 꾸진 않았을는지.

창망세월일주송(茫歲月一株松)
생진청산기만중(生長靑山幾萬重)
호재타년상견부(好在他年相見否)
인간부이사진종(人間府伊使陳從)

아득한 세월에 한 그루 소나무
몇만 겹 푸른 산속에서 자랐구나.
이다음에 서로 만날 수 있을까
인간이 사는 곳이라면 어디든지 따르리

이후 고려왕국은 정변에 휩싸이고 고려를 지키려는 충신들과 새 왕조를 세우려는 혁명 세력 간에 피바람이 몰아친다. 이때 이방원과 정몽주가 주고받은 그 유명한 시조 '하여가'와 '단심가'가 지어진다.

이런들 어떠하리 저런들 어떠하리
만수산 드렁칡이 얽혀진들 어떠하리
우리도 이같이 얽혀 백 년까지 누리리라

고려 충신 포은 정몽주를 회유하려는 태조 이성계의 아들 방원의 '하여가'에 답하여 포은은 다음과 같이 만고충절의 시조 '단심가'를 지어 절개를 지켰다.

이 몸이 죽고 죽어 일백 번 고쳐 죽어
백골이 진토되어 넋이라도 있건 없건
임 향한 일편단심이야 가실 줄이 있으랴

결국 포은은 선죽교에서 이방원의 일파에 의해 희생된다. 포은 정몽주, 삼봉 정도전은 원래 고려 말 대학자이며 문신인 목은 이색의 문하생으로 동문수학한 사이였다. 삼봉 정도전은 고려 왕조를 지키려는 스승 목은, 동문 포은과 정치 노선을 달리하여 이성계를 도와 조선 건국의 공신이 되었다. 이후 삼봉은 고려의 옛 도읍 송도에 대해 이렇게 심경을 읊었다.

선인교 내린 물이 자하동에 흘러들어
반천 년 왕업이 물소리뿐이로다
아이야 고국 흥망을 물어 무엇 하리오

그는 자신들이 무너뜨린 고려조 공민왕과 사연이 깊은 영남의 유명한 누각 경상도 안동의 영호루를 일러 다음과 같은 시를 써서 남겼다.

비룡재천농명주(飛龍在天弄明珠)
요산영가호상루(遙落永嘉湖上樓)
야상부수근병촉(夜賞不須勤秉燭)
신광만장사정주(神光萬丈射汀洲)

나는 용이 하늘에서 밝은 구슬을 희롱하다가
안동 영호루 멀리 떨어뜨렸네
밤에 구경할 때는 애써 촛불을 켜지 마오
만 길의 신광이 물가에 비추이는걸

이렇듯 사라진 옛 고려 왕조의 무상함을 시로 지어 회상한 삼봉은 새 왕조 조선의 신진 세력 간에 벌어진 권력 투쟁으로 세자사의 위치에 있던 방원과 대립하게 되고 결국 송현(지금의 한국일보 자리) '남은'의 집에서 불의의 기습을 받고 두 아들과 함께 희생된다.

결국 포은 정몽주는 고려 왕조를 지키려다, 삼봉 정도전은 조선 왕조를 세우고 새 세상을 열어 경세의 꿈을 펼치려다 같은 사람 방원에 의해 각기 유명을 달리하였으니 이 또한 장구한 역사 속 세상사 인간사에 한낱 아이러니가 아니고 또 무엇이랴.

삼봉의 장남 진은 왕자의 난으로 아들 방원과 갈등 관계에 있던 태조 이성계를 따라 함흥에 가 있어서 화를 면하니 사람의 생사가 하늘의 뜻에 있음이 어찌 아니런가. 그는 훗날 세종대왕 조에 출사하여 형조판서를 제수받고 삼봉 선생의 대를 잇는다.

후세의 권력은 서로 반대편에 섰던 이색과 정몽주, 정도전과 남은, 이들 모두를 함께 만고의 충신으로 세워 왕권을 유지하기 위한 명분으로 삼았으니 성공한 쿠데타는 처벌하지 않는다는 말이 회자되는 현대 정치사에 비추어 볼 때 시사하는 바가 자못 흥미롭다.

평택시 진위면 은산리에 선생의 부조묘인 문헌사와 기념관이 있어 조선건국과 민본정치를 실현코자 위대한 삶을 살았던 한 시대의 영웅의 발자취를 돌아볼 수 있었다. 언제부터인가 선인들의 사당과 묘소 등을 찾아 참배하는 여행 취미가 있어 옛 어른들의 생애를 회고하면서 오늘을 돌아보며 옷깃을 여미게 된다.

오늘날 이 나라 정치 현실을 바라보노라면 당리당락이나 사리사욕을 떠나 진정으로 국가와 민족을 위하여 참으로 고뇌하는 진실된 인물들이 실로 아쉽다. 영웅다운 영웅, 진정한 영웅이 새삼 그리워지는 시대이다.

경기도 평택시 진위면 은산리 경부고속도로가 바라보이는 곳에 있는 정도전 선생의 부조묘. 문헌사를 참배하고 기념관이 있어 둘러보니 조선건국을 도와 민본정치를 실현코자 했던 한 시대 영웅의 발자취를 느껴 볼 수 있었다.　　　　　－ 문헌사(文憲祠)에서

소전 손재형에게 길을 묻다

임지룡 | 경북대 명예교수, 문학박사

　　연구하고 가르치던 40여 년의 교단을 떠나면서 그동안 못했던 것 가운데 꼭 해보고 싶은 것들을 적어 보았다. 그중 하나가 '소전 손재형을 찾아서'이다.

　　2006년 가을 국립중앙박물관에서 '추사 김정희: 학예 일치의 경지' 기획전에서 국보 제180호 '세한도(歲寒圖)'를 보았다. 세한도 두루마리는 네 부분이 이어져 있는데, 김준학이 쓴 완당세한도와 글, 김정희의 세한도, 청나라 문인들의 글, 한국 근대인들의 글로 전체가 33.5×1,469.5cm의 대작이다.

　　마른 붓에 적신 진한 먹물로 초라한 집 한 채 사이에 소나무와 잣나무 네 그루를 그린 뒤, 제자 이상적의 한결같은 마음을 한겨울 추운 날씨가 된 다음에야 송백이 더디 시듦을 알 수 있다고 표현하였다. 세한도의 원작과 이에 덧붙인 감상문에 눈을 뗄 수 없었다.

수많은 사연과 정성이 담긴 세한도를 보면서 가장 가슴이 뭉클했던 것은 오세창의 글이었다.

포탄이 비와 안개처럼 자욱이 떨어지는 가운데 어려움과 위험을 두루 겪으면서 겨우 뱃머리를 돌려 돌아왔도다. 슬프다. 만일 생명보다 더 국보를 아끼는 선비가 아니었다면 어떻게 이런 일을 할 수 있었겠는가.

전운이 고조되던 1944년 말 현해탄을 건너가 소장자 후지츠카 치가시의 마음을 움직임으로써 이 나라 보배를 찾아온 소전 손재형을 기린 글이다. 이후 소전의 글씨와 문인화, 삶의 자취를 틈틈이 보고 듣고 헤아리다가 정년퇴임을 한 뒤 본격적으로 그를 찾아 나서기로 한 것이다.

소전(素荃) 손재형(孫在馨, 1903~1981)

작품과 삶의 지형도는 도록, 온라인 영상자료, 연구 자료, 작품의 소장처 탐방 등을 통해 가늠해 볼 수 있다.

첫째, 소전 작품의 도록은 8종류가 있다.

①『소전 손재형서화집』(동아일보사, 1977) ②『소전 손재형 상·하』(서림출판사, 1981) ③『소전서화정수전』(우림화랑, 2006) ④『소전 손재형』(진도군 향토문화회관, 소전미술관, 2004) ⑤『충무공벽파진첩비』(진도군 문화관광과, 2008) ⑥『소전 손재형』(성북구립미술관, 2013) ⑦『미술관에 서: 소전 손재형,

pp.118-135』(국립현대미술관, 2020) ⑧『한국 서예의 거장: 소전 손재형』(전남도립미술관, 2021)

도록에 포함된 해제는 다음과 같다.

위 ①의 소전 손재형의 서예술(김기승) ②의 소전 손재형 「서예」 연구 서설(석도륜) ③의 20세기 한국 서예계의 대부 소전 손재형(손병철) ④의 서예단의 금자탑: 소전 손재형의 서첩에 붙여(이은상), 추사 이후의 일인자 소전: 손재형의 서예술세계(손병철) ⑤의 충무공 벽파진 전첩비 건비실기(곽충로) ⑥의 소전 손재형 추모전에(서세옥), 20세기 문예부흥의 선도자, 손재형: 소전의 생애와 서예술 세계(손병철) ⑦의 근대 서예의 미학을 제시하다(이완우) ⑧의 "한국 서예의 거장: 소전 손재형(이태우), 소전 손재형: 한국 근대 서예의 미학을 제시하다(이완우)

둘째, 소전에 관한 영상자료는 7종류가 있다.

① Yong Son '소전 손재형'(2014.8.3.), '소전 손재형2'(2021.9.12.) ② 연합아카이브 '세한도 지킨 서예가, 손재형님'(2018.11.20.) ③ 'PHRONESIS MUSEUM: 추사 김정희 우선 이상적 소전 손재형이 들려주는 세한도 이야기'(2020.8.5.) ④ 국립중앙박물관 '20세기 세한도의 전래'(2021.2.23.) ⑤ 역사극채널 '소전 손재형'(2021.4.13.) ⑥ 김달진이 가다 '손재형 한국서예의 거장'(전남도립미술관 2021.9.6.) ⑦ 전남콘랩 '한국 서예의 거장! 전남도립미술관 특별전 소전, 손재형'(2021.9.18.)

셋째, 소전에 관한 논문은 7종류가 있다.

①「소전 손재형 연구」(김원익, 전남대 교육대학원 석사논문, 1993) ②「소전 손재형 연구」(김성환, 원광대 대학원 석사논문, 1995) ③「소전 손재형의 서예세

계」(송하경,『서예비평』3, 2008) ④「소전 손재형의 서예미학 고찰」(김도영,『호남문화연구』64, 2018) ⑤「소전 손재형의 생애와 한글 서체미 분석」(김도영,『문화기술의 융합』4(4), 2018) ⑥「소전 손재형 서화일치적 미학사상 연구」(나계순, 성균관대 유학대학원 석사논문, 2021) ⑦「소전 손재형 문인화 연구」(이문재, 경기대 예술대학원 석사논문, 2021)

넷째, 소전 특집이 월간지에서 두 차례 꾸며진 바 있다.『예술원보(1981년 제25호)』'소전 추모 특집'의 '소전 선생 영전에'(장우성), '소전 손재형의 인간과 예술'(고두동, 최정균, 김기승).『월간까마(1999년 12월호)』'한국 현대 서예의 선구자 소전 손재형'의 '20세기 전방위적 현대 서예가 소전'(손라석), '소전 선생의 삶과 예술'(조수호), '추사 이후의 일인자, 소전'(이규일)

다섯째, 소전 삶의 자취이다. '입문기(1907~1919: 5-17세)'는 명현들의 적거지이자 남종화의 본산 진도에서 조부 손병익을 통한 한학과 서법의 기본을 닦고, 부제학을 지내다 귀양 온 정만조의 시서 교육, 진도보통학교 습자의 학습기이다.

'성장기(1920~1944: 18-42세)'는 양정의숙에서 김돈희 사사, 외국어학원 독문과 수학, 나진옥을 사사한 중국유학, 선전과 조선서도전 특선 2회 등 중진작가로 입신한 시기이다.

'성숙기(1945~1957: 43-55세)'는 광복 이후 조선서화동연회 조직 및 '서예' 운동, 소전체의 완성 시기이다. '만년기(1958~1981: 56-79세)'는 1950년대 후반부터 완숙한 소전체의 전개, 예술행정가 및 정치가 등으로 활약한 1970년대, 와병으로 절필한 시기이다.(손병철 2004: 116 참조)

코로나가 한창이던 지난해 여름 '소전 작품의 소장처와 현장을 찾아서'의 일환으로 달빛고속도로를 타고 진도로 향했다. 진도는 소전이 태어나고 입문한 곳으로 '소전미술관'과 '충무공벽파진전첩비'가 있다.

소전미술관은 탄생 100주년을 기념하여 2003년 5월 31일 진도군 성내리에 문을 열었다. 1층 로비 북쪽에 근엄하면서 다정한 소전의 흉상과 '짧은 일생을 영원한 조국에'라는 오석에 새긴 글씨가 방문객을 맞이한다.

1층에 관리실과 영상실, 소전의 성장기 작품과 사진, 인장, 유품이 진열된 제1전시실, 문인화 위주의 제2전시실, 2층에 성숙기, 만년기 작품의 제3전시실, 소전과 교류했던 서화가들, 문하생들 작품의 제4전시실로 꾸며져 있다.

미술관에는 소전의 글씨, 문인화, 탁본, 스승 친구 제자의 작품 총 329점이 전시되고 있으며, 제작연도, 크기, 음과 뜻을 달아 이해를 돕고 있다. 도록에서 보았던 작품 앞에 서서 체험하는 감각과 감동은 형언하기 어려웠다.

'충무공벽파진전첩비(忠武公碧波津戰捷碑)'는 명량해전 승첩과 순절자들을 기리기 위해 1956년 11월 29일 진도군 벽파리 바위동산에 세워졌다.

바위산 정수리에 거북을 조형하고 높이 3.8m, 폭 1.2m, 두께 0.58m의 비신에 이은상이 짓고 소전이 쓴 본문 879자와 표비 대문자 9자를 포함해 총 888자를 새긴 것이다.

'벽파진 푸른 바다여 너는 영광스러운 역사를 가졌도다. 민족의 영웅 충무공이 가장 어렵고 외로운 고비에 고작 빛나고 우뚝 솟은 공을 세우신 곳이 여기더라.'를 시작으로 왼쪽으로 돌아가면서 4면에 걸친 웅혼하고 슬픈 사적을 읽다가 '이 바다 지나는 이들 이마 숙이옵소서.'에 이르러 뜨거운 기운이 솟구치고 절로 머리가 숙여진다.

'진도, 울돌목 또는 명량, 벽파진'의 역사를 이루신 호국신 충무공을 향해, 진도민을 비롯한 전남도민과 관계자들의 푸르고 푸른 마음이 이 비를 건립한 것이다.

전예서의 필획에서 솟아나는 기상이 유창하고 살아 움직여 벽파항의 검푸른 바다와 함께 출렁거리는 듯하였다. 수많은 인걸의 삶과 이야기를 안고 있는 곳, '진도(珍島)'는 소전으로 말미암아 진정 보배 섬으로 찬연히 빛나고 있었다.

진도길을 시작으로 전국 방방곡곡에 흩어져 있는 소전 작품의 소장처와 현장을 찾는 일이 남아 있다. 이를 위해 그 전모가 알려진 바 없어 미완의 상태로나마 아래와 같이 정리해 내일을 기약하기로 한다.

글씨와 문인화의 소장처이다. 진도미술관, 남도전통미술관, 남농기념관, 목포문학관, 순천대박물관, 국립현대미술관, 성북구립미술관, 이천시립월전미술관 등.

비문의 현장이다. '충무공이순신장군동상명문'(진해, 1952), '육체사육신묘비문'(동작구 사육신묘지공원, 1954), '대한의사안중근 숭모비문'(광주 중외공원, 1961), '안중근의사 상'(서울 남산공원, 1967) 등.

편액의 현장이다. '학해(學海)'(진도중학교, 1947), '벽파정(碧波亭)'(진도, 1956), '예총목포지부회관'(목포, 1961), '덕숭산수덕사(德崇山修德寺)', '동방제일선원(東方第一禪院)'(예산 수덕사, 1962), '화랑대'(육군사관학교, 1966), '반공청년운동기념비문'(서울 남산, 1968), '정순문(貞純門)'(밀양 아랑사, 1970), '관음전(觀音

殿'(경주 불국사, 1974) 등.

책의 제자(題字)이다. 『정송강연구(鄭松江硏究)』(김사엽, 계몽사, 1950), 『민족(民族)의 태양(太陽)』(이충무공기념사업회, 1951), 『난중일기초(亂中日記抄)』(수도문화사, 1953), 『헌수송(獻壽頌)』(공보실, 1956), 『현대문학(現代文學)』(1957), 『유성(流星)이 가는 곳』(천경자, 영문각, 1961), 『손소희소설집(孫素熙小說集) 그날의 햇빛은』(을유문화사, 1962), 『황순원소설집(黃順元小說集) 너와 나만의 시간(時間)』(정음사, 1964), 『바둑』(1968), 『성웅 이순신』(이은상, 횃불사, 1969), 『예술계(藝術界)』(1969), 『샘터』(1970), 『국어』(문교부, 1975), 『수학』(문교부, 1975) 등.

소전 손재형의 의미를 5가지로 간추려 살펴보기로 한다. '소전체(素荃體)'로 빛나는 서예 부문의 금자탑이다. 소전은 전예해행초(篆隸楷行草)의 5체에 능통하였다.

성숙기인 1950·60년대의 중년 시절에 소전은 전예 자형을 다양하게 변화시키고, 전서를 예서처럼 납작하게 예서를 전서처럼 길게 짜며, 전서와 예서에 서로의 필법을 가미하고, 네모지고 둥근 필체를 조화시키는 등 다양한 실험을 했다.(이완우 2021: 97 참조)

이 실험 끝에 균형 잡히고 원융하며 해학적인 데다가 회화성과 음악성까지 갖춘 소전체를 이룬 것이다. 더욱이 1960년대에 전예의 한문 서체를 한글에 적용함으로써 소전체가 완성되고 한글 서체의 새 지평을 열기에 이르렀다.

한문의 『이충무공시』(1954년), 『필연정량인생일락』(1974), 『수신진덕온고지신』(1970년대), 국한문 혼용의 『충무공벽파진전첩비』(1956), 『팔마유풍』(1961), 『푸른민족』(1964), 『인의예지』(1973)를 비롯하여 한글로 쓴 『반공청년운동기념비문』(1968),『이충무공한산섬시』(1969),『요계록』(1974) 등이 소전체의 표상이다.

문인화와 전각 부문의 성과이다. 소전은 '서즉화 화즉서(書卽畵 畵卽書)'로서 글씨와 그림을 한가지로 보았다. 문인화는 사군자를 비롯하여 군자도, 대나무, 산수화, 포도, 글방그림, 소나무, 괴석도, 연꽃, 모란, 초충도, 탁족도, 아회도, 합작도에 걸쳐 그 경계가 넓고 격조가 높다.

특히 '승설암도'(1945)는 아회 현장 즉석에서 그린 수작이며, '우후금강'(1966)은 비 온 뒤의 금강산을 수묵으로 그린 수작이다. 한편, 소전은 여러 아호와 당호를 스스로 새긴 것과 빼어난 장인들의 전각으로 낙관함으로써 작품에 화룡점정을 찍었다.

'서예(書藝)'의 정립이다. 전통적으로 중국의 '서법(書法)', 일본의 '서도(書道)'를 서예로 정착시킨 이가 소전이다. 글자 그대로 서법은 강한 규범이, 서도는 '도'기 강조된다.

광복과 함께 일제의 찌꺼기를 떨쳐버리고 그 본연의 예술성에 초점을 맞추어 서예라는 명칭을 주창한 것은 민족 예술의 정체성과 새길을 모색한 탁견으로, 해방공간에서 남북한에 두루 공감을 얻어 정착되기에 이르렀다.

'묵연(黙緣, 1964)'이다. 소전의 글씨 가운데 묵연이 있는데, 소전체는 '먹 인연'으로 얽혀있다. 위로는 이광사와 김정희의 필법을 익히고 정만조, 김돈희에게 배웠으며, 중국의 심양에서 갑골학과 금석학의 대가 나진옥에게 사사 받고 북경에서 서화가 제백석과 교류하였다.

당호 '존추사실(尊秋史室)', '숭완제(崇阮齊)'에서 보듯이 김정희를 길이

존숭하고 사숙했다. 동시대의 벗이자 선후배로는 정인보, 오세창를 비롯하여 장우성, 허건, 성북동 '승설암' 동아리 함석태, 배정국, 김용준, 이태준, 박태원, 길진섭, 김환기, 조중현 그리고 이은상이 있다.

제자로는 서세옥, 정환섭, 조수호 등 서화가, 김기승, 최정균, 하남호, 김사달, 권갑식, 양진니, 박행보, 손경식, 서희환 등 서예가를 길렀으며, 수많은 휘호를 남긴 박정희 대통령도 그의 지도와 함께 중수(中樹)라는 호를 받은 바 있다. 이백 년 이상에 걸친 소전의 묵연은 과거시제일 수만은 없다.

문화재 사랑이다. 먼저, 소전의 당호 '연단자추지실(燕檀紫秋之室)'은 연암의 서첩, 단원의 그림, 자하의 유묵, 추사의 필적을 가진 데서 연유한다.

소전은 많은 유산을 물려받은 데다 높은 감식안으로 국보급 서화들을 소장하였으며, 정원설계와 고건축에 일가견을 지녀 종로구 홍지동에 옥전장, 문서루, 석파정과 같은 문화재급 정원과 건축물을 꾸며 거처하기도 했다.

수집한 단원의 팔선도, 겸재의 인왕제색도, 금강전도, 추사의 세한도 등 수많은 국보급 그림들이 만년기에 흩어졌으나 착한 손을 거쳐 국립중앙박물관에 기증되기에 이르렀다.

다음으로, 1950년 여름 인민군이 서울을 점령하고 유물 탈취조가 경복궁의 국립박물관에 들이닥쳤다. 소전은 포장 인부로 변장하고 여러 계책으로 포장을 지연시켰지만, 인민군이 국보급 유물을 챙겨 소달구지에 싣고 북행하던 중 아군 비행기의 기관총 사격으로 풍비박산 난 틈에 일꾼들을 데리고 숨어 뒤따르던 소전이 그 유물을 수습 회수해 왔다.

이 공적으로 국민훈장 모란장을 받았다.(손병철 2004: 123 참조) 또한, 문화재 복원과 보수 사업을 정부에 건의하여 현충사, 세종대왕릉, 추사고택, 도산서원, 오죽헌, 경주종합개발 등 유적지 정화사업의 초석을 놓았다.

'추사 이후의 일인자, 소전'이라고 할 만큼 서예, 문인화, 문화재 분야에 소전의 발자취는 독창적이고 독보적이다. 소전에 대한 학자들의 연구와 애호가들의 관심도 높은 편이다.

그러나 소전의 발자취에 걸맞게 소전 탐구와 이해에 이르지는 못한 실정이다. 이에 현시점에서는 손에 잡히지 않는 다음 과제를 공유함으로써 새로운 전환점을 마련해야 하겠다.

소전의 작품과 삶 그리고 연구 자료에 대한 충실한 아카이브를 구축해야 한다. 그의 작품과 삶에 대한 연대기적 양상, 내용, 소장처의 정보를 확보해서 공유하는 일이 필요하다.

소전 탐구의 연합체를 구축해야 한다. 소전을 탐구하고 즐김에 있어서 어린이에서부터 어른, 문외한에서부터 전문가, 나라 안팎을 망라하여 온라인상의 네트워크를 형성함으로써 소전 팬덤을 활성화하는 일이 필요하다.

소전의 평전을 완성해야 한다. 20세기 한국 서단에서 소전만큼 입체적이고 이야깃거리가 풍부한 인물을 찾기란 쉽지 않다. 시간의 축에서 입문기, 성장기, 성숙기, 만년기, 공간의 축에서 진도, 서울, 중국, 일본, 묵연의 축에서 스승, 벗, 제자, 동호인과 함께한 작품과 삶의 자취를 재현하는 일이 필요하다.

소전체를 계승 발전해야 한다. 특히 한글 소전체를 완성하고 발전시켜 가면서 컴퓨터뿐만 아니라 일상적 삶과 함께하는 디자인 및 그래픽 글꼴로 활용하는 데 지혜를 모으는 일이 필요하다.

소전을 찾아 나선 이래로 나는 오늘도 이 과제를 널리 공유하고 풀어 나가기 위해 소전이 걸으신 길 위에서 길을 묻는다.

카터 대통령은
왜 주한미군 철수를 취소했나

임덕규 | 제11대 국회의원

카터 미국 대통령은 1976년 대통령 선거 공약에서 "대통령으로 당선되면 주한 미군을 전부(약 3만 5천 명) 철수하겠다."라는 선언을 하였다.

그때 한국에서는 주한 미군을 철수하면 전쟁이 난다는 분위기로 휩싸였다. 국회에서는 백두진 국회의장을 중심으로 더 나아가서 온 국민에게 호소하여 '주한 미군 철수 반대 1,000만 명 서명운동'을 시작하였다.

거의 온 국민이 주한 미군 철수 반대 운동에 열렬히 동참하였다. 그러나 카터 후보는 11월에 미국 대통령으로 당선되었다. 카터는 1977년 1월 20일 미국 대통령으로 취임하였고 불원간 주한 미군을 철군할 것으로 예정되었다.

필자는 이미 76년 6월부터 카터 대통령의 주한 미군 철수 정책 취소 계획을 세웠다. 스페인 마드리드에서 열린 세계국제법협회(CILA) 총회에서 예일대 법대 교수가 "카터 미국 대통령 후보에 대해서 어떤 인상을 받았습니까?"라는 질문을 하길래 필자는 "카터 후보는 대통령 후보로서 지키지 못할 말을 너무 확정적 개념으로 표현하고 있다. 예컨대 주한 미군을 전부 철군한다고 주장했는데 내가 생각하기에 전혀 실현 가능성이 없다. 그런 때는 '만약 주한 미군 철수가 미국 국가에 이익이 된다면 철군하겠다.'라고 표현을 고쳐야 한다."고 대답했다.

예일대 교수는 카터 후보의 연설을 준비하는 가까운 친구에게 꼭 그 말을 전하겠다고 약속했다. 필자는 주한 유엔군사령부 참모장인 싱글러브(Singlaub) 장군을 설득하기로 결심하였다.

물론 평소 아주 친한 사이였다. 이미 카터는 대통령으로 당선된 후였다. 어느 날 싱글러브 장군을 만나 카터 대통령이 취임을 하였지만 싱글러브 장군이 결심만 하면 주한 미군 철수 정책을 완전히 취소시킬 방법은 있다고 했다.

"어떻게 하면 되겠는가?"라고 묻기에 "나는 대한민국의 육군 일등병 출신이다. 내가 배운 군인 정신은 나라가 망할 때는 목숨을 바쳐서라도 나라를 구해야 한다!"라고 배웠다.

만약 주한 미군을 철수하면 '앞으로 거대한 중국군이 아시아를 독점할 터인데 미국의 장래는 어떻게 될 것인가? 미국은 망하게 될 것'이라고 피력했다.

내 얘기를 듣고 있던 장군은 "이 시점에서 내가 어떻게 하면 될까요?"

라고 했다. 그래서 내가 "AP 특파원을 소개할 테니 '카터 대통령의 주한 미군 철군 정책을 완전히 취소해야 합니다. 전체 아시아를 거대한 중국군에 맡기면 미국은 망할 것입니다!'라는 인터뷰를 하면 장군은 항명 사건으로 즉시 파면될 것입니다. 그러나 그 내용이 진실이기 때문에 '주한 미군 철수 정책을 취소하라!'라는 여론은 대단한 파동을 일으켜 결과적으로는 정책 자체가 취소될 것으로 확신한다."라고 했다.

장군은 잠시 생각 끝에 굳은 결심을 한 표정으로 "그러면 당장 AP 특파원을 소개하겠습니까?"라고 하기에 "내일 터키 대통령 초청으로 가니 1주일 후에 소개해 드릴게요."라고 했다. 장군은 "좋다!"라고 했고 필자는 "그동안 준비하겠다."라고 했다.

그런데 1주일 후 김포공항에 귀국해서 신문을 보니까 그동안 워싱턴포스트 특파원과 인터뷰를 하여 장군은 즉시 파면되어 비행기로 떠나는 모습이 대서특필 되었다.

필자는 이 기사를 읽고 섬뜩함을 느꼈지만 '장군! 너무 위대한 일을 하셨어요. 감사합니다. 감사합니다.'라고 생각했다. 그 후 2~3개월 만에 카터 대통령은 파면된 싱글러브 장군을 백악관으로 불러 "왜 주한 미군 철수 정책을 반대했는지를 자세히 설명해 보라!"고 해서 생각한 대로 "거대한 중국이 아시아를 독점하면 미국이 망할 것으로 확신했기 때문에 무례하게 항명을 했습니다. 죄송합니다!" 했더니 카터 대통령은 "듣고 보니 장군 판단이 옳습니다. 나한테 설명한 대로 국회 청문회에 가서 국회의원들을 설득해 주세요!"라고 간곡히 당부하였다고 한다.

그 후 장군이 청문회에서 몇 차례 설득하여 주한 미군 철수 정책 자체를 카터 대통령 스스로 100% 취소시켰다. 따라서 대한민국 안보를 위해서 싱글러브 장군은 맥아더 사령관 다음으로 위대한 업적을 세웠으니 늦었지만, 정부와 국민이 함께 감사와 존경의 뜻을 표했으면 한다.

포스트 아베 시대, 한일관계에 현실적 접근 필요

임은정 | 공주대 국제학부 교수, 국제학 박사

지난 7월 8일 금요일 점심시간, 아베 신조(安倍晋三) 전 일본 총리가 총격을 당해 심폐 정지 상태란 소식을 접하곤 귀를 의심하지 않을 수 없었다.

가짜 뉴스가 판을 치는 세상이니 뭔가 그런 일이 또 벌어진 것인가 싶기도 했다. 일본 사회를 큰 충격에 빠뜨린 이 사건은 여러 해 동안 학생으로 또 교수로 일본에서 생활했던 필자에게도 충격이지 않을 수 없었.

정치학자로서는 아베라고 하는 거물 정치인의 인생이 자민당의 승리가 확실했던 참의원 선거를 불과 이틀 앞둔 시점에 상상하지도 못했던 사건으로 귀결되었다는 것이 놀라울 수밖에 없었고, 개인적으로는 교토(京都)에서 생활했던 경험이 있었기에 범행 장소가 준 충격도 컸다.

나라(奈良)라는 조용한 고도(古都)에서 이런 일이 벌어졌다는 것이 도무지 어색하게 느껴졌던 것이다. 게다가 자위대 출신의 용의자가 사용한 무기가 사제 총이었고, 그의 집에서 다른 폭발물이나 총기도 발견되었다고 하니 소름마저 돋았다.

치안만큼은 최고라고 자부하던 일본 사회가 어쩌다 가 이 지경이 된 것일까? 범행 동기도 충격적이었다. 현장에서 체포된 야마가미 테츠야(山上徹也)는 자신의 어머니가 빠진 통일교에 원한을 품게 되었고, 통일교의 수뇌부를 공격하고 싶었으나 그것이 여의치 않자 통일교와 관련 있어 보이는 아베 총리를 대신 노렸다고 했다.

아베 사후 일본 언론에서는 연일 통일교에 관한 보도가 흘러나오고 있다. 한국에서 시작된 통일교에 원한을 품은 야마가미의 손에 한국인들이 그토록 싫어하는 아베가 죽임을 당했다고 하니, 한국과 일본이 상상하는 것 이상으로 복잡하게 얽혀 있다는 생각마저 들어 씁쓸하지 않을 수 없었다.

필자는 올해 6월 다른 소장 학자들과 함께 『주저앉는 일본, 부활하는 일본』이라는 책을 냈다. 이 책을 함께 집필한 연구자들이 공동으로 갖고 있던 문제의식은 우리 사회가 가진 일본에 대한 단편적이면서도 고정적인 인식을 대체할 만한 일본에 대한 보다 다층적이고 입체적인 해석을 제시하고 싶다는 것이었다.

또한, 개인적으로는 국제사회에서 선진 경제 대국으로 활동하고 있지만, 우리 역사에서는 영원히 침략자로 기억될 일본이라는 나라가 우리 사회 구성원들이 생각하는 것만큼 과연 그렇게 집요하고 주도면밀한

국가인가라는 부분에 대해 좀 다른 시각을 제시하고 싶기도 했었다.

이번 아베 피격 사건은 어쩌면 우리 사회가 일본 사회에 대해서 가지고 있던 일종의 환상에 가까운 이미지에 균열을 만든 측면이 있다고 생각한다.

일본이 정말로 우리 사회의 많은 구성원들이 느끼는 만큼 국가 주도적이고 치밀하게 계획적인 나라였다면, 유세 중인 거물 정치인의 후면이 그렇게 무방비 상태이지도 않았을 것이며, 첫 총탄을 맞은 뒤돌아보는 아베가 아무 보호도 받지 못하고 두 번째 총탄을 맞는 상황도 발생하지 말았어야 하지 않겠는가.

무엇보다 인터넷에서 구입한 물품들로 살인이 가능한 무기를 만들어 소지하고 그 무기를 길 한복판에서 꺼내어 들어 방아쇠를 당기기까지 아무도 이를 제지할 수 없었다면 일본이 안전한 사회라는 인식도 일종의 허구였는지 모른다.

우리 사회는, 그리고 일본 연구자라는 나 자신은, 과연 일본을 제대로 보고 있었던 것일까. 머릿속에서 물음표가 커져만 갔다. 예상된 압승, 그러나 진짜 게임은 이제부터 보수의 상징과도 같던 거물 정치인이 총탄에 스러졌지만, 참의원 선거 일정은 예정대로 진행됐다.

아베 피격 사건이 없었더라도 자민당은 무난히 과반수를 차지할 것이 예상되었던 만큼 그의 죽음이 이번 선거 결과에 엄청난 변수로 작용했다고 평가하기에는 다소 무리가 있을 것이다.

자민당은 기대만큼 혹은 기대보다는 조금 더 선전했고, 입헌민주당은 쓰디쓴 고배를 마셨으며, 공명당은 연립여당으로서 그나마 체면을 유지했고, 일본유신회는 기대 이상으로 약진했다.

결국 자민당, 공명당, 일본유신회, 국민민주당으로 구성되는 소위 '개헌세력'이 개헌 발의가 가능한 3분의 2(166석)를 한참 웃도는 177석을 차지하게 됨에 따라 개헌을 위한 국회 구성은 중의원과 참의원, 양원에서 모두 갖춰졌다.

그러나 개헌을 위한 진짜 게임은 이제부터가 시작이다. 무엇보다 속칭 아베파로 분류되는 자민당 내 최대 파벌인 세이와정책연구회(清和政策研究会)의 미래가 불투명하다.

아베파는 현재로선 일치단결하여 구성원의 이탈을 막으면서도 아베의 국장(國葬)이 치러질 때까지 회장직을 공석으로 둔 채, 시오노야류(塩谷立)와 시모무라 하쿠분(下村博文) 두 회장 대리가 운영하는 것으로 입장을 정리한 듯하다.

아베 사망 직후에는 집단지도체제를 구성할 것이라는 전망도 제기되었지만, 여러 반발에 부딪히자 내분을 수습하고 국장까지 시간을 벌겠다는 것으로 보인다.

둘째, 아베파가 차기 회장을 무사히 추대하고 결속을 유지한다고 하더라도, 당내 제2, 제3, 제4의 파벌 간 합종연횡이 어떻게 진행될지도 중요한 변수이다.

특히 기시다 후미오(岸田文雄) 총리가 이끄는 '고치카이(宏池会)'는 자민당 내에서 가장 역사가 깊고 총리를 5명이나 배출한 명문 파벌이지만, 파벌의 크기로는 모테기파(茂木派·54명), 아소파(麻生派·49명)보다도 열세(44명)이다.

이런 상황에서 기시다 총리가 당내 파벌들 사이의 힘의 균형을 얼마나 절묘하게 활용할 수 있을지 그 정치력이 큰 시험대에 올랐다고 할 수 있다.

당장 8월에 있을 내각과 자민당 인사를 어떻게 하느냐에 귀추가 주목된다. 특히 아베의 친동생이자 현재 방위 대신인 기시 노부오(岸信夫)와 아베의 사상을 선명하게 계승하면서 대중적 인기도 높은 다카이치 사나에(高市早苗) 현 자민당 정조회장 같은 정치인을 어떻게 처우할 것인지를 주목할 필요가 있겠다.

아베의 불행한 죽음으로 그에 대한 객관적이고 합리적인 평가가 이뤄지기보다는 연민과 동정의 마음이 더해져 아베가 추구하고자 했던 '수정주의적 보통국가' 노선을 지지하는 여론도 고조되어 있느니만큼 헌법 개정을 위한 사회적 분위기와 국회 구성 같은 조건들은 과거 어느 때보다도 무르익어있다고 할 수 있다.

한편 일부 한국 언론들이 보도하듯이 기시다가 본래 본인이 추구해 온 온건한 국제주의적 노선을 실행해 나가면서 한일관계도 자연스레 개선될 것이란 희망을 갖기엔 자민당 안팎의 상황이 녹록지 않다는 것을 주지할 필요가 있겠다.

아베 사후 윤석열 대통령이나 한국의 외교 당국이 보인 모습에 대해 국내에선 여러 반발의 목소리도 높았지만, 외교적으로는 필요한 부분이었다고 생각한다.

윤 대통령이 직접 아베 총리에 대한 조의를 표한 것이나, 박진 외교부 장관의 방일로 기시다 총리와의 면담이 성사되면서 아이스 브레이킹(ice breaking)이 된 부분도 평가할 만하다.

다만 조문 정치로 한일관계를 회복하기에는 돌아온 길이 너무 멀고, 다시 관계를 회복하기까지 여러 위험요소들이 도사리고 있다는 현실도 바뀐 것은 없다.

특히 강제 징용 피해자 판결과 관련된 이른바 '현금화' 문제의 수습 없이는 한일관계 회복이 실질적으로 어렵다는 것은 주지의 사실이다.

한일관계 개선의 의지가 뚜렷한 윤석열 정부에게 우리 국민들 사이에 현금화 문제의 해 법을 두고 의견이 분분한 것은 정치적으로 큰 부담이지만, 보다 근본적으로 우리 국민들 사이에 한일관계 회복의 필요성에 대한 회의감이 팽배하게 된 것이 더욱 문제이다.

이는 우리 사회뿐만 아니라 일본 사회에서도 이미 지난 수년간 관찰되고 있는 현상으로 어느 한쪽만을 탓하기에는 누적된 세월의 무게가 꽤 크다.

더군다나 한국인들에게 있어서 더 이상 일본이 따라잡아야 하는 선진국이거나 상호보완적인 협력의 대상으로 받아들여지지 않고 있기 때문에, 일본과의 관계 개선이 왜 필요한가 하는 의문도 끊임없이 제기되고 있다.

게다가 이번 아베 피격 사건으로 일본 사회에 대한 한국인들의 인식이 더욱 부정적으로 된 측면도 있기에 더 이상은 한일관계가 마땅히 개선되어야 한다는 식의 당위론만으로 국민 여론을 되돌리기는 힘들 것이다.

우리 정부는 이러한 현실을 직시하고, 한일관계의 새로운 장을 쓴다는 각오로 매우 현실적인 접근을 해야 한다. 현실적인 접근이란 한일협력을 통해 실질적으로 우리에게 이득이 되는 부분이 무엇이며 그런 이득을 얻기 위해 발생하는 비용과 위험부담은 무엇인지에 대해 객관적이고도 타당한 분석을 국민에게 제시할 필요가 있다는 것을 의미한다.

미·중 전략 경쟁의 심화와 러시아의 우크라이나 침공, 우크라이나 전쟁의 장기화로 인한 세계 경기 침체와 북한의 끊임없는 도발 등 지금 대한민국호(號)는 세력 재편과 질서의 재구성을 요구하는 중대한 국면을 통과 중이다.

이러한 국면에 일본과의 관계를 계속 어렵게 가져가는 것은 우리 국익에도 큰 위험요소이지 않을 수 없다. 일본과의 관계 개선을 통해 한국이 얻을 수 있는 것 그리고 얻어내야 할 것들을 가지고 국민들을 설득해 나가야 한다.

지나온 세월보다 앞으로 갈 길이 더 먼 양국관계이기에 그 어느 때보나 국민의 이해와 지지를 얻으며 관계 개선으로 나아가기를 주문하는 바이다.

우크라이나 사태와 한반도 정세

임종니 | 전 국방연구원 국장

　　　　　　　　　　　　러시아가 북대서양조약기구(NATO)의 위협으로부터 안전을 보장하고 돈바스에 거주하는 자국민을 보호한다는 명분으로 2022년 2월 24일 시작된 우크라이나를 침공하였다.

　푸틴 대통령은 모스크바 시각으로 05시 50분경 대국민담화 직후 우크라이나에 대한 특별군사작전을 전격적으로 감행했다. 러시아 국방부는 3월 25일 전황 브리핑을 통해 1단계 작전을 성공적으로 종결하고 동부 축선의 돈바스 지역을 조기 점령한다는 2단계 작전 구상을 발표했다. 세르게이 쇼이구 국방부 장관은 러시아군이 루한스크를 완전하게 점령했다고 밝히면서 의도된 작전적 정지를 통해 전투력을 복원하고 향후 도네츠크주에 군사력을 집중할 것임을 예고했다.

　현재까지 러시아 및 우크라이나 양측에서 최소 3만여 명의 사상자가 발생한 것으로 추산된다. 전쟁으로 인해 우크라이나 국민 중 약 900만 명이 해외로 피난했다.

격전지인 동부 지역을 떠나 타 지역으로 이동한 국내 피란민을 고려하면 실제 우크라이나 난민은 약 1,200만 명 이상으로 파악된다. 전쟁으로 인한 일일 평균 우크라이나의 경제적 손실은 약 5조 원으로 평가되며, 재건에 소요되는 비용은 최소 970조에 이른다.

러시아군은 개전 이후 최소 한 달 이내에 전쟁목표를 달성할 수 있을 것으로 전망했다. 이는 2014년 러시아가 크림을 강제 병합할 당시 우크라이나 정치 엘리트들이 보여줬던 위기관리 능력의 총체적 부실과 동부 지역의 전통적 반정부 성향이 러시아에 유리하게 작용할 것이라는 정보판단에 기인한다.

하지만 볼로디미르 젤렌스키 대통령을 중심으로 우크라이나 국민의 결사 항전 의지가 결집했으며, 국제사회의 반전여론과 러시아 혐오 정서가 크게 확산했다.

여기에 장기간 전쟁 준비에 따른 장병의 전투 피로증 누적과 전쟁목표의 모호성은 러시아군의 공격 기세 유지에 마찰요인으로 작용했다. 또한, 1,500km가 넘는 '작전 정면' 유지에 필요한 적시적 지속지원의 한계는 개전 초기 러시아군의 인적·물적 손실에 심대한 영향을 미쳤다고 할 것이다.

우크라이나 전쟁에서 러시아 지상군은 대대전술단 중심의 제병협동 작전을 구사하고 있다. 대대전술단의 핵심은 임무형 지휘다. 임무형 지휘는 급변하는 전장 환경에서 작전목표 달성을 위해 예하 지휘관에게

'융통성'을 용인한다.

하지만 전통적으로 강력한 위계질서에 기반한 러시아군의 폐쇄적 전략문화를 고려할 때 이번 전쟁에서 대대전술단의 효용성은 근본적으로 한계를 내재했다고 볼 수 있다.

러시아 전쟁지도부의 세대교체 실패는 러시아군의 폐쇄적 전략문화를 심화시키고 공격 템포를 약화시키는 요인으로 분석된다. 2020년 세계보건기구의 발표에 따르면, 러시아 남성의 평균연령은 약 68세이다.

쇼이구 국방부 장관과 발레리 게라시모프 총참모장은 각각 1955년생으로 한국 나이로 67세이다. 한국의 각 군 총장에 해당하는 군종 사령관들의 평균연령은 57~58세이다.

러시아 남성의 평균연령을 고려할 때 러시아군 주요 지휘관들의 연령은 초고령화 국면으로 진입한 것이다. 이는 러시아군의 폐쇄적 전략문화와 맞물려 적시적 결심지원 한계 등 통합 전투력 발휘에 제한이 될 수 있음을 시사한다.

러시아군은 2단계 작전부터 지상군 위주의 근접작전 대신 포병 및 항공우주군의 화력 작전을 통해 우크라이나군의 피해를 강요하는 등 작전적·전술적 변화를 모색하고 있다.

루한스크 점령과정에서 러시아군은 이지움과 리만을 우선적으로 점령하여 세베로도네츠크에 배치된 우크라이나군 주력의 이동 및 전환 그리고 다른 지역의 군사력 유입을 차단했다.

러시아군은 근접전투는 최대한 회피하면서 좁은 공간에 우크라이나군을 몰아넣고 대규모 화력 작전으로 피해를 강요하는 '깔때기 전술'을 적극적으로 구사하고 있다.

중국 - 대만 대립 또는 양안 관계 갈등은 중화인민공화국(중국)과 중화민국(대만) 간에 중국을 대표하는 합법적 정부 지위를 둘러싼 갈등으로 시작하였다.

1949년 12월 중국 본토에서 국민당·공산당 간의 내전에서 패한 국민당 정부가 대만 타이베이로 중화민국 정부를 이전함에 따라 동년 10월에 수립된 본토의 중화인민공화국과 함께 중국을 계승하는 두 개의 정부가 들어선 것에 기인한다.

중화민국 역시 중화민국 주도의 통일(하나의 중국)을 목표로 내세웠으나, 대만 정치지형의 변화와 더불어 중국과의 경제력, 군사력 격차로 인해 사실상 현상 유지로 선회하였다.

중국 역시 무력통일에서 일국양제하의 평화통일로 선회한 한편, 궁극적인 목표로서의 통일을 포기하지는 않았지만, 급격한 현상변경을 추진하기보다는 현상 유지하에 중국에 유리한 환경을 만드는 데 더 역점을 두어 왔다.

그러나 '하나의 중국' 원칙을 둘러싼 중국 - 대만 간의 갈등이 지속되는 한편, 미·중 갈등이 미 - 대만 - 중국 간의 관계와 맞물리면서 지난 몇 년간 대만 주변 해·공역에서 군사적 시위가 빈도와 강도 면에서 계속해서 증가해 왔으며, 지난 8월 낸시 펠로시 미 하원의장의 대만 방문을 계기로 새로운 국면을 맞이하고 있다.

중국은 대만을 에워싸는 형태로 봉쇄하는 한편, 27년 만에 대만을 향해 미사일을 발사하면서 긴장을 최고조로 끌어올렸다. 중국은 이번 펠

로시 하원의장 방문을 계기로 대만 위협 수준에 대한 새로운 기준을 만들었으며, 향후의 위협 수위는 새로운 기준점에 따라 더욱 상승할 우려가 있다.

현재 양안 관계는 '하나의 중국'에 대한 인식의 차이를 주요 쟁점으로 대립하고 있는 한편, 미·중 전략경쟁과 같은 외부적 요인에 따라 분쟁의 강도가 크게 고조되는 경향을 보이고 있다.

이에 더해 전통적인 범주에서의 군사적 위기가 아닌 위기도 평시도 아닌 불안정한 그레이존 상황이 지속되는 특징을 보이고 있다. 이하에서는 최근 분쟁이 고조된 원인과 현재의 분쟁 양상으로 중심으로 서술한다.

양안 관계는 홍콩 사태를 기점으로 또 한 번 변화를 맞이했다. 홍콩 사태는 홍콩의 행정 수반의 선출 방식을 두고 홍콩 시민과 홍콩 자치행정부·중국 간의 갈등이 발생, 결국 홍콩 당국의 진압으로 끝난 사건이다.

중국 당국은 홍콩을 사실상 수복한 이후 중국 영토 통일의 최대의 걸림돌인 대만에 대한 공세의 수위를 높이기 시작했다. 한편, 홍콩 사태는 대만 국내정치에 의도하지 않은 영향을 미쳤다.

당시 차이 총통은 대만의 경제 성장률 저하로 인해 지지율이 떨어지며 고전하고 있었는데, 홍콩 사태로 인한 반중 감정확산에 힘입어 2020년 재선에 성공했다.

현재 양안 관계는 '하나의 중국'에 대한 인식의 차이를 주요 쟁점으로 대립하고 있는 한편, 미·중 전략경쟁과 같은 외부적 요인에 따라 분쟁의 강도가 크게 고조되는 경향을 보이고 있다.

이에 더해 전통적인 범주에서의 군사적 위기가 아닌 위기도 평시도 아닌 불안정한 그레이존 상황이 지속되는 특징을 보이고 있다. 이하에서는 최근 분쟁이 고조된 원인과 현재의 분쟁 양상으로 중심으로 서술한다.

올해 11월로 예정된 대만 수도 타이베이 시장선거에서 민진당 후보(천스중, 陳時中)가 국민당 후보에 대해 약간 우세를 점하고 있는 상황에서 이번 중국의 군사 위협이 어떻게 영향을 미칠지 주목된다. 2020년의 총통선거 및 대만인들의 반발심리에 비추어보자면 민진당에 유리하게 상황이 전개될 것으로 판단된다. 타이베이 시장선거는 총통선거의 바로미터 역할을 하는 만큼 2024년의 총통 선거까지는 시일이 남았지만, 이번 시장선거에서 민진당이 승리한다면 민진당 정권의 지속에 긍정적인 영향을 미칠 것이다.

주지하는 바와 같이 민진당 정권은 대만인 정체성의 고조와 더불어 양안 갈등과 미·중 갈등이 연계되어 진행되게끔 하는 요인 중의 하나로, 민진당 정권이 지속된다면 양안 간 긴장의 수위는 쉽게 낮아지기 어려울 것이다.

한편, 대만은 일정 정도 문화적·민족적 정체성을 강화하고 미국의 지원하 국제사회에서의 국가로서의 존재감을 강화할 것으로 보이나 독립추진 가능성은 높지 않다.

미국 정부는 여전히 '하나의 중국'의 원칙을 존중하고 있으며 대만 정부의 법적 지위 변경으로 이어질 수 있는 사안에는 매우 신중한 편이다. 중국은 대만의 독립 추진 움직임이 가시화될 경우 이를 방관하지 않을 것임을 분명히 밝히고 있어 전쟁 리스크를 고려할 때 중국, 대만, 미국 어느 일방도 통일이나 독립을 우선적으로 추진할 가능성은 낮다.

현실적으로 미국을 비롯한 국가들의 '외교적 살라미'와 중국의 '군사적 살라미'가 상호 경쟁하면서 상시적인 불안정과 상황에 따른 위기의 고조·안정 국면이 반복될 것으로 판단된다.

러시아의 우크라이나 침공으로 우크라이나는 물론 러시아의 인적·물적 손실이 증가하고 있으며 세계 경제가 신음하고 있다. NATO는 군사동맹이라는 본연의 정체성을 강화하고 있으며 비동맹을 유지했던 국가들이 NATO에 접근을 강화하고 있다.

중국과 러시아는 미국과 NATO의 확장 반대를 분명히 하는 가운데 동북아 지역에서 NATO와 인도-태평양 전략의 연계성 강화를 저지하기 위해 전략적 협력을 발전시키고 있다.

러시아는 지상군 중심의 근접전투는 회피하면서 특정 지역에 대한 대규모 화력 작전을 통해 우크라이나의 전쟁 지속능력을 지속적으로 약화시킬 것이다.

또한, 러시아군은 돈바스 및 자포자, 헤르손 지역 안정화 및 정부 통치 지원을 병행하면서 점령 지역에 대한 실효 지배 가속화를 위해 행정력을 집중할 것으로 예상된다.

러시아군은 이번 전쟁의 직접적인 배경이 된 돈바스 지역 외에도 하르키우 및 미콜라이우 등 최소 6개 지역을 완전 혹은 부분 점령하고 있다. 러시아군의 이러한 의도를 고려할 때 향후 특별군사작전은 '노보 러시아' 점령을 위한 장기전 수순으로 나아가고 있다고 볼 수 있다.

한편 러시아 당국은 에너지 가격 및 수출량을 인위적으로 조정하여 유럽연합 개별국가의 에너지 대란 및 사회 혼란을 유도할 가능성이 있으며, 궁극적으로 대러(對露) 제재 약화 등 서방의 정책 공조를 무력화하고자 할 것이다.

우크라이나 사태가 장기화하는 가운데 휴전협상을 위해 러시아와 우크라이나, 러시아와 서방 간 비공식 접촉이 활성화될 것으로 예상된다. 휴전협상이 성공적으로 개최되어 이스탄불 협정과 같은 성과도 전망할 수 있다.

하지만 민스크 협정이 특별군사작전의 배경이 되었던 점을 고려할 때 향후 휴전협상의 성과가 이번 사태의 완전한 종식을 위한 근본적 조치가 될 가능성은 높지 않다.

우크라이나 사태의 장기화로 한러 관계의 동결은 불가피하다. 하지만 러시아는 주변 4강이자 북핵 문제 해결에 있어 주요한 행위자이기 때문에 우리의 국익과 관련된 사안에 대해 차별화된 접근법이 필요하다.

우리는 국제사회의 대러 제재 정신을 존중하고 합의사항을 온전하게 이행하면서 북핵 문제 해결을 위한 러시아의 건설적 역할을 지속 견인해 나가야 한다.

특히 러시아 군용기의 한국방공식별구역(KADIZ) 진입과 같은 군사 상황이 양국 간 우발적 충돌로 비화하지 않도록 국방 당국 간 소통 채널 유지가 어느 때보다 긴요한 시기라고 할 수 있다.

우리는 글로벌 중추 국가로서의 역할을 강화하고 우크라이나 사태 장기화로 인한 인도적 참사를 예방하기 위한 다양한 외교·안보 정책을 추진할 필요가 있다. 우크라이나 사태는 국제사회에서 국격에 걸맞은 기여를 통해 한국의 위상을 제고하고 중추적 역할을 확립할 수 있는 기회이기 때문이다.

위악자 김지하를 위한 변명

임진택 | 경기아트센터 이사장, 판소리 명창

한국 현대사에서 김지하만큼 극과 극의 평가를 받은 사람은 거의 없다. 1970년대 김지하는 빼어난 서정시인이자 파격적인 풍자 시인으로, 반독재투쟁의 선봉에 서있던 상징적인 인물이었다. 그러나 1990년대 이후 그는 배신자 혹은 변절자라는 낙인이 찍힌 대표적 인물로 오인되었다.

김지하처럼 영광과 오욕을 동시에 받은 인물은 찾아보기 힘들다. 김지하 시인이 세상을 떠난 마당에 이제 그동안 말할 수 없었던 불편한 진실을 털어놓아야 할 것 같다. 그것도 파격적으로······.

김지하 시인은 위악자(僞惡者)였다. 위악자는 내가 만들어낸 신조어이다. 위선자(僞善者)의 반대말이다. 위선자가 비난받는 것은 당연하지만, 위악자가 비난받는 것은 재고되어야 한다고 생각한다. 김지하가 왜 위악자인지, 왜 더 이상 비난받아서는 안 되는지, 변명해보고자 한다.

변명이라는 단어를 구차한 통속적 개념으로 생각지 말아 주시기 바란다. 그 유명한 '소크라테스의 변명'이 있지 않은가? 변명을 '철학적 사유'로 받아들여 주시기 바란다.

1974년 4월 3일 긴급조치 4호 '민청학련' 사건이 터지고 유신 독재 정권은 이 사건에 터무니없는 용공 조작을 시도했다. 김지하는 사건에 자신이 연루되자 직감적으로 중대한 결단을 내린다.

그것은 자신이 빠져나가려고 하면 할수록 상황은 더욱 악화될 것이며, 무엇보다 남은 학생들이 위험하다는 생각이었다. 그는 이 사건에 자신은 물론 지학순 주교, 박형규 목사, 심지어는 윤보선 전 대통령까지 끌어들인다.

도저히 빨갱이일 수 없는 저명인사들이 등장함으로써 공안 당국의 용공 조작은 민망 무색한 꼴이 된다. 그리하여 독재정권은 다음 해 2월 민청학련 사건 구속자들 대부분을 가석방한다. 김지하의 '목숨을 건' 위악적 지략이 일단 성공한 것이다.

사형선고를 받고 죽음의 문턱까지 갔다가 풀려난 사람이라면 당연히 자중하고 근신했을 법한데, 김지하는 그렇지 않았다. 장모인 소설가 박경리 선생의 정릉 집에 머물고 있던 김지하는 거기 찾아온 동아일보 이부영 기자의 요청으로 옥중수기를 써 내놓은 바, 3회에 걸쳐 연재된 『고행 - 1974』의 핵심 내용은 '인혁당 사건은 조작이며, 인혁당의 실체는 없다.'라는 것이었다.

유신 독재자는 노발대발했다. 민청학련을 용공으로 만들기 위해 인혁당 사건을 갖다 붙여놓은 것인데, 인혁당이 조작이면 민청학련도 당연히 조작 아닌가? 하여 유신 독재자는 유언비어(?)의 발설자 김지하를 다시 감옥에 가두었다.

오호, 그로 인해 김지하의 6년 독방 수형생활이 다시 시작된 것이다. 사형선고까지 받고 형 집행 정지로 풀려난 사람이면 당연히 '착하게' 살아야 함에도 김지하는 '착하게' 살지 않았다. 지배자의 입장에서 볼 때 김지하는 '악한 사람'이었다.

김지하는 선한 사람이면서 악한 역할을 자처한 위악자였다. '목숨을 건' 위악자였다. 김지하가 민주 진보진영의 사람들로부터 많은 비판 혹은 비난을 받게 된 계기가 두 번 있었다. 하나가 1991년에 벌어진 소위 '죽음의 굿판' 필화사건이다.

당시 과도한 공안 탄압과 경찰 진압으로 시위 대학생이 맞아 죽거나 자결을 택하던 상황에서 김지하가 '죽음의 굿판' 운운히고 나섬으로써 민주화운동이 타격을 입게 된 사건이다. 하지만 거기에는 중대한 오해가 개재되어 있다.

먼저 그 칼럼이 실린 조선일보 지면을 제대로 한번 살펴보라. 그 칼럼의 원 제목은 분명히 '젊은 벗들, 역사에서 무엇을 배우는가?'이다. '죽음의 굿판 걷어치워라.'라는 중간 크기의 글자로 된 또 다른 소제목일 뿐(물론 그 같은 내용이 글 안에 들어 있다 하더라도) 필자가 원래 정해놓은 그 칼럼의 방향이자 주제는 '젊은 벗들, 역사에서 무엇을 배우는가?'였다.

그런데 자극적인 소제목이 갑자기 부각되면서 필자의 언설(言說)이 침소봉대(針小棒大)되어 만파(萬波)를 일으킨 것이 바로 '죽음의 굿판' 사건인 것이다. 이 사건은 굳이 그러한 발언을 하지 않아도 충분한 명예를 누리고 있던 김지하가 섬망(譫妄) 중에 저지른 위악적 행위의 자해적 결과였다.

김지하가 민주 진보진영의 사람들로부터 결정적인 비난을 받게 된 또 하나의 빌미가 '박근혜 지지' 사건이다. 당시의 정치평론 중에는 '김지하가 박근혜의 품에 안겼다.'라는 식의 비유적 표현까지도 떠돌고 있었다. 여기에도 중대한 오해가 개재되어 있다.

김지하는 박근혜의 아버지인 박정희와는 철천지원수이다. 박정희 폭압 정권은 김지하가 보는 앞에서 그의 아버지와 어머니를 고문했다. 김지하 자신이 황량한 독감방에서 일체의 면회와 운동마저 금지된 상태로 6년을 보냈다.

그러한 김지하가 대선 당시 박근혜의 방문을 받아들인 데는 이유와 조건이 있었다. 하나는 박정희와의 악연을 끊고 국민통합의 길을 모색하자는 것, 또 하나는 생명 사상을 정치적으로 실현하자면 여성이(혹은 여성적인 것이) 앞장서야 한다는 것, 그리고 자기를 만나려면 생명 운동가 장일순 선생의 묘소를 먼저 참배하고 오라는 것 등이었다.

이는 '박근혜의 품에 안기는' 것이 아니라, '박근혜까지 품에 안으려는' 행동이었다고 봄이 옳다. 아마 상대 후보인 문재인이 찾아왔더라도 김지하는 당연히 방식을 달리하여 받아들였을 것이다.

이 사건은 김지하 스스로 후에 자신의 위악적 행동이 잘못된 판단이었다고 술회했으므로 일단락되는 것이 필요하다. 김지하가 세상을 떠나자 대다수의 언론들이 그를 '저항시인'으로 부각했고, 작품 중에서는 정치풍자 담시(譚詩) 오적(五賊)과 민주화를 염원한 서정시의 걸작 '타는 목마름으로'를 대표작으로 꼽았다.

그 시들이 김 시인의 대표작이라는 데는 이의가 있을 수 없다. 하지만 김지하를 저항 시인으로만 칭하는 것은 그의 세수(歲數) 여든 가운데 전반부 반절에만 해당되는 내용이다. 감옥에서 나온 1980년 이후, 김지하는 시인과 더불어 사상가로, 생명 운동가로 거듭났다. 그것도 아주 탁월한, 기실 전무후무한 사상가로.

1982년 김지하는 생명 사상과 생명 운동에 관련한 최초의 보고서를 초안하였다. 이 보고서를 무위당 장일순 선생을 비롯하여 원주캠프의 활동가들이 함께 읽고 토론하여 완성한 것이 바로 '생명의 세계관 확립과 협동적 생존의 확장'이라는 문건이다.

'지하 형님'은 그 문건이 완성되자마자 어느 날 조용히 나에게 그 문건을 보여주었다. '죽음의 넋구듬이 온 세계를 뒤덮고 있나.'로 시작되는 첫 대목부터 나는 그 문건에 완전히 압도되었다. 앉은 자리에서 바로 탐독했는데, 한참을 기다려주던 지하 형님이 평가(?)를 구하는 것 아닌가?

나는 글의 내용에 너무나 감동한 나머지 급하게 이렇게 말을 지어냈다.

"형님, 공산당 선언 이후 최고의 선언이 나왔습니다."

"그래?"

지하 형님이 뜻밖이라는 듯 어리둥절해하면서도 기분은 좋으신 것 같았다. 나는 지하 형님이 더 물어보면 어쩌나 좀 걱정이 되었는데, 사실은 내가 '공산당 선언'을 읽어본 적이 없었기 때문이었다.

그 문건은 후에 주요 내용이 재정리되어 김지하의 산문집『남녘땅 뱃노래』(두레출판사)에 '삶의 새로운 이해와 협동적 생존의 확장'이라는 제목으로 수록되어 있는 바, 기실 오늘날 우리가(전 세계가) 겪고 있는 기후위기와 팬데믹을 40년 전에 벌써 예견한 내용이었다.

'생명의 세계관'의 핵심은 '이원론적 세계관'을 부정·극복한 '일원론적 세계관'을 설파한 것으로, 이는 '천동설'을 부정한 '지동설'에 비견할만한 엄청난 사고의 전환, 문명의 대전환을 예고하는 것임에도 아직 일반화(보편화)되고 있지 못한 점이 못내 아쉽다.

불과 몇백 년 전만 하더라도 세상 사람들은 모두 '태양'이 돈다고 생각하고 있었다. 허나 지금은 어린아이까지도 '지구'가 돈다는 것을 알고 있다. 마찬가지로 온 우주와 지구 생명체는 하나라는 것, 동물과 식물이 하나의 생명계로 연결되어 있고 광물에도 생명이 있다는 것, 신과 인간이 별도가 아니고 사람 몸속에 신이 들어와 있다는 '일원론적 세계관'을 이제 곧 어린아이까지도 다 알게 될 것이다.

그것도 과학적인 방식으로……. 가히 코페르니쿠스적 전환이라 할 만하다. 아니, 그보다 더 큰 '문명의 대전환'이다. 다만 그러한 집단적·전인류적 깨달음이 오기 전에 돌이킬 수 없는 재앙이 먼저 닥칠 수 있다는 것이 김지하의 염려였고 노심초사였던 것이다.

이제 충격적인 '불편한 진실'을 털어 놓아야 될 것 같다. 김지하 시인은 밀폐된 독감방에서의 외로운 면벽 생활에서 깊은 병을 얻었다. 그것은 정신적인 증상으로, 인간의 의지로는 어쩔 수 없는 불치의 천형(天刑)이었다.

감옥에서의 고통스러운 인내와 사유는 한편으로는 섬광처럼 생명에 대한 깨달음으로 왔고, 한편으로는 섬망이라는 어두운 그물이 그를 감아 죄었다. 그가 불시에 저지른, 정상을 벗어난(이해할 수 없는) 언행은 대체로 그 섬망 속에서 일어난 일시적 정신 혼돈에 연관이 있다.

우리는 오히려 그러한 육체적 고통과 한계 속에서도 처절하리만큼 치열하게 인간과 사회의 변혁과 완성을 고뇌하고, 지구와 우주 생명에 대한 전 일체적 깨달음에 다다른 김지하의 구도적 일생을 경외해야 마땅하다.

그는 이 세상을 떠났지만, 남은 우리는 그가 그토록 애타게 알려주고 싶었던 생명의 길, 평화의 길로 이 세상을 지키고 가꾸어 나가야 하기 때문이다. 아니, 내 후손들에게 생명의 위기, 전 지구적 재앙이 닥쳐서는 안 되기 때문이다.

세계에서 가장 훌륭한 한글

임정기 | 전 한국담배인삼공사 기능사

UN은 영어, 프랑스어, 중국어, 스페인어, 러시아어, 아랍어 6개 언어만 공용어로 사용하고 있으며, 공식문서 또한 이 언어로만 작성하게끔 되어 있다.

한류열풍으로 공식적 한국어 사용자(자국 비포함)가 7천7백만 명에 육박해서 기존 공식 언어인 프랑스어보다 사용자가 많아 UN에서 한국어가 공식 언어로 채택을 논의하고 있다는 소식이 전해진다.

전혀 믿어지지 않지만, 역시 대한민국은 자랑스러운 나라임이 틀림없다. 필자는 평소 우수한 한글을 창제하신 세종대왕에 대해 남다른 관심을 두고 있다.

10월 9일은 세종대왕이 한글을 반포한 한글날이다. 세종이 수백 년 뒤를 내다 본 정보통신 대왕이 아니었나 하는 감탄이 절로 나온다. 24개의 자음, 모음만으로 자판 내에서 모든 문자 입력을 단번에 해결할 수 있는 한글은 하늘의 축복이자 과학이다. 세종대왕의 선견지명이다.

휴대전화로 문자를 보낼 때 한글로 5초면 되는 문장을 중국, 일본 문자는 35초가 걸리는 일도 있다. 한글의 입력 속도가 일곱 배 정도 빠르다는 얘기다. 정보통신(IT) 시대의 큰 경쟁력이다.

한국인의 부지런하고 급한 성격과 승부 근성에, 한글이 '디지털 문자'로서 세계 정상의 경쟁력을 갖추고 있는 덕에 우리가 인터넷 강국이 됐다고 해석할 수 있다. 한글로 된 인터넷 문자 정보의 양은 이미 세계 그룹에 속한다.

26개인 알파벳은 한글과 같은 소리 문자이고 조합도 쉽지만, 'a'라도 위치에 따라 발음이 다르고 나라별로 독음이 다른 단점이 있다. 그러나 한글은 하나의 글자가 하나의 소리만 갖는다.

어휘 조합능력도 가장 다양하다. 세계적 언어학자들은 한글이 가장 배우기 쉽고 과학적이어서 세계 문자 중 으뜸이라고 말한다. '알파벳의 꿈'이라고 표현한다. 그래서 거의 0%인 세계 최저의 문맹률이 가능했고, 이것이 국가발전의 원동력이 되었다.

어쨌든 한글은 기계적 친화력도 가장 뛰어나서 정보통신 시대를 위해 준비된 문자이다. 향후 세계의 표준으로 선정될 잠재력이 충분하다. 역시 세종대왕의 선견지명이 돋보이는 대목이다.

유네스코는 세종대왕 문해상(UNESCO King Sejong Literacy Prize)을 한국 문화체육관광부 지원으로 1990년부터 시상하고 있다. 후보 추천은 유네스코 회원국 정부와 국제 비정부기구에서 하고 심사는 문해 분야 저명인사로 구성된 국제심사 위원단이 하며 유네스코 사무총장이 수상자를 최종 선정한다.

수상자에게는 미화 2만 달러의 상금과 상장, 세종대왕 은메달이 수여된다. 시상식은 매년 9월 8일 세계 문해의 날에 거행된다. 세계 곳곳에 세종대왕의 한글 창제 정신을 홍보하고 국제 문맹 퇴치 운동을 활성화하기 위해 매년 개인, 단체별 3인에게 시상한다.

유네스코에서 수여하는 문해상은 2종으로 '세종대왕 문해상'과 '공자 문해상'이 있다. 각각 3명 혹은 단체에 수여한다. 유네스코 공자 문해상은 2005년 9월 제172차 유네스코 집행이사회에서 중국 정부의 제안을 통해 제정된 것으로, 시골의 성인 및 탈학교 여성이나 청소년 문해에 크게 이바지한 개인·비정부단체·정부나 정부 기관에 매년 시상한다.

추천과 심사, 선정 절차는 세종대왕 문해상과 비슷하며 재원은 중국 정부가 1억 9천5백만 원을 부담한다. 역시 세종대왕 문해상 상금은 한국 정부에서 부담한다.

세계에서 가장 훌륭한 글자(문자)는 한글이다. 세계 유명한 석학들은 '한글! 세계의 중심에 있다.'라고 힘 실어 말한다. 한글이 인정받는 이유는 문자뿐 아니라 그 속에 담긴 정신과 철학, 즉 한글 정신이라는 위대한 가치 때문이다.

한글 정신 속에는 애민 정신, 자주정신, 실용 정신이 깃들어 있어 인류가 추구하는 보편적 가치인 자유민주주의의 근간이 된다. 한글의 우수성은 세계의 권위가 있는 석학과 세계인이 인정하고 있다.

그러나 오히려 한국의 정치인과 공직자, 언론인, 학자 등을 포함한 국민마저도 한글의 우수성을 등한시하는 것 같아 가슴이 아프다. 특히 한글날을 전후로 신문·방송을 보면서 너무나 서글픈 생각이 들어 눈물이 난다.

세계가 인정하는 한글의 우수성을 한국 정부와 정치인과 공직자 및 학자와 언론들이 왜 홀대하고, 많은 국민이 이렇게나 무관심한지 너무나도 가슴이 아프다.

지금이야말로 모든 한국인이 한마음 한뜻으로 '한글, 세계의 중심에 있다.'라는 것을 자각하고 가슴 깊이 새길 때라고 믿는다. 우리 모두 세계 방방곡곡에 한글의 우수성과 한글 정신(한얼 홍익인간 정신)의 위대함을 알리고 실천하여 국민통합과 국민화합을 이루고, 국론통일과 국익 및 국민의 행복은 물론 세계평화와 인류 행복에 이바지하기를 희망한다.

한글은 우수한 문자라는 말을 자주 듣는다. 하지만 그 이유를 물으면 조리 있게 답하는 사람은 드물다. 한글을 일상생활에서 늘 집하고 사용하지만, 한글의 가치에 대해서는 깊게 생각하지 않았기 때문일 것이다.

어쨌든 한글의 우수성은 해외에서 더 널리 알려져 있다. 영국 옥스퍼드대에서 세계의 모든 문자를 놓고 합리성, 과학성, 독창성 등의 기준으로 순위를 매긴 적이 있는데, 한글이 당당하게 1위를 차지했다.

세계의 언어학자들이 한글의 우수성을 인정한 것이다. 한글이 배우기 쉽고 우수한 문자라는 것을 유네스코가 인정한 것이다. 참으로 자랑스러운 일이다.

심상은 국민 스스로가 결정한다

임채중 | 전 함양초등학교 교장

상(相)은 버릇으로 생기고 형세는 상으로 인하여 이루어진다. 버릇은 습관이고 반복적인 행동으로 인생의 운세를 좌우한다. 또한, 관상은 형국(形局)을 보고 유년(流年)을 풀이하는 과정이라고 정약용은 '다산시문집'에서 밝혔다.

한국 사람은 체면을 소중하게 생각한다. 유교 문화의 영향인지 먹을 것보다 입는 것, 속옷보다 겉옷을 차려입는다. 도포에 갓을 쓰고 점잖은 걸음걸이로 한갓 위용을 자랑한다.

전형적인 한국인의 유교 상이다. 냉수 먹고 트림하며 이 쑤신다. 일종의 과시욕이다. 양반집 선비는 굶어도 남의 것을 탐하지 않는다. 좌 안동 우 함양의 함양 고을에는 청백리가 쏟아지고, 청렴 공무원(경찰청장), 군인(장군), 행정(고위 공무원), 세무, 교육 등의 활약이 두드러진 것은 500년 유교 전통의 산물로 함양인의 상이 형성된다.

상 중에서 으뜸가는 상은 용상(임금이나 대통령상)이다. 조선 시대 임금 27명 가운데 세종대왕은 대왕의 명칭이 어울린다. 조선 시대 왕들은 평균 나이 27세에 즉위하여 18년 재위, 41세에 붕어했다.

최단 몇 개월에서 최장 50년, 80세 장수하신 대왕도 있다. 말과 행동으로 나타난 이들의 상은 조금씩 다르다. 기골이 강건한 무장(장군)형의 상이나 나약한 선비 상으로 나뉜다.

실물이 존재하지 않는 역사 속의 인물의 관상(골상과 심상)은 기록에 나타난 버릇과 습관 행동으로 짐작한다. 골상은 타고난 유전인자(DNA)로 영양 섭취와 발육 단계를 거쳐 교육을 통해 완성되는 지능(IQ)과 같고, 심상은 주위 환경에 의해 변하는 후천적 측면이 있어 환경요인인 노력과 같다고 말한 사람도 있다.

에디슨이 '천재는 99%의 노력과 1%의 영감이다.'라고 한 것은 지능보다 노력이 많은 사람이 좋은 성적을 거두며, 타고난 골상보다 길러지는 심상이 좋은 사람이 기회를 얻는다.

감나무 밑에 홍시 떨어지기만 기다리면 세월만 간다. 골상이 좋아도 심상이 나쁘면 운도 따라주지 않아 성공하기 어렵고 권좌(용상)에 앉을 수 없다.

세종은 뛰어난 임금으로 업적이 많다. 육진 개척, 대마도 정벌, 한글 창제, 용비어천가, 과학기술, 해시계, 물시계 등 그야말로 성군이다. 외교, 정치, 과학, 문화, 사회안정으로 존경받는다.

세종대왕은 골상과 심상이 어우러진 운을 타고났다. 셋째 왕자로 태어나 두 형을 물리치고(양보와 사양) 세자가 된 것은 좋은 골상이며, 훌륭한 왕으로 존경받는 것은 심상을 갈고 닦아 이루었다. 세종대왕의 초상은 조선조 임금 중 최고의 어진으로 전해온다.

입학시험이나 취업 시 면접관은 관상(외모)을 보지 않는다. 규정에 의한 질문을 통해 지식이나 업무능력을 평가하며 예절이나 용모는 플러스 알파로 작용할 수 있다.

그러나 어떤 기업에서 사원 채용 시 오너가 직접 면접관으로 나와 신입사원의 심상을 체크했다고 한다. 사원 한 사람이 회사 운명을 좌우하는 주요 업무를 맡을 때를 대비하여 면접을 중요시했다는 이야기가 전해온다.

관상에서 사원의 운세가 회사에 끼칠 손익을 계산할 수 없지만, 면접을 통해 최소한의 피해를 막겠다는 사장의 고뇌에 찬 행동이었다. 성과는 알 수 없으며 회사 취직 후 환경적 요인이 크게 작용하여 감원의 대상이 되어 퇴출당한 것은 상이 강하면 유배되는 왕자의 상이 떠오른다.

대한민국 관상! 형국을 보고 유년(流年)을 풀이한다. 아시아 한반도 분단의 나라 북핵, 코로나, 갈등, 빈부, 세대, 남녀, 지역, 에너지 고갈, 환경 훼손, 가뭄과 사막화 엄청난 일들이 벌어진다. 한순간 한 분야도 마비되면 순식간에 사라진다. 폭풍전야, 누란의 위기지만 모두가 여유 작작 하다 설마 전쟁이, 내가 코로나에 걸릴까?

인구 5,000만 GDP 국민총생산 1.5조 달러, 무역 순위 10위, 분단국, 주위 4대 강대국(미·중·일·러) 수출에 의존하는 가공 무역에서 기술 선진국으로 도약한다.

한반도 22만 제곱킬로미터, 전체인구 남북한 7,500만 해양과 대륙의 연결이 양호한 반도국 온화한 나라, 대한민국의 골상은 양호하다. 좋은 심상을 가진 사람이 국민의 지도자로 나타나길 바란다.

대한민국의 심상은 국민 스스로가 결정한다. 투표에 의해서 결정된다, 상의 이미지가 서서히 나타난다. 그들의 마음속의 심상을 끄집어내어 보아야 한다.

대화 속에 자기의 모습을 나타낸다. 스님은 돼지 같다. 욕심 많은 돼지, 미련한 돼지라고 한 무학대사의 모습은 볼 수 없지만, 무학은 무엇을 묘사했는지 알 수 없다. 돼지의 눈으로 보면 돼지 같아 보이고 스님의 눈으로 보면 소승이 보인다.

정치인들의 꿈은 모두가 용상이지만, 백성들은 국민을 편하게 하는 '세종대왕' 상을 원한다. 5,000만 대한민국 국민들이 꿈꾸는 상이다. 안보와 경세성상으로 선진 10위권에서 성상을 바라보는 꿈은 야무지다.

세대 간의 갈등, 남녀, 지역 빈부, 갈등을 넘어 북핵 해결, 세계 평화와 기후 문제, 재생 에너지, 저 탄소 문제를 해결할 수 있는 '세종대왕' 상이 국민 앞에 나타나기를 소망한다.

홍익인간은 사랑정신이다

임성수 | 민족종교 환웅천왕종 총재

환웅천왕을 모신 지 어느덧 40년이 흘렀다. 단군을 모시는 사람들은 많으나 황웅천황을 국조전에 모셔야 한다는 나의 주장과 고인이 되신 임균택(1937~2021) 박사의 세계 유일 뿌리 경전(한경대전)이 밝히는 올해 9221년 환인, 환웅천자(79,852권) 문헌고증이 우리 일만 년! 뿌리역사가 살아 숨 쉬는 위대한 민족이다.

조상 없이 내가 있을 수 없고, 내가 없이 조상이 있을 수 없듯이 명확하게 문헌고증 뿌리역사! 한경대전이 세계 유수 국립대학에 전부 30여 년부터 들어가 있고 미국의회, 하버드대, 미시간, 캘리포니아대, 콜롬비아대에서 주문해 갔고 중국 시진핑 정부, 북경대, 남개대, 청화대, 남경대, 대만대, 일본 동경대에도 들어가 있다.

이러한 세계 유일한 배달 계보도가 현존하는 위대한 민족이 국조전

하나 없이 뿌리 없는 민족처럼 부평초가 되어 있는 한심한 세상이 되어 있다.

나는 아버지의 아버지로부터 / 천백 겁 인연으로 와서 / 아들의 아들로 환생하여 / 아버지의 아버지로부터 / 오고 또 와도 온 곳이 없고 / 아들의 아들로 부활하여 / 가고 또 가도 간 곳이 없네

아버지의 아버지로부터 / 온 곳은 저곳이요 / 아들의 아들로부터 가는 곳은 / 이곳일세

아버지의 아버지는 / 저곳으로부터 시작이요 / 아들의 아들로부터 시작은 이곳일세

— 영생송, 방촌(方寸)

윗글의 내용처럼 우리는 조상으로부터 와서 자손을 통해 영생한다. 천자의 정통, 종손, 천손 민족이기에 반드시 바른 뿌리역사가 세워져야 한다.

천산곤륜 천황한인 홍익사상이란 한인천황인(천신)의 뜻 따라 홀로 변화하여 온 누리에 광명의 빛을 내리며 만물을 생육하고 자연 진리에 순응하며 오묘한 이치를 깨우치게 하고 말 없는 무언으로 행동하며 천산, 땅에 강림하여 무리를 살피면서 불씨를 만들어 음식을 익혀 먹도록 교화하니 이로써 세상을 제세이화 하였다.

이를 홍익인간이라 이른다. 구환의 자손이 모두 다 한인천황의 후예다.
홍익인간이란 큰 사랑 정신으로 사람의 사랑 정신보다 큰 정신세계다.

인신, 지신, 천신으로 천·지·인을 통합한 사랑 정신이 홍익인간 사랑 정신이다. 우리 배달민족 고유의 전통으로 내려온 효 사상이며 인류 동포애 사랑이다.

홍익인간 사랑은 끝없이 넓은 하늘의 마지막 사랑 정신이다. 홍익정신세계는 공자의 인, 예수의 박애, 석가의 자비 사상이 다 포함되어 있다.

B.C 7199년 한인천황이 천산, 삼위, 태백, 흑수, 곤륜에서 홍익인간 사랑 정신으로 제세이화 하였으니 수많은 세월이 흐르는 동안 숱한 선성들이 홍익인간, 제세이화의 대덕을 베풀었고 B.C 500년경 동이(東夷)에서 석가, 공자가, 또 이스라엘에서 A.D 원년 예수가 탄생하여 홍익사랑의 덕을 실천하였으니 인류가 오늘의 문명과 문화의 꽃을 피울 수가 있었고 선성(先聖)들이 인격적 인덕의 인(仁)이 실천되지 않았다면 인류는 망했을 것이다.

따라서 인륜적 홍익대도가 파괴되면 성(性)이 문란하고 윤도가 파탄되면 인류는 멸망할 수밖에 없었던 역사의 거울 속에 비친 사실 들이었기 때문이다.

그것은 노아의 홍수 이전인 B.C 3500년 이전부터 시작해서 소돔과 고모라성의 멸망에서, 또 많은 국가흥망 성쇠에서 비롯되었기 때문이다.

홍익인간 사상을 통하지 않고서는 인류애는 성취될 수 없고 인류는 화합될 수 없으며 인간사랑은 성취될 수 없다. 홍익인간 인류동포애로 인류 구원에 새 질서가 열림으로써 인류는 새로운 개벽기를 맞게 될 것이다.

천산곤륜 문화의 철학사상을 심도 있게 연구함으로써 인류문화의 흐름 경로를 바로 알고 물질 만능 사상보다 정신사상을 바로 교육하는 세상이 돼야 할 것이다.

우리는 세계 유일 한배달 계보도의 종주국이다. 일만 년 뿌리역사를 바로 세워서 세계인을 교화하는 스승국이 돼야 할 것이다. 천자의 정통, 종손, 천손 민족이 문헌고증 일만 년 뿌리역사!

현존하는 국조전을 바로 세워야 국민 된 도리일 것이다. 마지막으로 임균택 박사의 주옥같은 「내력송(來歷頌)」 시 한 편 올리며 마친다.

우리 동이(東夷) 중원(中原)
한배달(韓倍達) 나라는
삼황(三皇)
오제(五帝)로부터
삼분(三憤)
오전서(五典書) 갖고
한인(桓因) 한웅(桓雄)
유소(有巢) 수인(燧人)
복희(伏羲) 인황(人皇)으로
염제(炎帝)
황제(黃帝)
요제 단군왕검(堯帝壇君王儉)
순(舜) 우(禹) 탕(湯)

문(文) 무(武) 조선(朝鮮) 거쳐

오패칠웅조선(五覇七雄朝鮮)에서

연부여조선(燕夫餘朝鮮)

고구려조선(高句麗朝鮮)

중원나라(中原那羅) 신라(新羅)

고려(高麗) 조선(朝鮮) 거쳐

한(韓) 중(中) 몽(蒙)

오늘에 이르니

이것 우리들 내력이라네

설악산을 종주하다

임 형 | 전 광주 고려고등학교 교사

2022년 7월 말은 삼복더위와 삼복 추위를 동시에 느껴 본 잊을 수 없는 여름이었다. 한 직장에서 30여 년을 함께 근무했던 동료 4명이 설악산을 찾은 것이다.

광주에서 출발하여 설악동 숙소에서 하룻밤을 보낸 일행은 한계령으로 가기 위해 택시를 탔다. 구불구불 한계령 길은 험하고 위태롭다. 이 길을 뚫으며 많은 인명사고가 있었다고 하니 희생자들을 생각하면 고마움이 앞선다.

30분쯤 지나서 한계령휴게소에 도착했다. 가볍게 몸을 풀면서 등산화끈을 조이고 스틱을 펼친다. 등산 시작점인 이곳 한계령에서 안전 산행을 기원하며 모두의 손을 모은다.

파이팅! 외치는 소리와 함께 드디어 출발이다. 등산 일정은 서북 능선을 타고 중청대피소에서 1박을 한 후 공룡능선을 거쳐 설악동으로 하산하는 설악산 일주 코스이다.

평소 산을 좋아하는 사람들이라고 해도 일행의 나이가 환갑에서 고희까지이니 긴장이 되기도 한다. 더구나 어젯밤 뉴스에서는 설악산 등반객이 추락사했다는 끔찍한 사고 소식도 있었다.

그렇지 않아도 걱정이 앞서는데 뉴스까지 긴장감을 더 보탠다. 목숨 걸고 올라야 할 산인가 보다. 가파른 계단을 따라 오르는 길이 여간 팍팍하지 않다. 일찍부터 땀이 등을 적시기 시작한다.

등산로를 따라 나무 그늘이 드리워 있다지만, 숨이 컥컥 막힌다. 그도 그럴 것이 지금은 삼복염천(三伏炎天)이 아닌가. 비 오듯 쏟아지는 땀을 두어 번 닦아내니 한계령 삼거리가 나타난다.

체력의 한계를 느끼며 물과 간식으로 힘을 북돋운다. 한계령에 오르면 꼭 듣고 싶은 노래가 있었다. 스마트폰을 꺼내 일행과 함께 양희은의 노래 '한계령'을 감상한다.

저 산은 내게 / 우지 마라 우지 마라 하고 / 발 아래 젖은 계곡 / 첩첩산중 / 저 산은 내게 / 잊으라 잊어버리라 하고 / 내 가슴을 쓸어내리네 / 아, 그러나 한줄기 / 바람처럼 살다 가고파 / 이 산 저 산 눈물 구름 몰고 다니는 / 떠도는 바람처럼 / 저 산은 내게 / 내려가라 내려가라 하네 / 지친 내 어깨를 떠미네

노래를 듣고 있으려니 힘든 산행으로 지친 몸이 지나온 삶들과 겹치면서 괜스레 가슴이 찡해진다. 일행이 숙연해진다. 이 노래는 정덕수 시인의 시 '한계령에서'를 원작으로 강원도가 고향인 가수 하덕규가 자신의 힘들었던 인생사를 담아 개사하고 곡을 붙여서 선배 양희은에게 주었다고 한다. 한계령에 직접 올라 노래를 들으니 감회가 새롭다.

설악산 서북 능선은 백두대간의 일부로 대승령(1,211m) - 귀떼기청(1,576m) - 한계령(1,355m) - 끝청(1,610m) - 중청(1,665m)에 이르는 14km 정도의 코스를 말한다.

능선길은 오르락내리락 돌길도 있고 흙길도 있어서 마치 지리산 종주를 하는 듯한 착각에 빠지게 한다. 흔히들 설악산이 바위로 이루어진 골산(骨山)으로 아버지 같은 산이라면, 지리산은 흙으로 이루어진 육산(肉山)으로 어머니 같은 산이라고들 한다.

역시나 능선을 타며 바라보는 설악산 봉우리들은 뾰쪽뾰쪽 바위산들 뿐이다. 줄곧 걷다 보니 물로 채운 배가 서서히 허기진다. 점심시간이 되었는가 보다. 점심은 캔으로 된 전복죽에 깻잎 반찬이다.

꿀맛이다. 후식은 4등분 한 사과 한 쪽씩이다. 든든하게 배를 채우고 새로운 힘을 얻어 다시 출발이다. 등산로 주변에는 비비추, 동자꽃, 물레나물, 노루오줌, 연잎꿩의다리, 하늘말나리 등 여름 야생화가 지천이다.

그 사이로 벌과 나비들은 분주히 움직이며 꿀을 모으고 있다. 이내 끝청에 도착했다. 동서남북으로 펼쳐진 암봉들을 바라보노라니 한순간 한 장면이라도 놓치기가 아까웠다. 열심히 사진을 찍는다.

사진은 위태로운 곳에 서야 더 멋지게 나오는 법. 바위 끝에 서려니 오금이 저린다. 연신 풍경을 찍고 담소를 나누며 걷다 보니 중청대피소가 아래쪽에 보인다.

대피소에 들러 배낭을 풀어 놓고 곧바로 대청봉으로 향한다. 1,708m 설악산 최고봉인 대청봉에 오르니 일망무제로 시야가 탁 트인다. 저 아래 세상이 조그맣게 보인다.

멀리 동해 쪽은 운무가 깔려 있고 서북쪽으로는 바위 능선들이 뻗어 있다. 신비한 광경이다. 등태산이소천하(登泰山而小天下, 태산에 오르니 천하가 작게 보인다.)라고 했던 이백의 심정이 이랬을까?

하얀 솜이불 같은 구름이 바위들을 감싸 둘러있다. 야! 이곳이 매년 첫 눈 소식을 전하는 대청봉이로구나. 정상 표지석의 붉은 글씨가 더 선명하게 보인다.

설악산은 한라산(1,950m), 지리산(1,915m)에 이어 남한에서는 세 번째로 높은 산이다. 비경을 부지런히 카메라에 담아본다. 그래도 남은 것은 눈으로라도 모두 담아 가고 싶다.

여기를 보나 저기를 보나 그야말로 선경들뿐이다. 대청봉 주변엔 바람꽃이 군락을 이루고 있고 금강초롱이 길가에서 초롱처럼 등산객을 안내한다. 앙증맞은 참바위취는 돌 틈에 박혀 행인의 시선을 사로잡는다.

구름이 몰려오고 몰려가는 장관에 감탄을 연발하면서 대피소로 내려간다. 이제 저녁을 준비해야 한다. 단단히 포장한 묵은김치를 풀어서 코펠에 넣고 참치통조림을 뜯어 찌개를 끓인다.

매점에서 물과 햇반을 사서 김치와 몇 가지 반찬으로 맛있는 식사를 한다. 시장이 반찬일 뿐 아니라 멋진 고봉준령 위에서 먹는 밥은 최고의 만찬이다. 아, 반주 한잔이 간절하지만, 국립공원에서는 금주다.

더구나 음식물 쓰레기 외 모든 쓰레기는 되가져가야 한다. 당연히 그래야 할 것 같다. 이 높은 곳에서 배출한 쓰레기는 헬기로 옮길 수밖에 없으니까.

설악산에는 중청, 소청, 희운각 등 몇 개의 대피소가 있지만, 코로나 때문에 지금은 중청만 운영한다고 한다. 중청대피소는 수용인원이 115명이다. 개인별 침대는 없고 나무로 된 침상에 10여cm 높이의 나무 가림막만 있다.

환경친화적인 화장실에 취사장과 탈의실이 갖추어져 있다. 당분간 매트리스와 담요는 제공하지 않는다. 밤 9시가 소등시간이다. 피곤하여 쉬 잠에 빠질 줄 알았는데 도통 잠을 잘 수가 없다. 다른 이들도 그런 모양이다.

너무 추워서 잠이 오지 않는다. 양말을 신고 배낭 속 옷은 다 꺼내 껴입고 비옷을 이불 삼아 덮었다. 7월 26일, 다름 아닌 중복 날인데도 추워서 잠을 이루지 못하다니.

삼복더위란 말은 있지만 삼복 추위란 말을 써 보기는 생전 처음이다. 수면 착각 증후군일까? 모두 한숨도 자지 못하고 꼬박 날을 샌 듯한 느낌으로 부스스하게 아침을 맞았다.

고대하고 고대하던 설악산행의 꽃, 공룡능선을 타는 날의 아침이 밝았다. 공룡능선은 우리나라 국립공원 100경 중 제1경으로 공룡의 머리에 해당하는 신선대 아래 무너미고개에서 꼬리에 해당하는 마등령까지 5km 정도의 구간을 말한다.

강원도 속초시 설악동에서 인제군 북면 용대리를 동서로 가르는 경계이기도 하다. 생수병 물로 부스스 눈곱만 털어내고 배낭을 꾸린다. 아침 식사는 저 아래 희운각대피소에서 할 예정이다.

조금 내려가다 보니 소청봉(1,581m)이 보인다. 소청봉 아래에는 봉정암이 있을 것이다. 봉정암에서 오솔길을 따라 서북쪽으로 가면 만해스님이 수도했다는 오세암과 백담사가 나온다.

내설악의 정기를 느낄 수 있는 비교적 쉬운 등산로가 백담사에서 오세암을 거쳐 봉정암으로 향하는 코스이다. 예약해 두면 오세암이나 봉정암에서는 숙박을 할 수도 있다.

오늘의 코스는 아니니 소청봉은 바라만 보고 그냥 스친다. 1시간쯤 지나 희운각대피소에 도달했다. 매점 말고는 모두 폐쇄된 대피소는 확장공사가 한창이다.

어수선한 가운데 아침을 해결하고 계곡에서 호스로 끌어온 물로 양치질과 세수를 하고 출발한다. 아랫길로 가면 가을 단풍이 아름답다는 천불동으로 내려갈 수도 있다.

그러나 일행은 위로 올라간다. 가파른 바위 벼랑을 따라 무너미고개를 넘어 신선대(1,233m)로 향한다. 공룡의 목등뼈처럼 뾰쪽한 바위 봉우리들이 병풍처럼 둘러쳐져 있다. 아래쪽에서 올려다볼 때의 위용이 한 걸음 한 걸음 위로 갈수록 압도되어 다가온다.

이름 그대로 신선들이 모여 살 것 같은 선경이다. 신선대 정상은 오르지 못하는가 보다. 정상을 오른편에 두고 살짝 옆으로 빠진다. 왼쪽 저 멀리 웅장한 용아장성(龍牙長城)이 뻗어내리고 있다. '용의 어금니'라는 이름부터가 무시무시하다.

등산로가 위험하므로 출입할 수 없는 지역이다. 가끔 이를 어기고 등정하다가 죽음의 나락으로 떨어지는 사고를 당하기도 한다. 용아장성은 아슬아슬한 낭떠러지 암벽에 등산로 시설이 갖추어지지 않아 등반하기 힘든 곳이다.

아무나 갈 수 없는 험한 곳, 눈으로만 보아도 장엄함이 느껴진다. 일행은 좌우 경치를 즐기며 오르고 내려가기를 연신 반복한다. 공룡능선에서 가장 난코스라고 하는 1,275봉이 눈 앞에 펼쳐진다.

표고는 그리 높지 않지만, 온통 바위 봉우리여서 안전줄에 의지해 오르내려야 하는 험난한 곳이다. 숨을 몇 번이나 고르고 헐떡이다 입술이 바짝 타들어 갈 무렵 드디어 1,275봉에 도달한다.

잠시 그늘을 찾아 쉬노라니 땀에 절어 축축한 등이 시원한 바람에 말려지더니 몸이 나른해진다. 하지만 한숨을 돌렸으니 다시 출발이다. 공룡능선의 유명세 탓인지 오가는 등산객들이 종종 있다.

마주치는 등산객들과 정겨운 인사를 나누다 보니 어느새 나한봉(1,297m)에 이른다. 오백나한의 모습을 닮아 나한봉이라고 했는가? 기암괴석은 하늘로 솟구쳐 있고 아찔한 암봉마다 소나무가 위태롭게 서 있다. 하, 도연명이 이런 모습을 두고 '사시(四時)'를 읊었던가 보다.

춘수만사택(春水滿四澤)
하운다기봉(夏雲多奇峰)
추월양명휘(秋月揚明輝)
동령수고송(冬嶺秀孤松)

봄 물은 사방 연못에 가득하고
여름 구름은 기이한 봉우리마다 깔렸구나.
가을 달은 밝은 빛을 드날리고
겨울 고갯마루엔 한그루 소나무 우뚝하네.

고개를 돌리는 곳마다 절경이다. 동서로 확 트인 능선에 자리를 잡고 산바람을 맞으며 풍경을 반찬 삼아 점심을 해결한다. 이제 남은 봉우리는 마등령(1,220m)이다.

말의 잔등처럼 생겼다고 해서 붙여진 이름이다. 멀리서 보아도 말의 잔등처럼 움푹 들어간 부분이 눈에 띈다. 1시간쯤 지나니 내설악과 외설악을 연결하는 마등령고개가 나온다.

설악산 동쪽의 신흥사와 서쪽의 오세암, 영시암, 백담사를 연결하는 고개이다. 마등봉을 앞에 두고 오른쪽으로 방향을 튼다. 이곳에서 비선대까지는 계속 내려가야 하는 지루한 돌길이다.

하늘에 떠 있던 운무까지 지상으로 몰려온다. 안개가 자욱이 끼어서 도통 주변이 보이질 않는다. 가도 가도 끝을 가늠할 수가 없다. 이곳까지 오는 동안 절경은 다 감상했으니 그리 아쉬울 건 없지만 돌길은 험하고 주변은 어둡다.

나이가 들수록 무릎이 약해지니 오르는 길보다 내려가는 길을 더 조심하라 했거늘. 지팡이에 의지해 몇 시간을 내려가다 보니 반가운 물소리가 들린다. 계곡이 가까워졌다는 신호이다.

땀으로 목욕하고 마실 물도 떨어져 간다. 피곤함이 엄습해 오는 가운데 기계적으로 발걸음을 옮길 뿐이다. 무념무상이다. 드디어 설악산 입구 푯말과 함께 비선대가 나타난다. 반갑고 감격스럽다.

와선대까지 내려가 시원한 계곡물로 세수를 한다. 정신이 번쩍 든다. 아침 6시에 중청에서 출발하여 오후 6시에 설악동에 도착했으니 12시간이 걸렸다. 느릿느릿 안전을 우선시한 산행이었다.

마지막까지 일행이 모두 탈 없이 설악산을 종주하게 되어 무엇보다 기쁘다. 설악동 상가에서 파전에 산채비빔밥으로 허기를 달래고 시원한 맥주를 들이켜며 자축한다.

숙소로 돌아와 개운하게 씻고 긴 하루를 마감한다. 눈에 담은 설악산의 비경이 사라지기 전에 눈을 감고 잠을 청해 본다. 인생의 버킷리스트를 하나 채웠다는 벅찬 가슴을 안고……

통일희망열차가 달린다

임창진 | 통일희망열차국민운동 사무국장

우리나라, 우리 민족, 세계 유일의 분단국가 등 등의 이야기 속에서 항상 결론은 통일이 된다면 평화 통일을 해야 하는데 우리나라 국민이면 한 번쯤 들어 본 이야기일 것이다.

나도 학창시절에 민주화운동, 반독재 투쟁 속에서 등장했던 것이 통일 운동의 시작이었다. 각계에서 통일을 이야기하고 남북 교류 활성화, 민간 차원의 교류 활성화 등 많은 이슈를 통일 이야기에 함께 했었다.

농민단체에서, 노동계에서, 체육계에서, 종교계에서, 정치권에서 수많은 논의나 활동이 있었다. 내가 학생운동에서 통일희망열차까지 이제까지 여기 왔는데 통일은 어느 날 갑자기 오는 것은 아니라고 생각한다.

활성화되던 통일 운동 남북 교류 사업도 정권이 바뀌면 오던 길을 뒤돌아 가기도 하고 멈추어 서기도 하고 뛰어가기도 하고 걸어가기도 하고 제자라 걸음을 하기도 하면서 현재까지 왔다고 생각한다.

어떻든 현재는 통일 운동의 열기가 조금은 식은 듯하다. 그렇다고 해도 누군가는 통일을 이야기하고 관심을 가지고 통일 운동을 해야 한다고 생각한다. 그래야 통일은 한 걸음 가까이 올 것이라 생각한다.

잊고 있었던 통일을 우리 지역에서 전남중앙신문이라는 지역신문을 운영하고 있는 고향 선배의 통일희망열차국민운동에 대한 기획과 함께하자는 제안에 선배를 도와 열심히 해보겠다는 마음으로 동참하게 되었다.

처음에는 "통일희망열차국민운동"이라는 이름으로 목포역에서 열차를 이용하여 서부전선 DMZ 지역을 돌아보는 안보관광에 함께한다는 정도로 쉽게 생각하고 시작했던 것이 2018년도에 준비 단계를 거쳐 2019년도 5월 4일, 6월 29일, 8월 17일 3차례 운행한 후 4차, 5차를 계획하였으나 아프리카 돼지 열병과 코로나19 팬데믹으로 열차운행 및 단체행사가 제한되어 통일희망열차운행이 멈추어 있었다.

그러던 중 이번 4차에 450여 명의 인원이 참여하여 4차례 누적 인원 1,700명이 통일희망열차국민운동에 함께하게 되었다. 사실 일반 시민이 자발적으로 참여하는 민간주도의 통일 운동이 참가자가 실비를 부담하여 시민 실천 운동으로 실현되어 그 의미는 더 크다고 볼 수 있다.

통일희망열차가 목포역을 출발하여 임진각역까지 직통으로 운행한 후 3년 만에 2022년 8월 20일 4번째의 통일희망열차가 목포역을 출발하여 호남선 개통 이후 109년 만에 최초로 도라산역까지 운행하는 기록을 남기면서 힘찬 발걸음을 내디뎠다.

내가 통일희망열차국민운동의 사무국장 역할을 하면서 보람도 느끼면서 요즘처럼 남·북 관계가 소통이 힘든 상황 속에서 국민들의 통일에 대한 관심도가 덜 할 때 민간 차원의 통일 운동이 더욱더 필요한 상황이라는 생각을 하게 되었다.

이번 4번째 통일희망열차는 김대중 대통령 서거 13주기를 맞이하여 추모의 의미를 더하여 김대중 대통령과 우리 국민의 통일에 대한 염원을 담은 열차 여행이라고 생각되었다.

통일희망열차가 도착한 도라산역은 경의선 남북철도 연결의 시작점으로 분단의 아픔을 간직한 통일을 꿈꾸는 공간으로 파주시 장단면 희망로 민통선 내에 위치하고 있으며, 서울역에서 56㎞, 개성역에서 17㎞, 평양역에서 205㎞ 떨어진 거리에 위치하고 있다.

도라산역의 지붕은 태극무늬를 이용하여 남북이 서로 손을 맞잡은 모습을 형상화하고 있으며, 이는 도라산역이 남과 북의 연결고리가 되기를 바라는 간절한 소망을 담고 있다고 한다.

도라산역에서 버스를 타고 이동한 서부전선 최북단에 위치한 도라전망대는 송악산 OP 폐쇄에 따라 대체 신설되었다고 한다. 지난 3차와 달리 이번 4차 방문에는 어찌나 날씨가 맑고 좋은지 북쪽의 개성 시내 건물 개성공단도 훨씬 가깝고 선명하게 관람할 수 있었다.

북한 땅이 이렇게 가깝고 엎어지면 코 닿을 듯한데, 우리나라의 분단 현실을 뼈저리게 느끼게 하는 시간이었다. 한편으로는 분단의 아픔을 딛고 반드시 통일을 이루어야 한다는 생각, 의지, 희망 등 생각이 많아졌다.

다음은 버스를 타고 제3땅굴로 이동하는 하였다. 이동하는 동안 DMZ 지역의 관광해설사의 설명으로 지역을 이해하는 데 많은 도움이 되었다.

제3땅굴은 1978년 10월에 발견되었으며, 서울에서 가깝고 DMZ에서 남쪽 400m까지 연장되어 있어서 주목된 땅굴이라 한다. 문산까지 12㎞ 서울까지의 거리는 52㎞ 지점에 있다.

폭 2m, 높이 2m 총길이 1,635m로 시간당 무장군인 3만 명의 병력이 이동 가능하다고 한다. 지금까지 발견된 땅굴 중에서 가장 규모가 큰 것으로 당시의 북한 남침 야욕의 강도를 짐작할 수 있다고 한다.

땅굴 관람 후 DMZ 지역의 영상을 감상하는 시간을 가졌다. DMZ 지역은 분단의 아픈 상처를 고스란히 담고 있지만, 그 속에서 복원된 자연의 신비함을 간직하고 있었다.

영상을 보면서 수많은 동물이 즐겁게 뛰어놀고, 기이한 식물들이 자라고 있는 천연의 원시림 같은 인상을 받았다 다음은 통일촌 마을로 이동하였다.

통일촌으로 불리는 이 마을은 파주시 군내면 백연리에 위치하고 있는데 군사분계선 남방 4.5㎞ 지점에 이스라엘의 '키부츠'를 모델로 만들어진 정책입주 촌 정착 마을이라고 한다.

통일촌 마을에서는 이곳에서 재배한 장단콩 등 농산물을, 그리고 몇 가지의 가공 특산물을 구입하고 휴식하며 간단한 간식을 섭취할 수 있는 시간을 가지게 되었다.

함께한 동료들과 커피, 음료, 파전에 막걸리 한 잔을 들이켰다. 여행 중 잠깐의 휴식을 할 수 있는 시간이었다. 통일촌 마을에서 버스를 타고 다시 도라산역으로 이동하여 기념촬영도 하고, 도라산역에서 출입 수속을 하고 열차에 탑승하여 다시 목포역을 향해서 6시간을 달려 밤 11시에 목포역에 도착하였다.

지루하고 긴 열차 여행이지만, 잊고 있었던 통일에 관한 생각을 해보고 열차 여행의 추억과 함께한 사람들과의 추억을 담을 수 있는 참 좋은 시간이었다.

5분 자유 발언

임동현 | 무안군의회 부의장

　　　　　　　필자는 지난 6월 1일 전국동시지방선거에 출마하여 무안군 의원으로 당선, 등원하자마자 초선임에도 불구하고 부의장으로 선출되어 나름대로 의정활동을 열심히 하는 편이다.

　물론 이론상으로는 지방자치단체의 정책이나 행정을 심의하고 지방자치단체의 기본방침을 결정하는 의사 결정기관이라고 하지만, '지방의회는 어떠한 기능이 있는가?'에 대해 연구하면서 '군의회에서 군의원은 어떠한 역할을 해야 하는가?'도 고민한다.

　특히 지방자치법이 부여한 권한을 중심으로 볼 때 지방의원의 일반적인 역할은 전체 주민의 의사를 대표하고, 지방자치단체의 활동 준거를 마련해 주고, 집행기관의 행정을 감시하고 비판하며, 지역 내 세대 간·계층 간 마찰과 대립을 치유하는 주체의 임무를 수행해야 한다고 하지만, 그리 쉬운 일이 아님을 느끼곤 한다.

결국, 군의원의 자질요건과 관련한 이야기를 자주 듣곤 한다. 예를 들어 '군의원이 되어서 자기 또는 자기와 관련된 사업에서 이득을 추구하려고 하거나, 군의원을 신분 상승의 수단으로 생각하거나, 지역사회에서 도덕적·논리적으로 비판과 손가락질을 받는 구의원이 되어서는 안 된다.' 당연한 이야기라고 믿으며 언제나 연구하는 군의원이 되도록 노력하고 있을 뿐이다.

최근 군의회에서 무안군수를 비롯한 간부들과 '5분 자유 발언'이라는 간담을 가졌다. 바로 의원으로서의 소신을 밝혔는데, 그 내용을 반추해 본다.

우리 무안군은 남악신도시와 오룡지구 그리고 읍·면 지역으로 나뉘는 전형적 도농 복합도시이며 도·농 간 동반 균형발전을 요구하는 군민들의 욕구가 많고, 우리 군도 이러한 지역 간 균형발전을 위해 큰 노력을 기울이고 있는 거로 이해하고 있다.

따라서 무안군이 앞으로 예산을 집행하는 과정에서 세밀한 계획과 충분한 검토를 통해 예산을 집행하는 알찬 지자체가 되기를 희망하며 그 하나의 목적으로 스포츠를 통한 지역경제를 살리는 대안을 제시하고자 한다.

이제 스포츠는 하나의 산업으로 분류되며 시설업, 제조업, 서비스업 등 2·3차 산업이 연계된 복합 산업으로 성장 가능성이 무한한 21세기 새로운 성장동력의 산업이라 할 수 있다.

무안군은 지금까지 각종 전국단위 대회를 유치하였고 앞으로도 유치를 위해 노력을 할 거로 생각한다. 그렇지만 단순한 유치에서 끝나지 말고 이러한 대회를 체계적으로 발전시켜 나감은 물론이고 스포츠 여가활동과 관광을 연계한 스포츠 관광산업 발굴을 통해 지역경제 활성화 방안까지 모색해야 할 시점이 아닌가 생각한다.

무안을 가로지르는 서해안 고속도로와 무안국제공항을 갖추고 있고 공항을 연계한 호남고속철도 사업이 완료되면 서울과 수도권에서 3시간 이내의 생활권이 형성되어 접근성은 더욱 쉬워지리라 생각된다.

접근성뿐 아니라 스포츠 메카를 만들어 가는 데 전국 최고의 입지조건까지 갖추고 있다고 전문가들은 말하고 있다. 첫째, 각종 경기를 치르는데 좋은 기후를 가지고 있다. 바람이 많지 않고 습하지 않아 전지훈련 및 각종 대회를 치르기에 최적지라 할 수 있다.

둘째, 평탄한 지형으로 인해 경기장 등 스포츠 인프라 조성을 위한 비용을 최소화할 수 있다. 셋째, 앞에서도 말씀드렸듯이 탁월한 접근성을 갖추고 있다.

우리 무안군이 스포츠 메카로서 훌륭한 입지조건을 갖추고 있고 이를 적극적으로 활용해 도시와 농촌을 균형 있게 어우를 수 있는 스포츠산업 육성과 인프라 구축에도 관심을 가져야 할 때이다.

특히 미래 스포츠산업 구축을 위해 유소년을 위한 체육시설 구축 등 인프라 확충과 함께 전국대회의 유치가 필요하다. 축구와 야구 등 회장기 배나 전국단위 유소년 대회를 통해 얻어지는 지역의 경제효과는 가히 놀라울 정도이다.

대회를 치를 때마다 적게는 2~3일에서 1주일 이상을 그 지역에 머물며 지내게 된다. 또한, 유소년 경기이다 보니 부모를 포함한 보호자까지 동행하면서 지역경제 활성화에 큰 도움이 되고 있다는 것은 자료로도 확인할 수 있다.

한 예로, 충남 당진시는 지난 2018년 당진 해나루컵 리틀리그 유소년 축구대회와 제51회 대통령금배 전국 고등학교 축구대회를 개최하였다.

개최 후 경제적 파급효과에 대해 충남연구원에 의뢰 분석한 자료를 보면 개최 예산은 약 9억290만 원에 방문객 수는 2만588명으로 집계되었고 이에 따른 생산유발 효과는 85억5천만 원, 부가가치 유발효과는 35억9천9백만 원으로 나타났으며, 고용 유발효과 또한 133명으로 높게 나타났다.

물론 이러한 수치는 경기장 건설 및 인프라 구축을 위한 초기 투자비용이 제외된 결과지만 주민 소득증대 관련으로 산출한 부가가치 유발효과가 35억 원에 육박한다는 것은 해를 거듭할수록 지역의 경제적 효과는 투자비용 대비 크게 나타난다는 것을 알 수 있다.

이렇듯 무안군도 확장성과 경제성을 가진 다양한 스포츠 종목들을 발굴하고 선택해서 투자해야 할 때라 생각한다. 지방재정은 이렇게 활용하고 운영되어야 한다.

'스포츠는 돈이다.' 다소 세속적으로 들릴 수 있겠지만, 스포츠는 돈이며 인기라는 등식이 성립되는 것이 바로 스포츠산업이다. 무안군에서 이러한 스포츠 메카의 희망을 키워나간다면 그 돈은 결국 지역 경제의 활성화와 군민의 생활 안정에 큰 도움이 될 것이다.

그뿐만 아니라 무안군의 브랜드 가치를 제고시킬 기회의 산업이 되리라 생각된다. 무안군의 엘리트 체육 발전과 생활체육 저변 확대는 물론 스포츠 인프라 개선으로 연결되어 체육 강군인 무안군 이미지 제고에 밑거름이 되고 군민의 건강증진과 지역경제의 한 축을 담당하는 효자 아이템이 되었으면 한다.

고사성어의 진미

임종대 | 사)효창원 7위선열기념사업회 이사, 평론가

\# '달초'는 부모나 스승이 훈계할 목적으로 자신의 볼기나 종아리를 쳐 자녀나 제자가 자기 잘못을 깨닫게 하기 위해서라고 '국어사전'은 적고 있다.

달(撻) 자는 '종아리 칠 달' 자고, 초(楚) 자는 '가시 초' 자로 부모나 스승의 아픔이 자식이나 제자에게 전해져 깨우침을 주기 위해서다. 현대에는 달초 시야비야(是也非也)로 옳다 그르다 하지만 참교육의 차원에서 헤아릴 필요가 있다.

김약연(金躍淵, 1868~1942)은 1899년 중국 만주로 망명, 독립운동과 교육에 관심을 가져 1911년 명동 여학교를 설립하여 여성 교육에 힘썼다.

약연은 간민회(墾民會)를 창설하여 자활운동을 전개하였으며, 1937년에는 은진 중학교를 설립, 이사장으로 취임하였다. 작문시간에는 '애국'

과 '독립'이라는 낱말이 들어가지 않으면 점수를 주지 않았다.

또, 책을 읽으면서 생각 없이 읽은 것은 음식을 씹지 않고 삼키는 것과 같다며 독서의 중요성을 강조했다. 어느 해 봄, 학생과 학부형들이 학교에 불만을 품고 소동이 벌어졌다. 약연 이사장은 그 상황을 지켜보다가 단 위에 올라서서 침착한 어조로 말했다.

"저는 아시다시피 이 학교의 이사장입니다. 오늘과 같은 불상사가 일어난 것은 모두 저의 부덕한 탓입니다. 다른 선생님들은 원망하지 마십시오. 나라를 빼앗긴 지금 대한의 아들딸들을 올바르게 지도하지 못한 책임을 통렬하게 느낍니다. 이 책임을 지고 저는 오늘 여러분들이 보시는 자리에서 벌을 받겠습니다."

말을 마친 이사장은 아랫도리를 걷어 올리고 회초리(楚)로 힘껏 자기 종아리를 내려치기(撻) 시작했다. 종아리는 금세 빨갛게 부풀어 올랐고 거듭 내려치자 피가 줄줄 흘러내렸다.

너무도 뜻밖의 일에 모두 놀라 잠시 넋을 잃고 서 있던 학생들과 학부형들은 이사장에게 달려가 회초리를 빼앗으려 했다. "이사장님께서 무슨 잘못이 있다고 학생들이 보는 앞에서 이러십니까? 어서 회초리를 내려놓으십시오!"

"아닙니다. 학교에서 일어난 모든 책임은 제가 져야 합니다."

학부형들은 이사장님의 손에서 회초리를 빼앗았다. 그러자 한 학부형이 앞으로 나서며 말했다. "저도 학부형의 한 사람으로 제 아들의 지도에 소홀했던 책임을 지고 벌을 받겠습니다. 그러니 그 회초리를 저에게 주십시오."

그러자 학부형들이 너도나도 나섰다. 이사장은 더 이상 학부형들의 만류를 물리치지 못하고 걷어 올렸던 바지를 내리면서 말했다. "앞으로 다시는 학교에서 이런 불행한 일이 없도록 하겠습니다."

이사장이 물러가자 학부형들은 이사장의 인격에 감동하여 너나 할 것 없이 숙연해졌다. 전문화된 현대 교육에서도 완벽한 교육지침은 없다. 개개인의 인간 심리를 분석하고 근본을 다루는 학문이기 때문이다.

전인 교육 기관인 학교가 있기 전에는 서당(書堂)이 있었다. 부모가 어린 자녀를 서당에 맡길 때 싸리나무 한 묶음을 훈장에게 주는 관례가 있었다. 달초는 여기에서부터 전래 되었다고도 한다.

안방 앞 시렁에 놓인 회초리는 동생과 싸웠을 때나 거짓말을 했을 때 종아리를 걷어 올리고 맞았던 매였다. 영국의 처칠 수상도 어릴 적엔 체벌을 받았다고 한다. 어릴 때 바로 잡아주지 않으면 습관이 되어 고치기 어렵다고 믿었던 것이다.

'당금여석(當金如石)'은 마땅히 황금 보기를 돌같이 하라는 뜻으로 최영(崔瑩, 1317~1389)의 아버지 원직(元直)의 유언이라고 '고려사(高麗史)'에 전한다. 원직은 사헌규정(司憲糾正)으로 관리들을 규찰하고 풍속을 교정하는 일을 맡았다.

최영이 열다섯 살 되던 해에 아버지가 돌아가시면서 마지막 유언을 남기셨다. "재물을 탐하지 말라. 황금 보기를 돌같이 하라.(시금여석(視金如石))" 유언을 명심하고 나무 쪽지에 당금여석이라고 새겨 허리춤에 차고 다녔다.

마지막 주신 말씀이라 그냥 금인 시금(視金)이 아니라 마음에 새겨 마땅히 뜻을 받드는 당금(當金)이라고 새긴 것이다. 최영은 본관이 동주(東州)이고 5대조 할아버지 유청(惟淸)은 모든 경에 통달하고 천문에도 밝았으며 왕족에게 경을 강설한 충신이었다.

키가 크고 힘이 세며 재주가 뛰어난 최영은 1354년 원(元)에서 원병을 요청하자 대호군(大護軍)으로 난군을 토평하여 대륙에 용맹을 떨치고, 후에 배원 정책으로 압록강 서쪽의 8참(站)을 수복하였다.

1358년 오예포(吾乂浦)에 침입한 왜적과 대적하여 왜선 400척을 격파했다. 1359년 홍건적(紅巾賊) 4만이 서경(西京)을 함락시키자 격퇴시키고, 1361년 다시 홍건적 10만이 개성을 함락시키자 이방실(李芳實) 등과 함께 무찔러 백성들의 신망을 얻었다.

1371년 신돈(辛旽)의 참소로 좌천되었다가 처형되자 1373년 육도도 순찰사가 되었다. 1376년 우왕 2년에 왜적이 삼남(三南, 충청도·전라도·경상도)을 침입하여 양민을 괴롭히자 홍산(鴻山)에서 무찔렀다.

패하여 돌아간 왜구들은 최영을 백수최만호(白首崔萬戶)라 하여 후엔 얼씬도 하지 않았다. 1381년 수시중(首侍中)이 되고 횡포한 염흥방·임견미(林堅味) 일당을 숙청하여 나라의 기강을 확립하였다.

최영이 훌륭한 명장이 된 데에는 평생 아버지의 유언을 잊지 않고 따른 데 있다. 그는 일국의 시중에 이르렀음에도 유언인 당금여석을 허리춤에 차고 다니면서 관리를 규찰하고 풍속을 교정하신 아버지를 떠올리며, 그 말씀을 황금율(黃金律)로 삼았다.

나라의 으뜸인 막중한 자리에 있으면서도 초가삼간 비좁은 집에서 불평 없이 살며 남의 왜적과 북의 오랑캐를 막아냈다. 오직 나라를 위하는 최영의 공리적인 삶이 주변 사람들의 마음에 공감되어 모두 다 그를 동기처럼 따랐다.

당시 관리들은 재물을 탐하고 가산(家産) 모으기에 혈안이 되어 있었지만, 최영은 기품이 달랐다. 이처럼 혼탁한 와중에 명(明)나라가 철령위(鐵嶺衛)의 설치를 통보하여 왔다.

철령 이북과 요동을 예속시키려 하자 요동 정벌을 결심하고 평양군사를 독려, 좌군 도통사 조민수(曺敏修)와 우군 도통사 이성계로 하여금 3만8천8백 명으로 요동을 정벌케 했다.

그런데 이성계와 조민수가 위화도(威化島)에서 회군함으로 요동 정벌은 실패하였다. 회군으로 도성이 점령되자 최영도 이성계에게 잡혀 귀양 갔다가 압송되어 참수되었다.

개경 사람들은 저자의 문을 닫고 최영의 죽음에 온 백성이 슬퍼했다. 이성계는 새 왕조를 열고 6년 만에 무민(武愍) 시호를 내렸다. 장군의 맑고 고매한 삶은 오늘 우리에게까지 '황금 보기를 돌같이 하라.'라는 '당금여석'의 금언과 풀이 나지 않는 묘와 함께 애국심을 깨우쳐 주고 있다.

'담호'는 호랑이 이야기이고 '호지'는 호랑이가 온다는 뜻이다. 화제에 올랐던 인물이 나타났을 때 '담인인지(談人人至)'라고 한다. '그 사람이 없는 데서 말을 하면 그가 온다.(언불가이기인지부재이의기인(言不可而其人之不在而議其人))'라는 말이다.

정약용(丁若鏞, 1762~1863)의 '이담속찬(耳談續纂)'에서 전한다. 덕이 있는 사람은 굳이 말하지 않아도 저절로 찾아와 모이게 된다. 복숭아나무와 오얏(자두)나무는 꽃과 열매가 있기 때문에 사람들이 그 아래로 다투어 찾아들어 길이 생긴다.

사람이 모이면 말이 있고, 발 없는 말이 천 리 가듯 그 말로 인연도 맺고 시비도 생긴다. 오해는 경우에 따라 돈으로 계산할 수 없는 값을 치러야 한다.

그래서 말 한마디로 천 냥 빚도 갚는다고 했다. 사람은 자기 이야기보다 남의 이야기에 꽃을 피운다. 한참 그 사람 이야기를 하고 있는데 갑자기 나타날 수도 있다.

다산은 '이담속찬'에서 '나무꾼과 꼴꾼의 말이라도 성인(聖人)은 이를 가리고, 여항(閭巷)의 촌스럽고 하찮은 말도 지극한 도리와 진리를 담고 있어 군자도 감히 소홀히 여기지 않는다.'라고 했다.

말 속에는 그 사람의 생각과 뜻이 담겨있다. 그래서 말은 그 사람의 입안에 있는 한 그 사람이 주인이다. 그런데 말이 일단 입 밖으로 나오게 되면 때론 날카로운 칼이 되고 사슬이 되어 상처를 입히고 옥죄일 수 있다.

그래서 말은 머릿속에서 거듭 생각하고, 마음속에서 순화시킨 다음, 입에서 향기롭게 뱉어내야 한다. 다산은 '우리나라 속담'에서 '세 살 적 버릇 여든까지 간다.(삼세지습지우팔십(三世之習至于八十))'라고 적고 있다.

어렸을 때의 습성은 팔십이 된 노인이 되어서도 그대로 행한다. 인간의 성품은 오묘해서 무게로 달 수도 없고 자로 잴 수도 없으며, 너무 커서 극대(極大)이고 너무 작아서 극소(極小)라 측량할 수도 없다.

호랑이가 제 말을 하면 온다.(담호호지(談虎虎至)) 고사(故事)는 남의 말을 함부로 하지 말라는 경계가 담긴 말이다. 인간의 예지는 소리가 없어도 들을 수 있고 때로는 아무런 형체가 없어도 볼 수 있다. 꿈에서 본 일이 실제 벌어지는 일도 그런 류이다.

호랑이가 제 말을 하면 온다는 말처럼 아침에 까치가 울면 반가운 손님이 온다는 속설도 그런 예이다. 까치는 길상조(吉祥鳥)로 아침에 보면 그날의 일진이 좋다고 한다.

까치는 마을 어귀에 둥지를 틀고 오고 가는 사람을 지켜본다. 혹 낯선 사람이 나타나면 두세 마리가 모여 짖어 댄다. 반가운 손님이 와서인지 낯선 사람의 방문을 알리는 소리인지 예사롭지 않게 깍깍댄다.

제 말 하면 오는 호랑이도 아닌데 까치는 동네 어귀에서 맨 먼저 소식을 알리는 길조(吉鳥)다. 정초에 '까치설날은 어저께고 우리 설날은 오늘'이라는 동요를 부를 때, 썩은 이를 빼 초가지붕 위로 던지며 '헌 이 줄게 새 이 나게 해 달라.'라고 부탁도 했었다.

이처럼 까치는 우리 생활과 가까이에 있었으며 호랑이가 단군신화의 표상이라면, 까치는 하늘나라에서 오작교를 놓았던 천상의 새로 기렸다. 까치와 함께 호랑이는 우리 민족의 표상이요, 참다운 삶을 깨닫게 하는 벼리다.

제4부

나이 듦의 산책

임동준	노년은 또 하나의 삶
임춘식	준비 없이 죽으면 당황스럽잖아
임수홍	인생 후반을 어떻게 살 것인가
임재택	하늘의 왕 독수리
임지택	네 탓 아닌 내 탓
임채규	농촌마저 전통이 사라져 가다
임정택	인연의 끈
임종선	황혼 부부의 뒷모습

노년은 또 하나의 삶

임동준 | 동성산업(주) 회장, 시인

　내 나이 올해 아흔한 살이다. 참 덧없이 흐르는 세월이다. 빈추해 보니, 초등학교 다닐 때 보따리에 책을 싸서 어깨에 메고 뛰던 그 시절 보릿고개에 배 꺼진다고 어른들은 뛰지도 못하게 했다.
　연필에 침을 묻혀가며 손가락을 폈다 오므렸다 하며 더하고 빼고를 하던 그 시절이 그립기도 하지만 그것도 이젠 지나간 추억일 뿐이다.
　주판알을 튕기던 시대를 넘어 전자계산기가 나오고 컴퓨터가 등장하더니 이젠 이동전화로 모든 게 해결되는 세상이 되었다. 편하긴 하지만 굳어버린 손가락으로 과거의 습관에 익숙해진 고정관념으로 따라가기엔 너무나 벅찬 세상이다.
　모든 것이 편한 세상이라곤 하지만 그래도 컴맹에겐 어렵고 불편한 세상이고, 누군가의 도움이 없이는 청맹과니가 되는 세상이다.

예의범절이란 단어는 고어 사전에서나 볼 수 있는 단어가 되었고, 집안에서 하던 크고 작은 행사(돌·백일·생일·장례 등)들도 이젠 볼 수 없는 풍경이 되어 버렸다.

우리는 지난 세월을 정말 힘들고 어렵게 살아왔는데 이제 그 모든 것들을 잊어버린 상실의 세대, 그러나 그것을 알고 있는 마지막 세대가 되어 버렸다.

이제는 우리 세대를 일컬어서 컴맹의 마지막 세대, 검정 고무신에 책보따리를 메고 달리던 마지막 세대, 굶주림이란 가난을 아는 마지막 세대, 보릿고개의 마지막 세대, 부모님을 모시는 마지막 세대, 성묘를 다니는 마지막 세대, 제사를 모시는 마지막 세대, 아비와 자식은 친함에 있다고 교육받았던 마지막 세대, 우리는 자식들로부터 독립해서 살아야 하는 서글픈 첫 세대가 되었다.

죽어서 귀신이 된 후에도 알아서 챙겨 먹어야 하는 첫 시대가 될 것 같다. 그러나 그래도 아니꼽게 치사하지만 늘어난 수명 때문에 젊은이들에게 컴퓨터도, 이동전화도 열심히 배우고 익혀서 얼마 남지 않은 세월이지만 젊은이들 눈치만 보지 말고 우리도 즐겁고 재미있게 남은 삶을 살도록 노력해 봐야 하지 않겠나 생각해 본다.

인생살이에 정답은 없다가 세대에 따라 흘러가고 순응해 가야 풍속에 따르는 것이다. 슬퍼하거나 비관할 필요도 없이 현세대를 고찰할 뿐이다. 그래도 노인으로서 언제 어디서나 큰소리치고 사는 100세 시대의 노인 처세법의 처음과 끝은 딱 하나! 그것은 바로 첫째도 "내가 쏜다!" 둘째도 "내가 쏜다!"란다.

언제 어디서나 누구에게나 술 한 잔, 밥 한 끼쯤 베풀 줄 아는 여유가 있어야 하며, 대접받기보다는 한턱내는 즐거움이 있지 않던가?

결코 젊은 날로 돌아갈 수는 없고, 다시 한번 더 살아 볼 수도 없고, 한번 살다 끝나면 영원히 끝나는 일회용 인생인데 지금, 이 순간 큰소리 한 번 못 치면 언제쯤 해 보겠는가?

며칠 전 읽었던 세계 최고의 재벌 스티브 잡스(Steve Jobs, 1955~2011)가 병상에서 자신의 과거를 회상하며 마지막으로 남겼던 메시지가 문득 생각난다.

「나는 사업에서 성공의 최정점에 도달했었다. 다른 사람들 눈에는 내 삶이 성공의 전형으로 보일 것이다. 그러나 나는 일을 떠나서는 기쁨이라고 거의 느끼지 못한다. 결과적으로, 부라는 것이 내게는 그저 익숙한 삶의 일부일 뿐이나.

지금, 이 순간에, 병석에 누워 나의 지난 삶을 회상해보면, 내가 그토록 자랑스럽게 여겼던 주위의 갈채와 막대한 부는 임박한 죽음 앞에서 그 빛을 잃었고 그 의미도 다 상실했다.

어두운 방 안에서 생명 보조 장치에서 나오는 푸른빛을 물끄러미 바라보며 낮게 윙윙거리는 그 기계 소리를 듣고 있노라면, 죽음의 사자의 숨길이 점점 가까이 다가오는 것을 느낀다.

이제야 깨닫는 것은 평생 굶지 않을 정도의 부만 축적되면 더 이상 돈 버는 일과 상관없는 다른 일에 관심을 가져야 한다는 사실이다. 그건 돈 버는 일보다는 더 중요한 뭔가가 되어야 한다.

인간관계가 될 수도 있고 예술일 수도 있으며 어린 시절부터 가졌던 꿈일 수도 있다. 쉬지 않고 돈 버는 일에만 몰두하다 보면 결과적으로 비뚤어진 인간이 될 수밖에 없다. 바로 나같이 말이다.

부에 의해 조성된 환상과는 달리, 하나님은 우리가 사랑을 느낄 수 있도록 감성이란 것을 모두의 마음속에 넣어 주셨다. 평생에 내가 벌어들인 재산은 가져갈 도리가 없다.

내가 가져갈 수 있는 것이 있다면 오직 사랑으로 점철된 추억뿐이다. 그것이 진정한 부이며 그것은 우리를 따라오고 동행하며 우리가 나아갈 힘과 빛을 가져다줄 것이다. 사랑은 수천 마일 떨어져 있더라도 전할 수 있다.

삶에는 한계가 없다. 가고 싶은 곳이 있으면 가라. 오르고 싶은 높은 곳이 있으면 올라가 보아라. 모든 것은 우리가 마음먹기에 달렸고 우리의 결단 속에 있다. 어떤 것이 세상에서 가장 비싼 침대일까? 그건 '병석(病席)'이다.

우리는 운전사를 고용하여 우리 차를 운전하게 할 수도 있고 직원을 고용하여 우릴 위해 돈을 벌게 할 수도 있지만, 고용하더라도 다른 사람에게 병을 대신 앓게 시킬 수는 없다.

물질은 잃어버리더라도 되찾을 수 있지만, 절대 되찾을 수 없는 게 하나 있으니 바로 '삶'이다. 누구라도 수술실에 들어갈 즈음이면 진작 읽지 못해 후회하는 책 한 권이 있는데, 이름하여 '건강한 삶 지침서'이다.

현재 당신이 인생의 어느 시점에 이르렀는지 상관없이 때가 되면 누구나 인생이란 무대의 막이 내리는 날을 맞게 되어 있다. 가족을 위한 사랑과 부부간의 사랑 그리고 이웃을 향한 사랑을 귀히 여겨라! 자신을 잘 돌보기를 바란다. 이웃을 사랑하라!」

사람들은 나이가 들면서 노년을 걱정한다. 건강하고 우아하게 늙고 싶은 것이 한결같은 바람이다. 노년기를 우아하게 보내려면 이 5가지를 유의해야 한다. 사랑, 여유, 용서, 아량, 부드러움이다.

인생에는 연장전은 없다. 하루하루가 처음이고 끝이다. 오늘 최선을 다해야 하는 이유가 여기에 있다. 이제 얼마 남지 않은 종착역을 앞두고 독약도 피해야겠고 묘약도 챙겨야 하겠지만, 그래도 무엇보다 더 중요한 건 건강이다.

육체보다 마음에 더 좋은 열매가 맺을 수 있고 하루의 햇빛 중에서 가상 아름다웠을 때는 석양노을이나. 아름다운 황혼 인생을 꽃피우기 위하여 남은 여정을 슬기롭게 헤쳐나가야 한다.

인생의 후반은 마무리하는 시간이다. 정리하고 즐기며 마무리해야 한다는 마음가짐이 중요하다. 아는 것도 모르는 척, 보았어도 못 본 척 넘어가고 내 주장 내세우며 누굴 가르치려고 하지 않는다.

너무 오래 살았다느니, 이제 이 나이에 무엇을 하겠느냐는 등등 자신을 죽음으로 불러들이는 어리석은 짓들도 하지 말아야 한다. 살아 숨 쉬는 것 자체가 생의 환희 아닌가.

아무것도 이룬 것이 없더라도 살아있는 인생은 즐거운 것이다. 100세 시대의 삶을 즐겨야 한다.

가족이나 타인에게 서운한 마음이 있더라도 그 책임은 나의 몫이라고 생각하라. 그리고 노인의 절약은 더는 미덕이 아니다. 있는 돈을 즐거운 마음으로 쓸 줄 알아야 따르는 사람이 많은 법이다

축구에서 전, 후반전을 훌륭히 마치고 연장전에 돌입한 당신의 능력을 이미 관중들은 충분히 알고 있다. 연장전에서 결승점을 뽑을 욕심은 후배들에게 양보하고 멋진 마무리 속에 손뼉을 칠 때 떠날 수 있도록 멋진 '유종의 미'를 꿈꾸며 살아야 한다.

그러기 위해서는 먼저 마음의 짐을 내려놓아라. 재산을 모으거나 지위를 얻는 것이 경쟁 관계 속에서 이루어지는 것이기에 황혼의 인생은 이제 그런 마음의 짐을 내려놓아야 한다.

그리고 권위를 먼저 버려라. 노력해서 나이 먹은 것이 아니라면 나이 먹은 것을 내세울 것이 없다. 나이 듦이 당신에게 가져다주는 것은 권위도 지위도 아니다. 조그만 동정일 뿐이다.

또 있다. 용서하고 잊어야 한다. 살면서 쌓아온 미움과 서운한 감정을 털어 버려야 한다. 항상 청결해야 한다. 마지막까지 추한 꼴 안 보이려는 것이 인간이 버려서는 안 되는 자존심이다.

그리고 감수해야 한다. 돈이 부족한 데서 오는 약간의 불편 지위의 상실에서 오는 자존심의 상처, 가정이나 사회로부터의 소외감도 감수해야 한다.

그리고 신변을 정리해야 한다. '나 죽은 다음에 자식들이 알아서 하겠지.' 하는 사고방식은 무책임한 것이다.

끝으로 자식으로부터 독립해야 한다. 금전적인 독립은 물론 사랑이

라는 이름으로 얽매인 부모·자식 관계를 떨쳐 버려라. 자식도 남이다. 그저 제일 좋은 남이다.

인간은 누구나 죽음을 맞이한다. 그렇지만 제 죽음에 관한 생각은 애써 피하려고 한다. 두렵기 때문이다. 그렇다면 가장 바람직한 죽음, 임종의 모습은 어떤 것일까? 마찬가지로 가장 피해야 할 죽음의 모습들은 또 어떤 것일까? 그걸 알아야 잘 죽고 다시 잘 태어날 것이다.

죽음은 '또 다른 시작'이다. 흡사 애벌레가 어느 시기가 되면 나비로 변하는 것 같이 죽음은 몸의 허물을 벗고 영혼이 영적 세계로 가는 것이라고 말한다. 그러니까 죽음은 소멸이나 마지막이 아니라 또 다른 세계, 또 다른 차원으로 이동하는 것이다.

노년은 새로 전개되는 제3의 삶이다. 나이와 화해를 배우며 불편과 소외에 적응하고 감사와 사랑에 익숙해야 한다. 기대 수치를 최대로 줄이고 현실에 적응하는 슬기는 제3의 삶을 편하게 한다.

건강과 절제와 경제력이 준비되어 있다면 제3의 삶은 생활의 멋을 알아 가는 기회다. 삶의 전 과정은 노년을 위한 준비라고 할 수도 있다. 특별한 경우가 아니라면 건강이나 경제적 문제도 노년이 되기 전에 준비하지 않으면 필연적으로 병고와 궁핍을 피할 수 없다.

노년이라는 제3의 삶이 완숙되고 아름답게 살기 위해서 힘과 여유가 조금이라도 남아 있을 때 준비하는 것이 현명하다. 노후를 소홀히 하면 큰 불행을 만나게 된다.

노년은 일찍 죽지 않은 한 누구나 만나는 인생의 소중한 과정이다. '당당하고 멋진 노년이 되느냐, 지탄받고 짐이 되는 인생으로 살 것이냐?' 하는 것은 자기 하기 나름이다.

　길어진 제3의 삶을 생각하지 않고 있는 대로 낭비하며 노년의 건강을 생각하지 않고 질펀하게 먹고 마신 결과는 노후의 병고와 가난이라는 복병을 피할 수 없다.

　노년은 새로운 삶의 시작일 수 있다. 노년은 황혼처럼 사무치고 곱고 야무지고 아름답다. 황혼은 아름답다. 우리 인생도 아름다울 수 있다. 저녁노을이 아름다운 것은 곧 사라지기 때문이다. 우리들의 저녁 하늘도 마땅히 아름다워야 하지 않는가?

　노년은 마지막 성취와 결실을 향한 일정이 되어야 한다. 가슴 아프게 후회스럽고 해 보고 싶던 일 20~30년이면 얼마든지 새 출발 하면 길을 떠날 수 있다.

　노년은 잴 수 없는 시계 너머의 시간이다. 고독은 병이고 외로움은 눈물이고 서러움이고 애달픔이다. 그러나 눈물이고 아픔이라 해도 노력하면 얼마든지 또 다른 시간을 내 것으로 만들 수 있다.

　그래서 혼자되기와 혼자 있기를 연습하고 적응해야 한다. 혼자서도 가장 순수한 고독을 즐길 줄 알아야 한다. 어쩌다 혼자가 된다 해도 고독과 싸우지 말고 고독과 어깨동무하고 즐기며 사는 지혜를 가져야 한다.

　혼자 자신을 닦고 다지고 굳혀나갈 귀한 기회가 아닌가? 추하고 치사하게 보이지 않게 돌부처처럼 묵묵하고 진중하게 살자. 자신을 갈고닦으면 권위와 인품도 저절로 생기고 어느 사람에게서나 존경받는 원로(元老)가 된다.

　눈감고 가버리면 그만인 인생, 인생사에 달관하자. 너그러운 마음으로 못 본 듯 못 들은 듯 느긋하고 나긋하게 무엇이라도 넓게 두루두루 꿰뚫어 보되 여유만만하게 살자. 따지지 말고 나서지 말고 하물며 다투지 말고 모두가 어울리고 화목게 하는 중심인물이 되어야 한다.

준비 없이 죽으면 당황스럽잖아

임춘식 | 한남대 명예교수

'예습도 복습도 없는 단 한 번의 인생의 길'이라는 말이 문득 가슴을 친다. 가고 싶은 길도 있고 가기 싫은 길도 있고 가서는 안 되는 길도 있지만, 내 뜻대로 안 되는 게 '인생의 길'인 것을 이만큼 와서야 뼈저리게 느낀다.

사람답게 늙고 사람답게 살고 사람답게 죽는 것으로 마치는 것이 삶이다. 사람답게 늙고 행복하게 늙기 위해서는 먼저 노년의 품격을 지녀야 한다. 노년의 품격은 풍부한 경륜을 바탕으로 노숙함과 노련함을 갖추는 일이다.

아름다운 노년을 위하여 나이를 먹는다는 것은 늙어가는 것뿐이라는 소극적인 생각을 버려야 한다. 100세 사회의 미래 자화상은 자신이 그려야 한다.

우리에게 '준비된 노후'가 필요한 이유가 여기에 있다. 삶이 얼마 남지 않았다는 사실을 두려워하기보다는 남은 삶을 어떻게 보내야 아름답게 보낼 수 있을까를 함께 고민해야 한다.

사람답게 죽자.(편안한 죽음, well dying) 노년의 삶은 자신의 인생을 마무리하는 단계이기 때문에 죽음을 준비하는 기간이기도 하다. 죽음을 극도로 두려워하는 것도 문제지만, '이만큼 살았으니 당장 지금 죽어도 여한이 없다.'라고 생각하는 자기 삶에 대한 경박한 태도는 더욱 큰 문제라고 할 수 있다.

어쨌든, 사실 사람이 사람답게 늙고 사람답게 살고 사람답게 죽는 그것이 그리 쉬운 일은 아니다. 그러나 어려운 일도 아주 멋지게 해나가는 사람들이 있다. 물론 잘 준비하고 준비된 것에 최선을 다하여 열정을 쏟아부었기 때문이다.

우리는 죽음을 어떻게 맞이할 것인가. 최근 들어 존엄사에 대한 논란이 일고 있다. 존엄사란 최선의 의학적 치료를 다 했음에도 회복 불가능한 사망의 단계에 이르렀을 때, 인간으로서 최소한의 품위와 가치를 지키며 죽을 수 있게 하는 행위이다.

즉, 사전에 죽음을 어떻게 맞이할 것인가에 대한 결정 의지다. 그래서 죽음은 일방적으로 당하는 것이 아니라 맞이한다고 보는 것이 타당하다. 태어난 것을 자신이 선택할 수 없지만 죽음에 대해서는 자신의 책임이기 때문이다.

따라서 장례를 애도하거나 피할 것이 아니라 삶의 과정으로 인식해야 한다. 내가 태어났을 때 나 혼자 울고 주위 사람들 모두는 웃었고 내가 죽을 때는 나 혼자 웃고 주위 사람들은 모두가 우는 삶을 살고자 노력한 자에게는 죽음은 승리이자 죽음으로부터의 진정한 해방이다.

죽음과 삶은 나의 과거를 반추해 보며 내면 깊숙이 숨겨진 사랑 덩어리의 조각난 파편을 찾아 맞추는 편안한 죽음의 퍼즐이다. 죽음과 삶은 하나이며 이 성찰의 기록은 죽음과 함께 영원히 사라진다. 오직 남은 것은 순백의 도화지일 뿐이다.

내가 태어났을 때 나 혼자 울고 주위 사람들 모두는 웃었고, 내가 죽을 때는 나 혼자 웃고 주위 사람들은 모두가 우는 삶을 살고자 노력한 자에게는 죽음은 승리이자 죽음으로부터의 진정한 해방이다.

'사전연명의료의향서(의향서)'는 19세 이상 성인이 향후 임종 과정의 환자가 됐을 때를 대비해 연명의료를 받지 않거나 중단함으로써 존엄한 죽음을 맞이하겠다는 의사를 표시한 서류다.

'회복될 가망이 없는데 발달한 의료 기술에 의지해 숨만 이어가는 게 정말 내가 원하는 삶인가?' 언제 어떻게 사고가 날지 모르는 삶 때문에 내 죽음을 자신이 준비하니 더 주체적으로 사는 기분을 느낄 수 있다.

법적으로 제도가 도입된 지 벌써 4년째 접어들었다. 그래서인지 요새 유언장 쓰기 등 편안한 죽음 준비가 늘고 있다

이른바 100세 시대, 늘어난 수명만큼 '존엄한 죽음'에 대한 관심도 커지고 있다. 보건복지부에 따르면 '무의미한 연명치료를 거부한다.'라며 의향서를 작성한 사람이 2022년 7월 말 기준 전국 135만 명에 육박한다. 최근 해마다 20만~30만 명 안팎 늘고 있다.

죽음을 준비하는 법이나 유언장을 미리 쓰고 묘비명을 정하는 이른

바 왜 '편안한 죽음(존엄한 죽음)'이 필요한지에 관한 강좌가 시민단체들에 의해 개설되고 있다.

교육에 참여하는 60대 후반~80대 중반에 이르는 노인들이 많다. 그 이유는 준비 없이 죽으면 당황스럽다는 것이다. 주로 수업은 영정 사진을 찍고 유언장 미리 써두기 등 그리고 의향서가 뭔지도 알려준다.

의향서를 쓰는 어르신들은 품위 있게 죽는 게 자신이 원하는 삶의 마무리라고 이야기한다. 특히 나이를 먹으면서 주변 사람의 투병이나 죽음을 지켜보며 제 죽음에 대해서 떠올리는 사람들이 많다.

이런 준비가 없었다면 죽음이 두려웠을 것 같은데 지금은 두렵지도 않고 마음도 너무 홀가분하다고 말한다.

요새 의향서 작성의 필요성에 대해 정부 당국이 홍보하는 건 국민이 삶의 마지막 단계에서 존엄한 마무리가 가능할 수 있도록 제도로 지원하자는 차원일 것이다. 죽음을 생각하고 준비할수록 지금에 집중하며 남은 인생을 의미 있게 살아갈 수 있다.

코로나19로 갑작스럽게 죽거나, 가족을 애도하지 못하고 보내는 경우가 늘면서 최근 죽음과 그 준비에 관해 미리 생각하고 대처하려는 사람들이 더 늘어났다.

죽음을 준비한다고 하면 마치 죽음을 기다리기만 하는 수동적인 모습을 생각할 수 있는데 이는 오히려 현재의 삶을 더 소중히 여기고 의미 있게 보낼 수 있도록 해 준다.

모든 인간은 누구나 언젠가는 죽음을 맞이한다. 죽음은 인생의 가장 중요한 순간 중 하나이다. 가족들의 품에서 품위를 유지하며 죽음을 맞이하는 것은 누군가의 특권이 아니라 우리 모두의 권리가 되도록 우리 사회가 준비해야 한다. 죽음은 언제 닥쳐올지 모르기 때문이다.

인생 후반을 어떻게 살 것인가

임수홍 | 한국국보문학 발행인, 시인

　나이를 먹어가면서 50대 이후의 직장인이 느끼는 가장 큰 두려움은 자신이 얼마 지나지 않아 은퇴의 길로 접어든다는 것이다. 영어에서 '은퇴(retire)'라는 말은 '물러간다.'라는 뜻이 아니라, '타이어를 다시 끼운다.'라는 의미로 새로운 인생을 설계한다는 것이므로 '은퇴는 끝이 아니라 새로운 출발'을 알리는 희망의 메시지인 것이다.
　얼마 전 고등학교 동창 중에 일류대학을 나와 대기업을 다니던 친구가 술 한잔하러 사무실에 놀러 왔다. "친구야, 나는 끝났다 끝났어." 술에 취해 허기진 목소리로 울분에 휩싸이다가도 멍하니 허공에 담배 연기를 내뿜는 녀석.
　그리고 자신이 냉혹한 동물사육장에서 지금까지 남에게 먹히지 않고 살아온 이야기를 누에고치가 실을 뽑듯 담담하게 나에게 이야기했다.

나이를 먹어가면서 요즘 시대에 필요한 갑옷으로 무장한 젊은이들에게 자꾸만 밀리는 자신.

뒤처지지 않기 위해서 새벽부터 컴퓨터 강좌랑 영어 회화까지 시간과 정력을 투자했지만, 결국은 두 손을 들 수밖에 없었단다. 회사에서 그동안 중요한 업무를 맡아 최선을 다했지만, 회사에서 갈수록 효용 가치가 떨어지는 자신을 바라보면서 결국은 명예퇴직을 선택했단다.

미국에서 가장 성공한 케이블TV 회사 사장인 밥 버포드(Bob Bufford)는 『하프타임』이라는 저서에서 인생을 축구경기에 비유했다. 인생은 전반전과 후반전으로 나눌 수 있는데, 누구나 인생의 전반부에는 성공을 추구하지만, 후반부에는 성공만으로는 채워지지 않는 마음의 빈자리를 발견하게 된단다.

그 빈자리를 무엇으로 채우느냐가 어쩌면 인생에서 가장 중요할지도 모른다고 저자는 역설한다. 또한, 전반전에서 성공했다고 하여 자기 인생이 반드시 성공적인 것은 아닐 수도 있단다.

전반전에서 골을 넣었다고 후반전에서 골을 지키는 데에만 급급해서는 도무지 신이 나지 않기 때문이다. 또한, 전반전에 골을 잃었다고 실망할 필요도 없다. 얼마든지 멋진 역전 드라마를 펼칠 수 있는 후반전이 기다리고 있기 때문에 인생은 마지막까지 다이내믹하게 최선을 다해야 한다는 것이다.

며칠 전, 자연이 살아 숨 쉬는 계룡산에서의 하룻밤은 그동안 앞만 보고 달려온 나에게 차분히 '나'를 되돌아볼 수 있는 좋은 기회가 되었다. 내가 살아온 이력을 잘 아는 친구가 자신이 대표로 있는 회사의 직원들

세미나에 특별강사로 초대하여 시간을 내어 참석하였었다.

강의가 끝난 후, 전혀 모르는 사람들과 만나서 잔을 나누었고 긴 여로에 지친 사람들은 일찍 잠자리로 돌아갔지만, 우리 세대가 살아온 삶의 방식에 호기심 많은 젊은이와는 피곤함 없이 새벽 5시까지 담소를 나눈 것도 나에게는 실로 오랜만의 일이었다.

지금 나이를 30여 년은 대패질하듯 억지로 깎아내려 젊은 시절의 친구들과 밤새는 줄 모르고 문학보다는 그 시절의 이슈였던 이념에 날 선 칼을 휘둘렀던 그때와 다름없는 오랜만에 내가 느끼는 행복한 새벽이었다.

계룡산은 흔히 봄 동학사, 가을 갑사로 불릴 만큼 이 두 절을 잇는 계곡과 능선 등 산세의 아름다움으로 우리에게 널리 알려진 산이다. 내가 1박 2일 동안 동학사 입구에서 머물 수 있었던 것은 내 인생의 후반부에서 나에겐 행운이나 진배없다는 생각이 들었다.

개인적으로 움직이는 유전인자가 없어서인지 도무지 움직이는 걸 싫어하는 성미다 보니 아침 여섯 시에 집에서 나와 별다른 약속이 없으면 밤늦게까지 사무실에서 일하는 지독한 일벌레인지라, 개인적으로 일상 속에서 어디를 간다는 계획은 꿈도 꾸지 못하는 편이었다.

그런데 친구의 특별강의 초대를 무시할 수 없는 상황이어서 그냥 그런 마음으로 동행하게 되었는데, 내 새로운 삶의 방향을 간단하게나마 스케치할 수 있는 기회를 가지는 소중한 시간이 되었다.

자연이 주는 맑은 공기는 사람을 바라보는 눈매에 자애로움을 듬뿍 안겨주고 있었다. 바쁜 삶 속에서 타인을 쳐다보는 눈매엔 감춰진 필살기가 감돌았는데, 동학사 입구에 드리워진 벚나무에서 뿜어내는 풍부한

광합성작용과 녹색이 주는 편안함 때문에 자연의 여유를 조금씩 배워가는 기분이 들었다.

더욱이 하루의 일과가 다람쥐 쳇바퀴 도는 것처럼 늘 반복되는 일상을 되풀이하는 나는 뭔가 어제와는 다른 내일을 꿈꾸며 살아가고 싶은 소망이 간절한데도 탁한 급류 속에서 정수된 물을 급히 찾으려는 어리석음을 자주 범하게 되는 이유가 뫼비우스의 띠(Möbius strip)처럼 과거의 삶이 내가 만들어 놓은 단단한 시간의 규칙들을 변화하도록 허락하지 않았기 때문일 것이다.

내 일상이 안과 밖의 구별이 없는 뫼비우스의 띠를 계속 걸어간다면 결국은 원점으로 다시 돌아온다는 평범한 진리를 내 모르는 바 아니지만, 우리 세대가 걸어온 길은 열심히 땀 흘려 사는 것이 중요했던 시대였으니 어쩔 수 없다고 항변하고 싶지만, 요즘 세태가 열심히 사는 것보다 더욱 중요하게 여기는 것은 현명하게 사는 것이라 하니 나도 계룡산 입구에서 마음으로 느끼고 마음으로 각오한 일들을 하나씩 정리하고 싶어진다.

그리하여 지금 아무리 바쁘더라도 호각을 불어 과감히 작전타임을 청해서 '내 인생의 후반부를 어떻게 살아가야 할 것인가?'를 명제로 하여 내가 나이 든다는 것의 진정한 의미를 재발견하는 가치를 스스로 깨달아가고 싶다.

하늘의 왕 독수리

임재택 | 전 문태고등학교 교장

황금독수리 수명은 70년 이상이지만 생의 전부를 계속해서 기운차게 살아가는 것은 아니다. 태어나 20년이 지나면 힘이 빠지고 부리는 굽어져 가슴 쪽으로 파고든다.

어떻게 나머지 50년을 더 버틸 수 있을까? 그 비밀은 독수리 나이 스무 살 즈음 더 이상 힘을 쓸 수 없게 됐을 때 주저 없이 깊은 산속, 절벽 틈바구니를 찾아 자신의 부리로 깃털을 모두 뽑아버린 다음 발톱과 부리마저도 바위에 문질러 뽑아버리는 엄청난 고통을 겪는다.

그리고 무려 50일 이상 바위에서 떨어지는 이슬만 먹고 살아간다. 그런 후 신기하게 다시 새 깃털과 날카로운 부리, 발톱이 자라기 시작해 용맹스러운 독수리 모습으로 재탄생하는 것이다.

누구도 쉽게 찾아갈 수 없는 깊은 산, 높은 절벽에서 그토록 외롭고 처절한 변신을 통해 새로운 삶을 얻는다. 성년의 나이에 가장 고통스럽고 고독한 변신을 거쳐야 한다는 점에서 우리 인생이 어쩜 독수리와 닮았다는 생각이 든다.

우리는 생애에 고통을 감수하며 변신을 시도했던가? 세상을 산다는 건 만물의 영장이라 일컫는 인간이든 위용을 자랑하며 하늘을 지배하는 독수리든 간에 그리 만만치만은 않은 듯하다.

스스로의 육체적 변화와 더불어 정치·경제·사회·문화의 불안정성과 서민경제를 불안하게 하는 갖가지 위기들 또한 불확실 속에 잠복되어 있다. 더구나 급격한 사회변화는 적응하기마저 어려운 빠른 속도로 질주하며 우리를 마치 시험대상으로 삼는 기분이다.

그렇다고 삶의 위기를 그저 바라만 볼 수만도 없잖은가. 황제 황금 독수리가 하늘을 나는 위용 뒤에는 뼈아픈 고통을 겪어야 했듯이 우리네 삶도 어느 시기엔 모든 것을 잠시 접어둔 체 스스로를 더 강하게 만들어내는 과정이 필요하다.

요즘 들어 경제·사회 환경의 혼란 속에 청년실업 문제가 양산되어 스스로를 구속해버리거나 패배주의에 젖어 미래의 꿈을 펼쳐보지도 못한 채 적당히 살아가는 사람들도 적잖아 보인다.

나름대로 적성에 맞는 직업을 갖고자 도전하는 이들의 피나는 노력의 흔적도 많지만, 도전보다는 그저 하루하루 순간에 타협하며 오직 편안함만을 추구하는, 인생에 대한 비전도 없는 즉흥적인 삶을 살아가는 이들 또한 흔하게 볼 수 있어 안타깝다.

갓난아이가 첫걸음마를 배울 때 수없이 넘어지는 시행착오를 겪듯 황금독수리인들 첫 날갯짓이 쉬웠을까. 또 다른 삶을 위해 찾아야만 했을 깊은 산, 높은 절벽의 생활이 두렵지 않았겠는가.

새로운 삶을 위해 자기 자신을 감싸고 있는 따뜻한 깃털을 스스로 다 뽑아버린 뒤 느꼈을 두려움과 발톱과 부리마저 바위에 문질러 뽑아내며 느꼈을 고통, 50일 동안이나 바위에서 떨어지는 이슬만 먹으며 춥고 배고픔을 참아낸 인내를 가졌기에 낡고 구부러진 부리와 힘없는 발톱을 버리고 날카로운 부리와 힘찬 발톱을 얻었다.

우리는 물질문명의 발달만큼이나 오히려 역의 방향으로 정신적 가치가 후퇴하는 것 같아 안타깝다. 수년 전 올림픽경기에서 있었던 이야기다. 아프리카의 어느 한 나라를 대표해 올림픽에 출전했던 마라톤선수가 자기네 나라에서는 우수한 성적으로 뽑혀 올림픽에 출전했겠으나 세계수준에는 한참이나 미달됐던 모양이다.

더구나 경기가 있던 날, 컨디션마저 난조를 보여 본인의 실력에 훨씬 못 미치는 기록으로 질주하였다. 이미 마라톤경기는 끝나버린 것 같은 분위기로 인도엔 응원 나온 관중들마저 보이질 않았다.

마지막을 따르는 진행 차와 함께 최종규정시간 이전에 간신히 도착한 그 선수에게 취재기자 몇 명이 선수를 이상히 여겨 질문을 던졌다. "아니 어차피 순위에 못 들어올 줄 알면서 왜 중도에 기권하지 않았느냐?"는 것이다.

그 선수는 당당히 "우리나라 국민들은 내가 올림픽에 출전하기 위해 우리나라를 떠나올 때 출발선을 밟으라고 보낸 것이 아니며 마지막까지 결승선을 밟으라고 보낸 것이다. 그래서 나는 어떠한 고통도 이겨야 했고, 그래서 우리나라 국민의 기대를 저버리지 않기 위해 끝까지 뛰었노라."라고 답했다.

42.195km를 달리며. 그것도 컨디션 난조 속에 그가 가졌을 번뇌는 오직 국민들의 기대에 부응하겠다는 일념으로 극복했으리라. 한국 경제에 닥친 위기가 심각하다. 쉽게 회생될 기미마저 보이질 않는다. 지표상으로야 서민들이 느끼는 고통은 겨울 날씨만큼이나 혹독하니 말이다. 그러나 어쩌랴.

네 탓 아닌 내 탓

임지택 | 한국수필문학가협회 이사, 수필가

　　　　　　부지불식간(不知不識間)에 일어나는 사소한 일로 기분이 언짢아질 때가 있다. 휴대폰 충전기가 꽂혀 있는 방으로 들어가면서 방문을 닫으려는데 어린 손자 준성이가 내 뒤를 따라 왔던가 보다.
　"뒤 좀 보시고 문을 닫으셔야지요. 준성이 머리 다쳤어요."
　"그랬냐? 내 뒷머리에 눈이 없어서 그랬는가 보다. 준성아! 괜찮으냐? 아프지 않고?"
　표정으로 보아선 괜찮은 듯싶었다. 어린애가 뒤따라 왔으면 위험하지 않도록 미리 조심했어야 할 텐데 그러지 않고 내게 그 잘못을 말하는 건 듣기 좀 거북했지만, 나 또한 얼마간의 잘못은 있으니 애가 머리를 다쳐 아프다고 울지 않은 것만으로 위안으로 삼고 그대로 넘어갔다.
　만일 이 일을 두고 부자간에 시시비비(是是非非)를 가리다 보면 언성이 커지고 지나쳤던 사소한 일들이 꼬리를 물고 나올 것 아닌가. 그리되면 무엇보다 어린 녀석의 정서에 좋지 않은 영향을 주리란 것은 불문가지(不問可知)다.

'그래그래. 내가 잘못한 것으로 하고 조용히 넘어가자.' 깊은숨을 몇 차례 들이마시고 내쉬곤 아무 일도 없었던 것처럼 평온을 되찾으려는데 오래전에 어디선가 들었던 이야기 한 토막이 살며시 고개를 들고나와 속삭인다.

어느 마을에 40대 두 부부가 담장 하나를 사이에 두고 나란히 살고 있었다. 그런데 두 부부가 살아가는 모습은 정반대였다. 한 부부는 하루가 멀다 하고 부부 싸움을 하는데 담장 너머 다른 부부는 시부모님과 두 아이까지 함께 살고 있지만 언제나 웃음이 넘쳐났다.

늘 싸움을 하는 부부는 어느 날 밤 담장 너머 옆집을 찾아가 그 비결을 물어보았다. "어떻게 많은 식구가 함께 사는데 작은 싸움 한 번 하지 않는가요?" 그러자 옆집 남편이 미소를 지으며 대답했다.

"아마도 우리 집에는 잘못한 사람들만 살고 있어서 그런 것 같습니다." 이 말을 듣고 의아한 부부가 다시 물었다. "잘못한 사람들만 살다니요. 그게 무슨 말씀인가요?" 옆집 남편은 빙그레 웃으며 다시 말했다.

"가령 제가 방 한가운데 놓여 있던 물그릇을 실수로 차 엎질렀을 때 저는 제가 부주의해서 그랬으니 내가 잘못했다고 하면 제 아내는 빨리 치우지 않은 자신의 잘못이라 하고 저희 어머님은 그걸 옆에서 보지 못한 당신 잘못이라고 말하지요. 이렇게 모두 자신이 잘못한 사람이라고 말하니 싸움을 하고 싶어도 할 수 없지 않겠습니까?"

부부 싸움을 잘하는 부부는 겸연쩍어 더 이상 물어볼 수도, 앉아 있을 수도 없어 슬그머니 그 집에서 빠져나와 서로 손을 잡고 걸으면서 마주 보고 웃었다.

얼마 후 남편이 먼저 말문을 열었다. "바로 그거야! 잘못한 건 네 탓이 아닌 내 탓이야." 아내도 덩달아 맞장구를 치며 말했다. "무슨 일이든 네 탓을 따지기 전에 내 탓이 아닌가를 생각해야겠어요."

이야기의 사실 여부를 가리기 전에 우리들의 일상에서 흔히 일어날 수 있는 사례로서 시사한 바가 크다고 하겠다. 한 가정은 물론 이웃과 더불어 살아가는 과정에서 크고 작은 여러 가지 사건들이 발생했을 때 내 탓보다는 상대에게 그 과오를 먼저 묻는 게 일반 서민들의 실태이지 싶다.

나는 잘못이 없거나 작은 반면 상대는 더 많은 잘못을 저질러서 일어 난 사건이라고 강변하는 게 우리네 삶의 현주소기 아닐까. 사회의 기본 단위인 가정에서부터 이 같은 사고의 틀을 바꾸어 나갈 때 우리 사회, 우리나라는 평온한 가운데 한 걸음씩 앞으로 나아갈 수 있으리라 본다.

사노라면 잘한 일도, 잘못한 일도 있을 수 있다. 인간이기에. 이때 누구나 시시비비를 가리려 한다. 그래야만 앞으로 나아갈 수 있기 때문이다. 여기서 판가름하는 기준이 바르고 뚜렷해야 함은 물론이지만, 당사자들 상호 간에 이성적인 마음의 자세가 갖춰져 있어야 한다.

특히 성인 사회에서는 감성적 판단보다 이성적 판단이 필요하고 이 같은 풍토가 보편화되어야 한다. 한편 가정에서 성인들 간의 문제는 이성적 가치 기준이 적용되어야 하지만 유아나 어린이가 관련된 문제는 이성적 판단에 앞서 감성적 판단이 선행되어야 한다. 어린이는 미성숙 인간이니까.

특히 혈연 간의 문제는 이성적 가치 척도 이전에 감성적 가치 척도에 비추어 볼 필요가 있다. 이 같은 일련의 과정에서 당사자들이 '네 탓보다는 내 탓'이라는 생각이 몸에 밴다면 문제 해결은 물론 가정의 화목에도 큰 보탬이 되리라 믿는다. 특히 공직자의 이 같은 마음가짐이 절실히 필요하지 않을까 생각된다.

농촌마저 전통이 사라져 가다

임채규 | 나주임씨 대종중 도유사

　　　　　　　　노령산맥이 서남쪽으로 내려와 나주에 이르러 진산(鎭山)인 금성산(錦城山)을 이루고 그 줄기가 신길산(信傑山) 백룡산(白龍山)이 되었다. 필자는 백룡산 끝자락 시골 깡촌 산골 마을 복용(伏龍)에서 태어나고 성장하였다. 내가 어렸을 적엔 조상이 나시고 자란 혈족 사회인 이 고장에서 3세대 대가족이 함께 살았다.

　작은 산들로 둘러싸인 마을에 같은 성씨들이 70% 정도였고 다른 성씨들은 이방인처럼 살았다. 할머니와 어머니, 작은아버지, 작은어머니, 작은집 사촌 7남매가 한집에서 왁자지껄 지낼 때는 하루가 어찌 지나는지 모를 정도로 빠르게 지나갔다.

　지난 9월 10일 추석을 맞아 내가 태어난 고향을 찾았다. 내 고장 나주는 무지갯빛보다 더 아름다운 색을 피우는 찬란한 곳, 내 탯줄을 묻어둔 생명의 땅이라는 것이 참으로 감격스럽기만 하다.

지금 우리는 뿔뿔이 흩어져 곳곳에서 생활 터전을 잡고 있으면서도 어머니가 돌아가신 뒤로, 어머니가 안 계신 그곳에 이제 더는 내려갈 이유가 없게 된 것이 왜 그리 가슴을 시리게 하는 것일까?

사업상 바쁘다는 핑계일까? 내가 살던 정겨운 추억이 점점 멀어져만 가고 내 나이 팔순! 세월이 흐를수록 더더욱 안타깝고 고향에 대한 그리움은 더욱 간절하다.

산업사회로 바뀌면서 전통적인 가족 구조도 대대적인 변화를 겪었다. 60년대 이래 본격화된 가족계획은 우리나라를 세계에서 가장 모범적인 가족계획을 성공한 국가로 만들었지만 이 과정에서 유행하게 된 소위 '아들 한 명, 딸 한 명 낳기 운동'은 과거의 친족 개념을 크게 바꾸어 놓았다.

과거에 독자(獨子)는 특별한 관리 대상으로 국방의 의무인 군대도 면제 대상이었다. 지금은 독자가 일반화된 현실이 되었다. 형제가 희귀하니 자연히 아버지의 형제인 삼촌도 찾아보기 힘들게 되었고 마찬가지로 고모나 이모의 존재도 드물어가고 있다.

당연히 과거식의 친족 관계는 사라질 수밖에 없다. 가족제도에 혁명적인 변화가 도래한 것이다. 산업사회의 도래는 농촌의 쇠퇴와 가족 구조의 변화 외에 인류문명의 주요 특정인 문명의 전승 기능에도 변화를 가져왔다.

주지하다시피 인간이 다른 동물의 생활과 가장 크게 다른 점은 전승과 축적기능에서이다. 다른 동물들은 먹고 자는 행위와 종족을 번식하는 본능적인 기능만을 반복하며 생활한다.

소위 문명적 축적기능이 결여되고 있다. 그 결과 동물들의 삶의 형태는 과거나 지금이나 똑같다. 반면에 인간은 앞 세대에서 이룩한 것을 다음 세대에게 전달하고, 다음 세대는 거기에 알파를 플러스하여 또 다음 세대에 전달하고 다음 세대에 전달하는 형태로 문명을 발달시킨다. 문명의 발달은 곧 전수와 축적을 통해서 이루어진다.

그런데 20세기 후반 이래 인류문명의 전승 과정에서 이상한 현상이 발생하였다. 영국의 저명한 역사학자인 홉스 봄(1917~2012)의 말을 빌리면 20세기 문명의 특징 중 하나는 '전통의 단절'이다.

오래된 유형의 사회적 관계들이 해체되고, 그와 더불어 세대 간의 연결 고리 즉 과거와 현재 사이의 연결 고리가 끊겨가고 있다. 과학과 기술은 계속 발달하고 있지만, 정신적인 측면에서 전통의 단절 현상이 심화되고 있다. 세대 간의 단절 현상은 이런 현상을 가중시키고 있다.

우리나라는 60년대 이래 근대화에 박차를 가하여 20세기 역사에서 가장 짧은 기간에 가장 성공적으로 경제발전을 이룬 나라로 알려지고 있다. 그러나 이런 성과를 이룩하는 과정에서 우리는 매우 값비싼 대가를 치러야 했다.

환경오염 같은 문제 외에도 정신적 측면에서 우리 것을 너무 많이 소실하였다. 그 정신적인 가치의 소실 중 한 예가 바로 꼭 보존해야 할 전통의 소실이다.

과거 전통을 모두 보전할 수는 없고 또, 그럴 필요도 없지만 우리 사회의 정체성에 해당하는 혹은 서구 문명과 비교하여 우위를 차지하는, 그래서 꼭 보전해야 할 그런 전통까지도 서구화의 물결에 휩쓸려 대부분 사라져 버리고 있다. 이런 현상을 초래한 주요 배경 중의 하나가 바로 세대 간의 단절 현상이다.

이런 제반 사정을 감안할 때 얼마 전에 있었던 추석 명절은 단절되어 가는 세대 간의 단절, 농촌과 도시 간의 단절 문화를 조금이나마 복원시키는 귀한 기능을 수행하고 있다고 보아야 한다.

잘 알다시피 1년에 두 번씩 도래하는 민족 대이동은 사업화 결과 떨어져 살게 된 도시인들의 농촌 찾기 행렬이고, 자식들의 부모 문안드리기 행렬이다.

민족 대이동은 텅 빈 농촌 마을에 모처럼 사람들을 북적거리게 만들고, 아이가 살지 않은 마을에 아이들의 울음소리가 들려오는 기회를 제공한다.

'자가 양로원'으로 일컬어지는 부모님의 집에서 노, 장, 청이 함께 모인 잔치가 펼쳐지고, 직장 일에 바쁜 형제자매가 모두 만나 서먹서먹한 사촌과 친지들이 서로 얼굴을 익히고 한 뿌리임을 확인하게 된다.

그뿐만이 아니다. 조상님을 위해 준비된 차례상은 일반 대중들로 하여금 우리 민족의 전통적인 음식을 보존하고 계승하게 하는 중요한 기회를 제공해 준다.

제사 때와 명절 때가 아니면 일반 가정에서 언제 전통적인 음식을 만들어 먹을 기회가 있는가. 대장금에서 소개되는 궁중요리는 실제로는 거의 사라져버렸다고 할 수 있고, 마지막으로 명절과 제사상 등을 통해 우리의 전통 요리가 희미하게나마 그 명맥을 이어가고 있을 뿐이다.

민속놀이의 경우도 그렇다. 명절이 있음으로써 그런 풍속이 조금이나마 보존되고 있는 것이다. 명절 때나 결혼식 때 즐겨 입은 한복도 마찬가지다.

이렇게 명절은 우리가 미처 생각하지 못한 다양한 의미를 가지고 있다. '명절 증후군'이라는 말처럼 주부들은 명절 때면 차례상을 차리고 손님 접대하느라 지쳐버리곤 한다.

명절 때 고향을 찾아가는 가족들은 수 시간 동안 운전하거나 차 안에서 갇혀 고생을 많이 한다. 젊은 세대들은 허름한 시골집에서 잠을 자고 생소한 친지들을 만나느라 많이 불편하고 낯설었을 것이다. 그러나 이런 고생들이 있었기 때문에 우리 모두를 위해 의미 있는 자리가 만들어진 것이다.

2022년 9월 5일 성균관정립위원회가 서울 중구 한국프레스센터에서 기자회견을 열고 '차례 간소화' 방안을 발표했다. 성균관이 이날 공개한 표준안에 따르면 추석 차례상의 기본 음식은 송편, 나물, 구이(적(炙)), 김치, 과일, 술 등 6가지다. 여기에 더 올린다면 육류, 생선, 떡을 놓을 수 있다.

이날 기자회견에서 최영갑 성균관의례정립위원회 위원장은 "명절만 되면 '명절 증후군'과 '남녀차별'이라는 용어가 난무했다."라며 "이번 추석 차례상 표준안 발표가 세대갈등을 해결하는 계기가 됐으면 좋겠다."라고 말했다.

이런 기회가 있음으로 해서 도시와 농촌 간의, 부모와 자식 간의 단절이 조금이나마 완화되고, 그래서 우리 사회가 좀 더 화기애애해 질 수 있는 것이다.

그런데 이런 전통의 유지기능을 수행하는 명절 모습이 언제까지 지속될지 모르겠다. 왜냐면 농촌 인구는 물론이요, 농촌에 거주하는 노인 인구의 급격한 감소와 더불어 혹은 도시 중심의 명절 지내기 풍조에 따라 명절 때 농촌을 찾는 도시인들의 행렬이 갈수록 줄어들고 있기 때문이다.

금년 추석에 서울에서 광주까지 이동할 때 걸린 시간이 전보다 크게 줄어들고 있으나 한편으로는 반가운 일이면서도 한편으로는 쓸쓸한 일이기도 하다.

반갑다는 것은 교통 사정이 개선되어 소요시간이 크게 줄어들고 그 결과 농촌을 찾는 친지들의 불편이 줄어들기 때문이다. 좋은 징조든 쓸쓸한 징조든 이 모든 현상이 시대적 흐름을 반영하는 것이기 때문에 어느 누구도 이 흐름을 거역할 수는 없을 것이다.

그러나 어떤 경우든 전통의 전승과 축적이라는 인류문명의 특징 자체가 사라져서는 안 된다. 가치 있는 전통의 보존을 위한 특단의 대안이 모색되어야 할 것 같다.

인연의 끈

임정택 | 전 백전초등학교 교장

　　우리 인생은 이런저런 일들로 서로서로 연줄로 이어저 있는 것 같다. 그중에서도 사람과 사람의 마음으로 이어진 끈은 참으로 질기고 질긴 사연들로 만들어진 끈이다.

　끈의 종류에 따라서는 어쩔 수 없이 잘라야 할 것도 있고 잘라내서는 안 될 끈도 있다. 우리 주위에 존재하는 끈으로는 물질적인 끈과 인연의 끈으로 나눌 수 있다.

　물질적인 끈은 길게도 짧게도 마음먹은 대로 쉽게 잘라서 필요한 곳에 적이 하게 활용하면 된다. 그러나 사람과 사람 사이의 끈은 미묘하고 복잡하게 얽혀있어 자르고 정리하는 것이 어렵기만 하다.

　잘못 맺어지거나 잘못 자르게 되는 날에는 행복과 불행이 교차하여 아픔과 즐거움이 발생하게 된다. 부모와 자식 간에는 천륜으로 이어진 떼려야 뗄 수 없는 튼튼한 쇠심줄로 연결된 줄이다.

　어릴 때 함께 자란 친구들, 학교에서 같이 공부한 친구들, 직장생활에서 알게 된 친구들 사회생활에서 맺어진 인연들 모두 소중한 끈으로 연결되어 있다. 한번 이어진 끈은 소중하게 잘 챙겨가면서 손질도 하고 기름칠하며 튼튼한 끈으로 만들어 가야만 한다.

　퇴직 후 나의 인생도 서편으로 넘어가는 석양과 같이 바뀌어 가고 있음을 느끼면서. 지나온 40여 년의 긴긴 세월이 주마등처럼 뇌리를 스친다. 학생들과의 만남과 추억들, 그들로부터 헤아릴 수 없을 만큼의 사랑을 듬뿍 받았다.

　내 마음속에는 무엇과도 비교할 수 없는 귀한 사랑의 가치와 존귀함으로 가득한 부자가 되어 있었다. 받은 것은 돌려주는 것도 삶의 이치인 것을 가슴 벅차오르는 이 사랑의 빚을 난 제2의 인생에서 갚으며 살아야겠다.

　부모님과 아내에게도 큰 빚을 졌다. 온전히 나의 모든 것을 학생들과 함께할 수 있었던 것은 가족들의 배려와 사랑이 아니었으면 불가능했을 것이다. 내가 받은 사랑을 대물림하고 나누기 위해서 노력해야겠다.

　요즘은 매일 상림공원으로 산책한다. 대문을 열고 나서거나 들어오면 제일 먼저 반겨주는 우리 집 7살 된 사랑이, 이리 뛰고 저리 뛰고 하면서 언제나 한결같이 반겨주는 사랑이를 보면서 사람들도 한결같이 사랑하고 좋아하면 얼마나 좋을까 생각해본다.

　상림에서 불어오는 시원한 바람을 맞으며 온갖 새소리와 꽃향기에 취하여 걷노라면 정신이 맑아지는 느낌이 든다. 천여 년의 역사를 지닌

천연기념물 154호인 상림공원은 고운 최치원 선생이 신라 말에 함양 태수로 부임하여 해마다 범람하는 홍수로 벼농사를 망치는 것을 보고 둑을 쌓아 물길을 돌려 현재의 위천을 만들고 둑 위에 나무를 심어 둑이 무너지지 않게 하여 군민들이 비가 많이 와도 걱정 없이 농사지으며 살 수 있게 하였다.

상림에서 하림까지 4Km의 숲길이 조성되어 전해 내려오다가 전란과 도시의 발전으로 개발이 되고 집들이 들어서는 바람에 상림 만 숲으로 남아있고 하림까지는 중간중간 몇 그루의 고목들이 서 있다.

몇 년 전에 하림을 500m 정도 복원을 하였다. 천여 년 전부터 고운 선생과의 끈에 의해 현재의 상림과 하림 그리고 위천수가 우리 고장을 감싸고 호안림의 역할을 다하면서 아름다운 군민들의 휴식공간으로서 많은 사랑을 받고 있는 곳이다.

주변엔 많은 꽃이 향기를 품어내고 있어 꽃의 아름다움과 숲의 시원함으로 숲을 찾는 수많은 사람의 얼굴이 모두 활기차고 즐거운 얼굴들이다.

오고 가는 수많은 인연의 끈을 다시 한번 생각해보았다. 사람이 태어나서 어떻게 살았느냐에 따라 인연의 끈도 다양하리라 생각한다. 어느 인연의 끈은 맺어졌다가 슬며시 사라지기도 하고, 닳고 닳아 끊어지는 경우도 있을 것이다.

태어나고 자란 환경과 형편에 따라 자신의 의도와는 상관없이 가난하게 살기도 하고 학교도 다니지 못하고 살아온 사람도 있을 것이다. 그와 반대로 부유한 집안에서 태어나 부모덕으로 중, 고교, 대학, 대학원,

해외 유학 석·박사까지 편안한 인생을 경험한 사람도 있으리라.

그러나 자신이 맺은 인연은 부모덕이나 학벌과는 관계가 없는 것 같다. 어떤 사람은 학벌은 없어도 사회생활을 열심히 하여 사업을 성공시켜 사장이 되기도 하고, 수십 개의 모임으로 인연의 끈을 만들어 멋진 삶을 사는 사람도 있다.

그와 반대로 학교는 다녔어도 모임도 없고 사교성도 없어 항상 외톨이로 외롭게 쓸쓸히 지내는 사람도 볼 수 있다. 요즘은 부모 형제나 사촌들도 멀리 떨어져 있어 정도 멀어지고 집안의 큰 행사 때 아니면 못 보고 사는 게 현실이다.

멀리 떨어져 있으면 친척도 이웃에 사는 사람보다 못하다. 그래도 멀리 있는 형제, 일가, 친척이나 이웃에 사는 사람과 내가 먼저 찾아주고 배려하며 사랑하는 마음을 갖고 생활한다면 인정으로 맺어진 끈은 오래가고 빛이 나고 값진 끈이 되겠다.

끈은 그 소재가 중요하다. 어떤 끈은 굵고 단단하지만 한 가닥이 잘못 끼어들어 전체를 동강 나게 하는 경우도 있고 또, 자기 관리를 잘못하여 그 끈에서 벗어 나는 경우도 있다.

정으로 맺어진 소중한 끈은 스스로 잘 다듬고 가꾸어갈 때 더욱 질기고 단단한 끈이 될 것이다. 앞으로 하루하루를 감사하며 튼튼한 끈을 만들며 살아야겠다. 그리고 이웃과 사회를 위하여 조금이나마 보탬이 되게 봉사하면서 인연의 끈을 만들며 살아야겠다고 다짐해 본다.

황혼 부부의 뒷모습

임종선 | 전 광주연초제조창 노조지부장, 수필가

양쪽 발목의 통증으로 지팡이에 의지한 아내의 긴병을 위해 걷기운동은 비록 30여 분간의 짧은 시간이지만, 건강관리 등 일석이조로 회피할 수 없는 일과가 되었다.

신혼 후에는 솜털처럼 보송보송하고 부드러웠는데, 어느덧 거칠고 메마른 나무쪽 같은 아내의 손을 잡고 아파트 담장 길을 걷고 있으면, 남녀노소 할 것 없이 부러움과 격려의 인사를 받을 때마다 흐뭇하고 보람이 있었다.

아파트 주민뿐만 아니라 낯모른 행인들까지 "안녕하십니까? 잉꼬부부처럼 참 보기 좋습니다."라면서 다정다감한 인사를 받을 때면 "감사합니다. 건강하세요."라고 답례하고 나서는 아파트 내에서 우리 부부가 어떤 유명인처럼 우쭐할 때가 있었다.

간암, 폐암과 투병 중이면서 아내를 간병하고 있는 황혼 부부이지만, 한편 자위를 할 때도 있다. 손을 마주 잡은 우리 부부의 앞모습이 과연 애정이 넘친 사랑스럽고 아름다운 모습으로 보여서일까?

보통부부뿐만이 아니라 남녀노소, 노사관계 등 사회의 모든 각계각층에서 손을 마주 잡는 모습은 화합과 용서, 이해, 화해한 후에는 보기 좋고 아름다운 모습으로 보이기 때문이리라.

그러나 우리 사회가 윤리, 도덕, 예절, 준법, 효성심 등 인간의 기본이 어느덧 메말라 버린 것 같은 아쉬운 현실에서 우리 부부의 앞모습이 과연 정겹고 아름다운 모습으로 비친 것이 어쩐지 부담이 될 때도 있었다.

며칠 전에는 낯모르는 청년이 아파트 길모퉁이에서 "70대에 돌아가신 우리 부모님 모습입니다."라면서 다정하게 손을 잡고 가는 우리 부부를 보고 "두 분이 낮에 추어탕이라도 사 잡수세요."라면서 이만 원을 억지로 내 손에 쥐여준 뒤 돌아서 간 뒤에는, 그의 모습은 아직까지 기억할 수 없었다.

또한, 엊그제는 갑자기 내린 소나기를 맞고 산책 중이었는데, 건너편에서 어린 여학생이 노란 우산을 주고는 길 건너로 사라져 버려 주인 없는 노란 우산은 비가 올 때마다 현관에서 주인을 찾는 눈물을 보이고 있는 것 같아 안타까웠다.

지난 5월 21일 '부부의 날'에는 우리 노부부의 모습이 더욱 정겹고 사랑스러운 잉꼬부부로 보일 것이라는 기대를 하면서 변함없이 아파트 담장 길을 걷고 있었다. 그러나 노부부로서의 허무함을 다시 깨닫게 했다.

빨간 립스틱을 짙게 바른 장미꽃이 아파트 담장을 걸터앉아 봄바람

따라 서로 시샘하듯이 손을 흔들면서 뭇 사람들을 유혹하고 있었다. 또한, 봄바람과 함께 합심이라도 한 것처럼 우리 부부에게는 눈길이나 손짓 한 번 주지 않고 고개 숙인 채 외면해 버려 낙조를 향한 황혼 부부의 뒷모습이 더욱 처량하고 애처롭게 생각되었다.

신혼 때부터 가난한 가정에서 네 남매(2남 2녀)의 교육과 지극 정성으로 3대 조상님 봉사하면서도 불편한 기색 한 번 없이 가정을 지켜 왔던 아내를 항상 고맙게 생각하면서 간병에 최선을 다하고 있다.

이제 건강하고 행복한 여생을 보내야 할 때 아내의 투병 생활이 안타깝고 요즘에는 아내가 가끔 고통을 호소할 때마다 더욱 애잔하게 생각되었다.

가끔 통증을 호소할 때마다 위로나 위안을 했다. "모든 병세는 날이 저물면 더 심하다네요."라고 했다. 또한, 날씨가 궂을 때는 "오늘처럼 날씨가 좋지 않을 때는 모든 병세기 좋지 않다고 했어요."라면서 녹음기처럼 위로하면, 이때마다 신통하게도 통증이 덜 하는 것 같아서 다행스럽게 생각되었다.

허리, 발목 등의 고질병이 나의 아무런 의학적인 근거나 연구나 실력도 없는 문외한의 약 처방이 효력이 있는 현실에 옛날 '봉이 김 선달'을 연상하게 했다.

경로당에서 같은 또래의 건강한 회원을 생각하면서는 아내가 혼자만이 겪고 있는 고통처럼 억울해하면서 눈시울을 적실 때는 아내의 모습이 더욱 애처롭게 보였다.

그때마다 "여보, 아직도 당신의 곁에서 내가 잘하지는 못하지만, 간병하고 있고 자녀들이 지근에서 정성껏 잘하고 있으니 행복하지 않소?"라면서 위로했지만, 서글픈 아내의 심정을 해소하는 데는 역부족이었다.

그러나 기약할 수 없는 염라대왕님의 호출이 올 때까지 우리 부부는 삭막한 현 사회에서도 건강 유지하면서 낙조를 향해 뚜벅뚜벅 웨딩마치 하고 있다.

초로인생이 보람 있고 자랑스러운 존경받는 인생 여정이었는지 되돌아보게 하는 황혼 부부의 뒷모습이 오늘따라 더욱 처량하게 보일 것 같다.

필자 소개(가나다 순)

임갑섭 전 서울특별시 교육위원회 의장
임경렬 한국천연염색박물관 관장, 제14대 나주문화원 원장, 시인
임덕규 제11대 국회의원, 월간 디플로머시 회장
임동규 한국산업개발주식회사 대표이사, 전 동아특장차㈜ 대표이사, 시인
임동준 동성산업㈜ 회장, 전 한국포장협회 회장, 나주임씨 중앙화수회 명예회장, 시인
임동준 사)국민기자협회 이사장, 뉴스 여의도 발행인, 전 전남발전연구원 원장
임동현 무안군의회 부의장
임동훈 아이비성형외과 원장, 의학박사
임만규 전 음악출판 청음사 대표
임무성 전 대통령 민정비서실 행정관, 전 서울 성동경찰서 서장, 수필가
임문영 계명대 명예교수, 국제학대학원 원장, 사회학 박사, 전 유네스코 꾸리에(한국어판) 편집장, 시인
임봉규 전 서귀포경찰서 작전계장
임성수 민족종교 환웅천왕종 총재
임수홍 한국국보문학 발행인, 한국문학신문 회장, 시인
임양성 전 광주광역시교육청 장학사, 전 광주제일고등학교 교사, 전 풍암중학교 교감
임영희 전 서울 두산초등학교 교장, 전 완도 보길동초등학교 교사, 전 교육부 파견 연구원
임용담 전 경기도 안산교육지원청 교육장, 전 민주평화통일자문회의 안산지회 상임고문, 전 경인교육대 외래교수
임용택 ㈜현신기업 대표이사, 발명가
임은정 공주대 국제학부 교수, 국제학 박사, 전 일본 리츠메이칸대 국제관계학부 조교수
임은정 대구지방검찰청 부장검사, 전 법무부 감찰담당관
임재근 전 합천 부군수, 전 대한노인회 경남연합회 부회장, 전 경남 행정동우회 사무처장, 시인
임재택 전 문태고등학교 교장, 전 민주평화통일정책자문회의 상임위원, 전 초당대 경찰행정학과 교수
임정기 전 한국담배인삼공사 기능사
임정택 전 백전초등학교 교장
임정희 재독 EU 정간호사, 전 독일 라인 클리닉 상담간호사
임종니 전 국방연구원 국장, 나주임씨 중앙화수회 사무총장
임종대 사)효창원 7위선열기념사업회 이사, 평론가
임종선 전 광주연초제조창 노조지부장, 전 나주임씨 광주화수회장, 수필가
임종성 대전 대별공인중개사 사무소 대표, 공인중개사, 나주임씨 대전화수회 회장
임종식 전 진주경찰서 서장
임종은 전 한국문학신문 편집국장, 전 ㈜하이제트훼리해운 감사, 전 어문능력개발평생교육원 교학처장, 시인
임지룡 경북대 명예교수(국문학), 부총장, 문학박사

임지은 전 월간중앙 기자, 전 머니투데이 방송기자, 칼럼니스트
임지택 한국수필문학가협회 이사, 전 징검다리수필문학회 회장, 수필가
임진택 경기아트센터 이사장, 사)창작판소리연구원 원장, 판소리 명창, 현대마당극 창시자, 전 세계야외공연축제 총감독, 민주평화국민회의 공동대표
임창진 통일희망열차국민운동 사무국장, 전 무안군 체육회 사무국장
임채국 법무법인 승지 변호사
임채권 전 진주시 국장
임채규 나주임씨 대종중 도유사, 전 광주 KBS 총국 업무부 팀장, 전 나주임씨 광주화수회 회장
임채중 전 함양초등학교 교장
임춘식 한남대 명예교수(사회복지학), 대학원장, 사회학 박사, 미국 COHEN대 상담복지학과 교수, 사)전국노인복지단체연합회 회장, 나주임씨 중앙화수회 회장, 시인
임춘임 사)한국문인협회 장성지부 회장, 민주평화통일 자문회의(17・18・19기) 자문위원, 노란담장 펜션 대표
임현기 사)동양서예협회 이사장, 서예가, 국립현대미술관 초대작가, 사)한국서가협회 자문위원
임　형 사)한국서예협회 한문분과위원, 광주 남구문화원 자문위원, 고려고등학교 국어교사, 서예가
임호성 서울 민족사랑교회 담임목사

오피니언 리더들의 삶과 고뇌
길에서 길을 묻다

|편저자| 나주임씨 중앙화수회 회장 임춘식
04195 서울특별시 마포구 만리재로 14. 한국사회복지회관 2303호
전화 02) 712-2200 팩스 02) 706-2200
http://najulim1004@hanmail.net
http:// www.najulim.net

|1판 1쇄 인쇄| 2022년 10월 15일
|1판 1쇄 발행| 2022년 11월 20일
|발행인| 주 동 담
|펴낸곳| 시정신문

|주소| 서울특별시 중구 다산로16길 25
|전화| 02-798-5114(대표)
|e-mail| sijung1988@naver.com
|출판등록| 1988년 4월 13일
|등록번호| 서울 다 05475

|ISBN| 978-89-6352-036-0
정가 16,000원

저자와 협의하여 인지를 생략합니다.
무단전재와 복제를 금합니다.